轨道交通行业系列培训教程

机车电工技术指导

主　编　谢光明　刘　清
参　编　吴伟强　曾友良　李兵波　周　峰
　　　　陈　焱　易文祺　罗　斌　刘　伟
主　审　尹子文　周培植

机械工业出版社

本书主要用于铁路机车电工技术指导和技能认定，内容全面，理论和实际生产制造相结合。本书主要内容包括：机车电工基础知识、电力机车各系统电气知识、经典故障案例分析、机车电工技能指南。其中，机车电工基础知识部分包括电工基本知识、电动机与变压器、继电接触器控制系统等。电力机车各系统电气知识部分主要介绍了主电路系统、辅助系统、控制电路、微机网络控制系统、制动系统、牵引变流系统、列车安全运行监控系统、列车照明系统等电气系统的主要组成和工作原理，以及与实际应用紧密结合的经验建议和经典故障案例分析。本书主要以复兴号 CR200J 型电力动车组动力车为主要车型，同时结合和谐型电力机车进行各系统讲解与故障分析。机车电工技能指南部分以机车电工技能认定的填空题、选择题、判断题、简答题、画图题等形式为主。

本书可作为轨道交通制造企业铁路机车一线电工的培训教材，以及铁路机车电工职业技能认定参考教材，也可作为高等职业教育铁路轨道交通电力机车专业的教学参考书。

图书在版编目（CIP）数据

机车电工技术指导/谢光明，刘清主编. —北京：机械工业出版社，2023.12

轨道交通行业系列培训教程

ISBN 978-7-111-74488-7

Ⅰ.①机… Ⅱ.①谢… ②刘… Ⅲ.①电力机车-电工-技术培训-教材 Ⅳ.①U264

中国国家版本馆 CIP 数据核字（2023）第 244119 号

机械工业出版社（北京市百万庄大街 22 号　邮政编码 100037）
策划编辑：侯宪国　王振国　　责任编辑：侯宪国　王振国　周海越
责任校对：高凯月　张　薇　　封面设计：张　静
责任印制：张　博
北京华宇信诺印刷有限公司印刷
2024 年 3 月第 1 版第 1 次印刷
184mm×260mm・14.25 印张・323 千字
标准书号：ISBN 978-7-111-74488-7
定价：59.80 元

电话服务　　　　　　　　　　网络服务
客服电话：010-88361066　　　机　工　官　网：www.cmpbook.com
　　　　　010-88379833　　　机　工　官　博：weibo.com/cmp1952
　　　　　010-68326294　　　金　书　网：www.golden-book.com
封底无防伪标均为盗版　　　　机工教育服务网：www.cmpedu.com

丛书编审委员会

主 任 委 员　王　位　李金龙
副主任委员　黄　海　王　乾　杨文娉
委　　　员　（按姓氏笔画排序）
　　　　　　尹子文　王　鹏　王庆召　王永成　文晓晴　成本权
　　　　　　余　冰　周培植　杨　柯　张　领　段志军　黄臻煦
秘 书 长　余　冰　杨　柯
秘 书 处　谢光明　刘　清

本书编审人员

主　编　谢光明　刘　清
参　编　吴伟强　曾友良　李兵波　周　峰
　　　　易文祺　陈　焱　罗　斌　刘　伟
主　审　尹子文　周培植

序 Preface

交通强国，铁路先行。党的十八大以来，我国铁路事业蒸蒸日上，全体铁路人披荆斩棘、勇毅笃行，创造出令国人自豪、世人惊叹的成就，一条条"钢铁巨龙"贯通祖国东西南北，一大批拥有自主知识产权的高速、高原、高寒、重载铁路移动装备技术达到世界领先水平，深情寄托着铁路人对中华民族伟大复兴的追求和期盼，同时也浸透着铁路人坚持创新驱动、强基达标，着力提质增效、改革创新的奋勇实践。

中车株洲电力机车有限（株机）公司因铁路而生、因铁路而兴、因铁路而走向世界，始终把企业发展深度融入到中国铁路事业发展大局。以习近平总书记三次视察中车重要指示精神为指引，株机公司坚持创新驱动，坚持练好内功，坚持推动轨道交通装备制造业水平提升。作为中国电力机车核心企业，株机公司先后研制生产各型干线电力机车60多种共10000余台，占全国电力机车总量的近70%，自率先取得电力机车整车出口"零"突破以来，积极践行"一带一路"倡议，生产的轨道交通装备在全球舞台上大放异彩，被李克强总理称赞为"中国装备走出去的代表作"。

我们也认识到，今天的成绩来源于昨天的孜孜努力。任何先进的技术理论和操作方法都不可能通过简单的移植取得全面成功，应当建立在学习、实践、再学习的基础上，进行梳理、归纳、总结和提升。为了适应电力机车装备的制造技术发展，推动机车电工人才队伍建设，有必要编写较完整并适用于机车电工培训的教材。

《机车电工技术指导》因此应运而生。株机公司特组织一批长期从事机车电工专业工作，经验丰富的资深专家编写这本书，内容紧密结合生产实际，力求重点突出、图文并茂，知识讲解深入浅出、通俗易懂，丰富的实例可供所有机车电工学习和参考。相信这本书的出版发行，能够进一步为培育高技能核心人才、提升技术人员知识水平做出积极贡献！

当前，国家已全面开启建设社会主义现代化国家的伟大征程，株机公司正在全面建成"智慧株机"的道路上阔步前行。让我们进一步弘扬创新精神、工匠精神，全面提升员工职业素养，为中国轨道交通装备持续领先、领跑不懈奋斗，为实现"第二个百年"奋斗目标贡献力量！

中车株洲电力机车有限公司机车事业部总经理

前言

近年来，中国铁路依靠科技创新，建设施工技术不断改进和提高，先进通信信号技术装备大量应用、信息化水平不断提高、电气化新技术运用取得重要成果，铁路工程质量大幅提高。随着"复兴号"高原内电双源动力集中动车组首登青藏高原，标志着"复兴号"动车组实现31个省（自治区、直辖市）的全覆盖。为了适应国家铁路轨道交通的高速发展，推动铁路轨道交通系统的制造技术、培训铁路轨道交通系统技术人才，有必要结合现状编写较完整并适用于机车电工培训的教材。

铁路轨道交通系统是铁路线路、机务、车辆、电务、运营管理等多种专业工种于一体的综合系统，而且不断有新工艺、新技术运用在铁路轨道交通各个专业，因此急需建设、运行和维修方面的人才。目前关于铁路轨道交通机车电工技术方面的专门教材比较陈旧，以和谐和韶山系列机车为主，尚不能满足铁路轨道交通机车电工专业教育和培训的需要，为了适应《中国制造2025》和智能制造的要求，将铁路轨道交通技术这一门专业持续发展、与时俱进，更为了铁路轨道交通技术的世纪传承，因此中车株洲电力机车有限公司技师协会特组织在铁路轨道交通一线有丰富工作经验的中车首席专家、资深专家和车辆电气组装调试经验丰富的工艺人员共同编写了本书，试图弥补这方面的空缺。本书要求内容紧密结合生产实际，力求重点突出、少而精，做到图文并茂，知识讲解深入浅出、通俗易懂，便于培训指导。基于此，组成了机车事业部历任总经理和党委书记王位、李金龙为主任委员，黄海、王乾、杨文娉为副主任委员的编审委员会，邀请中车首席技能专家谢光明、周峰、罗斌，中车资深技能专家曾友良、刘伟及陈焱、易文祺等一批工程技术人员参与，使得本书既体现铁路轨道交通技术的发展成果，又汇集了很多生产实例，供铁路轨道交通技术人员参考和培训学习。

全书由谢光明、刘清主编，吴伟强、曾友良、李兵波、周峰、陈焱、易文祺、罗斌、刘伟参与编写。本书由尹子文、周培植主审。本书在编写过程中参阅相关文献，在此向相关作者表示最诚挚的感谢。

本书的编写得到了中车株洲电力机车有限公司人力资源部、工会及机车事业部的大力支持和帮助，在此表示衷心感谢。

鉴于铁路轨道交通技术仍处于不断发展中，还需要大家进一步探索和验证，加上编者水平有限，书中不足之处在所难免，恳请广大读者批评指正。

编　者

目录 Contents

序
前言

第1篇　理论知识篇

第1章　机车电工基础知识

1.1　电工基础知识 ··· 2
　　1.1.1　电路的基本概念与定律 ··· 2
　　1.1.2　电磁基础 ·· 9
　　1.1.3　正弦交流电路 ··· 12
　　1.1.4　常用工具和仪表的功能与使用 ·· 16
1.2　三相交流电路 ··· 21
　　1.2.1　三相交流电 ·· 21
　　1.2.2　三相电源的联结 ··· 22
　　1.2.3　三相负载的联结 ··· 23
　　1.2.4　三相功率 ··· 24
1.3　电动机与变压器 ··· 24
　　1.3.1　交流电动机 ·· 24
　　1.3.2　直流电动机 ·· 30
　　1.3.3　变压器与互感器 ··· 32
1.4　继电接触器控制系统 ·· 36
　　1.4.1　三相异步电动机起动、保持、停止控制电路 ································· 36
　　1.4.2　三相异步电动机正反转控制电路 ··· 40
　　1.4.3　三相异步电动机自动往返控制电路 ··· 41

第2篇　技能知识篇

第2章　电力机车各系统电气知识

2.1　电力机车电气系统总体结构概述 ··· 44

       2.1.1 概述 …………………………………………………………………………… 44
       2.1.2 电气系统组成 …………………………………………………………………… 45
   2.2 主电路系统 ………………………………………………………………………………… 46
       2.2.1 主电路配置 ……………………………………………………………………… 46
       2.2.2 受电弓控制 ……………………………………………………………………… 47
       2.2.3 主断路器控制 …………………………………………………………………… 51
       2.2.4 高压隔离开关控制 ……………………………………………………………… 57
       2.2.5 网侧保护 ………………………………………………………………………… 59
       2.2.6 案例：受电弓升弓故障（以 HXD1 型机车为例） …………………………… 61
   2.3 辅助系统 …………………………………………………………………………………… 62
       2.3.1 辅助系统的结构及工作原理 …………………………………………………… 62
       2.3.2 辅助系统冗余模式 ……………………………………………………………… 62
       2.3.3 辅机测试 ………………………………………………………………………… 65
       2.3.4 库内动车 ………………………………………………………………………… 66
       2.3.5 主压缩机的控制 ………………………………………………………………… 66
       2.3.6 案例：辅助逆变器（辅逆变）负载接触器 31-K01 卡分故障（以 HXD1 型机车为例） …… 67
   2.4 机车控制电路 ……………………………………………………………………………… 69
       2.4.1 控制电路工作原理及结构简介 ………………………………………………… 69
       2.4.2 机车的起动和停止 ……………………………………………………………… 69
       2.4.3 牵引/制动控制电路 …………………………………………………………… 71
       2.4.4 辅助压缩机控制 ………………………………………………………………… 74
       2.4.5 无人警惕装置 …………………………………………………………………… 76
       2.4.6 接地检测 ………………………………………………………………………… 79
       2.4.7 案例：FXD1-J 型机车主断路器硬线环路故障 ……………………………… 80
   2.5 机车微机网络控制系统 …………………………………………………………………… 82
       2.5.1 控制系统 TCN 列车通信网络 ………………………………………………… 82
       2.5.2 机车 MVB 网络主要部件组成及其作用 ……………………………………… 83
       2.5.3 案例：机车 MVB 网络通信故障 ……………………………………………… 85
   2.6 制动系统 …………………………………………………………………………………… 85
       2.6.1 制动系统工作原理及结构简介 ………………………………………………… 85
       2.6.2 自动制动 ………………………………………………………………………… 93
       2.6.3 单独制动 ………………………………………………………………………… 93
       2.6.4 停放制动 ………………………………………………………………………… 93
       2.6.5 电制动 …………………………………………………………………………… 95
       2.6.6 惩罚制动 ………………………………………………………………………… 96
       2.6.7 紧急制动 ………………………………………………………………………… 97
       2.6.8 案例：机车停放制动与控制电路故障 ………………………………………… 99
   2.7 牵引变流系统 ……………………………………………………………………………… 101
       2.7.1 牵引变流系统工作原理及结构简介 …………………………………………… 101

- 2.7.2 牵引逆变器 …………………………………………………………………… 103
- 2.7.3 牵引电动机 …………………………………………………………………… 105
- 2.7.4 案例：牵引电动机速度反馈信号硬件故障 ………………………………… 106

2.8 列车安全运行监控系统 ……………………………………………………………… 108
- 2.8.1 机车信号车载系统 …………………………………………………………… 108
- 2.8.2 列车运行监控系统 …………………………………………………………… 108
- 2.8.3 机车综合通信设备 …………………………………………………………… 110
- 2.8.4 案例：监控速度信号故障 …………………………………………………… 111

2.9 列车照明系统 ………………………………………………………………………… 112
- 2.9.1 照明系统的工作原理和运行模式 …………………………………………… 112
- 2.9.2 照明系统的组成及主要部件简介 …………………………………………… 113
- 2.9.3 案例：机车退乘电路造成控制电路不断电 ………………………………… 113

2.10 机车车载安全防护系统 ……………………………………………………………… 114
- 2.10.1 绝缘检测子系统 ……………………………………………………………… 115
- 2.10.2 防火监测子系统 ……………………………………………………………… 116
- 2.10.3 视频监控子系统 ……………………………………………………………… 118
- 2.10.4 列车供电监测子系统 ………………………………………………………… 119
- 2.10.5 制动监测子系统 ……………………………………………………………… 120
- 2.10.6 走行监测子系统 ……………………………………………………………… 121
- 2.10.7 案例：6A视频子系统故障处理方法 ……………………………………… 122

2.11 机车电缆下线制作 …………………………………………………………………… 123
- 2.11.1 下线规范 ……………………………………………………………………… 123
- 2.11.2 下线前准备 …………………………………………………………………… 124
- 2.11.3 电缆压接 ……………………………………………………………………… 124
- 2.11.4 案例：机车下线制作失效 …………………………………………………… 126

2.12 机车电缆布线制作 …………………………………………………………………… 127
- 2.12.1 布线前准备 …………………………………………………………………… 127
- 2.12.2 电缆敷设 ……………………………………………………………………… 127
- 2.12.3 案例：机车布线失效 ………………………………………………………… 128

2.13 机车电缆接线制作 …………………………………………………………………… 129
- 2.13.1 接线前准备 …………………………………………………………………… 129
- 2.13.2 剪线与剥线 …………………………………………………………………… 129
- 2.13.3 接线规范 ……………………………………………………………………… 129
- 2.13.4 案例：机车接线失效 ………………………………………………………… 132

2.14 调试校线耐压作业 …………………………………………………………………… 132
- 2.14.1 校线试验 ……………………………………………………………………… 132
- 2.14.2 耐压试验 ……………………………………………………………………… 135

2.15 安全用电 ……………………………………………………………………………… 139
- 2.15.1 电力机车静态试验安全知识 ………………………………………………… 139

2.15.2　电力机车动态试验安全知识 · 141

第3章　经典故障案例分析

3.1　HXD1C型机车插头缩针引起TCU1一次侧接地故障分析 · 143
3.2　HXD1型机车因撒砂问题导致机车空转严重故障分析 · 147
3.3　HXD1型机车过分相后主断路器闭合不上故障分析 · 149
3.4　HXD1型机车110V接地故障频繁发生故障分析 · 151
3.5　线路破损导致HXD1C型机车自动施加停放制动故障分析 · 153
3.6　HXD1型机车因接插件缩针导致制动故障分析 · 154
3.7　HXD1C型机车BCU通信中断机车不能缓解故障分析 · 156
3.8　HXD1D型机车高压隔离开关插头插反导致车顶放炮故障分析 · 158
3.9　HXD1型神十二轴机车过分相后主断路器不闭合故障分析 · 159
3.10　HXD1型神十二轴机车自动降弓故障分析 · 161
3.11　HXD1型机车牵引电动机断相故障分析 · 162
3.12　机车运行过程中一次侧过电流故障分析 · 164
3.13　HXD1D型机车主压缩机卡合打风故障分析 · 166
3.14　HXD1型机车主变压器水泵三相开关跳开故障分析 · 168
3.15　HXD1型机车TCU2四象限过电流、充电超时故障的分析 · 170
3.16　HXD1型机车主断路器允许中间继电器=21-K04故障分析 · 172

第3篇　试题指南篇

第4章　机车电工技能指南

4.1　初级工试题 · 176
  4.1.1　选择题 · 176
  4.1.2　判断题 · 178
4.2　中级工试题 · 180
  4.2.1　选择题 · 180
  4.2.2　判断题 · 182
4.3　高级工试题 · 184
  4.3.1　选择题 · 184
  4.3.2　判断题 · 187
4.4　技师试题 · 188
  4.4.1　填空题 · 188
  4.4.2　选择题 · 190
  4.4.3　判断题 · 192
  4.4.4　简答题 · 194

	4.4.5 计算题	194
	4.4.6 论述题	195
4.5	高级技师试题	195
	4.5.1 填空题	195
	4.5.2 选择题	196
	4.5.3 判断题	199
	4.5.4 简答题	200
	4.5.5 计算题	201
	4.5.6 论述题	201
	4.5.7 画图题	201

试题答案

参考文献

第 1 篇

理论知识篇

第 1 章
机车电工基础知识

> ☺ 学习目标：
> 1. 掌握电路、磁路、工具和仪表的基础知识。
> 2. 掌握电器的基本结构与工作原理。
> 3. 掌握电动机与变压器的基本知识。
> 4. 掌握电力拖动的常用控制电路。

1.1 电工基础知识

1.1.1 电路的基本概念与定律

1. 电路的组成及各部分的作用

（1）电路的组成　电流经过的路径叫作电路。一个最简单的电路由电源、负载、开关及导线等元件组成，如图 1-1 所示。

（2）各部分的作用

1）电源：把其他形式的能转换成电能的装置叫作电源，例如发电机把机械能转换成电能，电源的作用就是为电路提供能源。

图 1-1　电路的组成

2）负载：把电能转换成其他形式能量的装置叫作负载。电动机把电能转换成机械能，白炽灯把电能转换成热能和光能，扬声器把电能转换成声能。电动机、白炽灯、扬声器等都叫作负载。

3）开关：主要作用是隔离、转换、接通、断开电路。如室内照明电路中，开关接通，电源与电灯泡之间形成闭合回路，电灯泡点亮；开关断开时，电灯泡熄灭。

4）导线：电能传输的通道。它将电源、负载、开关连接起来，形成一个回路，当开关接通时，导线中有电流流过，将电能传输给负载。其材质主要有铜、铝等。

(3) 电路的3种基本状态

1) 通路状态：开关接通，构成闭合回路，电路中有电流通过，负载可工作。

2) 断路状态：开关断开或电路中某处断开，电路中无电流，负载无法工作。

3) 短路状态：电路（或电路中的一部分）被短接，电路中会形成较大的短路电流，损坏电气设备。

2. 电路的基本物理量

(1) 电动势　电动势是衡量其他形式能转换成电能的做功能力的物理量。电动势使电源两端产生电压。在电路中，电动势常用 E 表示，单位为伏［特］，符号为 V。

(2) 电位和电压

1) 电位：电路中每一点都有一定的电位。单位正电荷在电场中某点所具有的电位能叫作这一点的电位，单位是 V。电场中任意两点电位之差叫作电位差。

2) 电压：为衡量电场力移动电荷做功的本领，引入"电压"这一物理量。在电路中，电压常用 U 表示。电压的单位也是 V，也常用毫伏（mV）或者微伏（μV）做单位。

$$1V = 1000mV \qquad 1mV = 1000\mu V$$

(3) 电流　电荷有规则的移动形成电流。按照规定，导体中正电荷的运动方向为电流的方向，并定义在单位时间内通过导体任一截面的电量为电流。电路中，电流常用 I 表示。电流分直流（DC）和交流（AC）两种。大小和方向恒定的电流为直流，大小和方向随时间变化的电流为交流。电流的单位为安［培］，符号为 A，也常用毫安（mA）或者微安（μA）做单位。

$$1A = 1000mA \qquad 1mA = 1000\mu A$$

(4) 电阻　表示对电流有阻碍作用的物理量叫作电阻。电阻常用 R 表示。电阻的单位是欧姆，简称欧（Ω），也常用千欧（kΩ）或者兆欧（MΩ）做单位。

$$1k\Omega = 1000\Omega \qquad 1M\Omega = 1000k\Omega$$

在一定温度（20℃）下，一段均匀导体的电阻与导体的长度成正比，与导体的横截面积成反比，还与组成导体材料的性质有关，其公式为

$$R = \rho \frac{L}{S}$$

式中　L——导体长度（mm）；

　　　S——导体横截面积（mm²）；

　　　ρ——导体电阻系数，大小取决于材料性质。

3. 电阻的连接

(1) 电阻的串联　电阻的串联就是将两个或两个以上的电阻头尾依次相连，中间无分支的连接方式。图1-2a所示为3个电阻的串联电路。电阻串联电路具有以下特点：

1) 流过每一个电阻的电流都相等，即

$$I = I_1 = I_2 = I_3$$

2）电路的总电压等于各个电阻上电压的代数和，即
$$U = U_1 + U_2 + U_3 = I_1 R_1 + I_2 R_2 + I_3 R_3 = I(R_1 + R_2 + R_3)$$
3）电路的等效电阻等于各串联电阻之和，即
$$R = R_1 + R_2 + R_3$$
因此，图 1-2a 所示电路可以用图 1-2b 来等效替代。

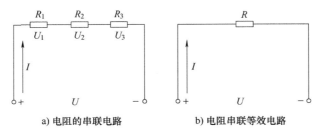

a) 电阻的串联电路　　　　　　b) 电阻串联等效电路

图 1-2　电阻的串联

4）各电阻上分配的电压与各自电阻值成正比，即 $U_n = \dfrac{R_n}{R} U$。

5）各电阻上消耗的功率之和等于电路所消耗的总功率。

（2）电阻的并联　几个电阻的一端连在电路中的一点，另一端也同时连在另一点，使每个电阻两端都承受相同的电压，这种连接方式叫作电阻的并联。图 1-3a 所示为 3 个电阻的并联电路，电阻并联电路具有以下特点：

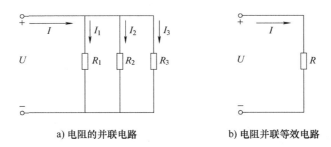

a) 电阻的并联电路　　　　　　b) 电阻并联等效电路

图 1-3　电阻的并联

1）电路的总电流等于各支路电流之和，即
$$I = I_1 + I_2 + I_3$$
2）并联电路中各电阻两端电压相等，即
$$U = U_1 = U_2 = U_3$$
3）并联电路等效电阻的倒数等于各并联支路电阻的倒数之和，即
$$\dfrac{1}{R} = \dfrac{1}{R_1} + \dfrac{1}{R_2} + \dfrac{1}{R_3}$$
对于两只电阻的并联电路，总电阻为

$$R=\frac{R_1R_2}{R_1+R_2}$$

4）各并联电阻中的电流及电阻所消耗的功率均与各电阻阻值成反比，即

$$I_1:I_2:I_3=P_1:P_2:P_3$$

$$I_1:I_2:I_3=\frac{1}{R_1}:\frac{1}{R_2}:\frac{1}{R_3}$$

（3）电阻的混联　既有电阻串联又有电阻并联的电路叫作电阻混联。混联电路的计算方法是：先按照串、并联等效电路化简的原则，将混联电路逐步化简，最终得到一个总电阻。

如图 1-4 所示，化简按图 1-4a→图 1-4b→图 1-4c 的步骤进行。

图 1-4b 中 R_{12} 为 R_1 与 R_2 并联的等效电阻，其值为

$$R_{12}=\frac{R_1R_2}{R_1+R_2}$$

图 1-4c 中 R 为 R_{12} 与 R_3 串联的等效电阻，其值为

$$R=R_3+R_{12}=R_3+\frac{R_1R_2}{R_1+R_2}$$

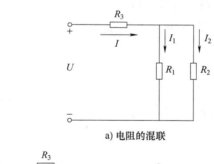

a) 电阻的混联

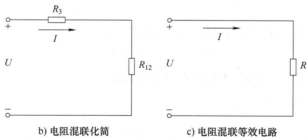

b) 电阻混联化简　　　　　c) 电阻混联等效电路

图 1-4　电阻混联电路

4. 电容器及其连接

（1）电容器及电容量

1）电容器：电容器是储存电荷的容器。两个导体中间用绝缘材料隔开，就形成一个电容器，组成电容器的两个导体叫作极板，中间的绝缘材料叫作介质。

2）电容量：当电容器两端加上直流电压后，每个极板上都会有电荷储存。若储存的电荷用 Q 表示，直流电压用 U 表示，二者之间的关系式为

$$Q = UC$$

式中，比例常数 C 叫作电容器的电容量，单位为法［拉］，符号为 F，还有微法（μF）、皮法（pF）等单位。

电容器电容量的大小与电容器的极板面积、极板间距离以及极板间介质有关，平板电容器的电容量为

$$C = \frac{\varepsilon_0 \varepsilon_{r0} S}{d}$$

式中　ε_0——真空或空气的介电常数，$\varepsilon_0 = 8.85 \times 10^{-12}$ F/m；

ε_{r0}——极板间介质的相对介电常数；

S——电容器一块极板的面积（m^2）；

d——电容器极板间的距离（m）。

（2）电容器的串联、并联及混联

1）电容器的串联：将几个电容器依次连接，形成中间无分支的连接方式，叫作电容器的串联。图 1-5 所示为两个电容器的串联电路，电容器串联电路具有以下特点：

① 电路等效电容量的倒数等于各串联电容量倒数之和，即

$$\frac{1}{C} = \frac{1}{C_1} + \frac{1}{C_2} + \cdots + \frac{1}{C_n}$$

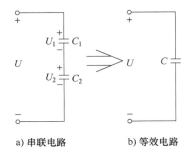

a）串联电路　　　b）等效电路

图 1-5　电容器串联

对于两只电容器组成的串联电路，电路的等效电容量为

$$C = \frac{C_1 C_2}{C_1 + C_2}$$

② 电路的总电压等于各个电容器上电压的代数和，即

$$U = U_1 + U_2 + \cdots + U_n$$

③ 各电容器上实际分配的电压与各自的电容量成反比。对于两只电容器 C_1 与 C_2 串联，每只电容器上分配的电压为

$$U_1 = \frac{C_2}{C_1 + C_2} U \qquad U_2 = \frac{C_1}{C_1 + C_2} U$$

2）电容器的并联：把两个或两个以上的电容器都接在相同的两点之间的连接方式叫作电容器的并联，图 1-6 所示为两个电容器的并联，电容器并联电路有如下特点：

① 并联电路的等效电容量等于各个电容器的电容量之和，即

$$C = C_1 + C_2 + \cdots + C_n$$

② 每个电容器两端的电压相同。

③ 并联电路的总电量等于各个电容器电量之和。

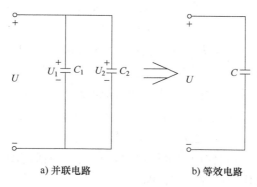

图 1-6　电容器并联

3）电容器的混联：既有电容器串联又有电容器并联的电路叫作电容器的混联电路。在计算电路的等效电容量时，应根据电路的实际情况，分别利用串联和并联等效方法逐步化简，最终得到所需的结果。

5. 电路的基本定律

（1）欧姆定律　导体中的电流 I 和导体两端的电压 U 成正比，和导体的电阻 R 成反比，即 $I=U/R$，这个规律叫作欧姆定律。如果知道电压、电流、电阻三个量中的任意两个，就可以根据欧姆定律求出第三个量。欧姆定律又分为部分电路欧姆定律与全电路欧姆定律。

1）部分电路欧姆定律：部分电路欧姆定律反映了在不含电源的一段电路中，电流与这段电路两端的电压及电阻的关系，如图 1-7 所示。部分电路欧姆定律的内容为：通过电阻的电流 I 与电阻两端的电压 U 成正比，与电路的电阻 R 成反比，即

$$I=\frac{U}{R}$$

2）全电路欧姆定律：含有电源和负载的闭合电路叫作全电路，如图 1-8 所示。图中点划线框内代表一个电源。电源除了具有电动势 E 外，一般都有电阻，这个电阻称为内电阻，用 r_0 表示，当开关 S 闭合时，电路中有电流 I 流过，电动势 E、内电阻 r_0、负载电阻 R 与电流 I 之间的关系用公式表示为

$$I=\frac{E}{R+r_0}$$

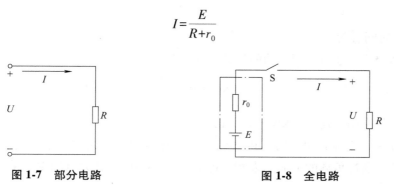

图 1-7　部分电路　　　　　图 1-8　全电路

电流 I 流过负载电阻 R 产生的电压降叫作电源的端电压；电流 I 流过电源内阻 r_0 产生的

电压降叫作电源的内阻电压降。因此，全电路欧姆定律也可以写为

$$E = IR + Ir_0 = U + U_0$$

（2）基尔霍夫定律　基尔霍夫定律包括第一定律和第二定律。

1）基尔霍夫第一定律也叫作节点电流定律。节点是多条分支电路的交汇点，可以是一个电路的实际交汇点，也可以是电器元件（如集成电路）组成的广义节点。

对任一节点来说，流入（或流出）该节点电流的代数和等于零。其表达式为

$$\sum I = 0 \quad 或 \quad \sum I_入 = \sum I_出$$

2）基尔霍夫第二定律也叫作回路电压定律。在电压的任何闭合回路中，沿一定方向绕行一周，各段元件电压的代数和等于零，即

$$\sum U = 0 \quad 或 \quad \sum E = \sum IR$$

对于表达式中各电动势和电压的正负确定方法如下：

① 选定各支路电流的正方向。

② 任意选定沿回路的绕行方向（顺时针或逆时针）。

③ 若流过电阻的电流方向与绕行方向一致，则该电阻上的电压降为正，反之为负。

④ 若电动势的方向与绕行方向一致，该电动势取正，反之取负。

按上述方法及步骤，可列出图1-9所示电路的回路方程，即

$$E_1 - E_2 = I_1 R_1 - I_2 R_2 - I_3 R_3 + I_4 R_4$$

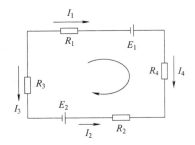

图1-9　基尔霍夫第二定律

6. 电功和电功率

（1）电功　电流流过负载时，负载将电能转换成其他形式能的过程叫作电流做功，简称电功。电功的计算公式为

$$W = UIt$$

式中　W——电功（J）；

　　　U——电压（V）；

　　　I——电流（A）；

　　　t——时间（s）。

根据欧姆定律，还可以把电功的计算公式写为

$$W = I^2 Rt = \frac{U^2}{R} t$$

电功的单位常用千瓦时（kW·h），俗称"度"。

（2）电功率　电流在单位时间内所做的功叫作电功率，简称功率。负载的功率等于负载两端的电压与通过负载的电流的乘积，即 $P = UI$。式中，P为电功率，单位瓦［特］，符号为W。

电功率常用的单位还有千瓦（kW）、毫瓦（mW），它们之间的关系是

$$1\text{kW} = 1000\text{W} \qquad 1\text{W} = 1000\text{mW}$$

根据欧姆定律，电功率的计算公式还可以写为

$$P = UI = I^2R = \frac{U^2}{R}$$

1.1.2 电磁基础

1. 磁现象

吸引铁、镍、钴等物质的性质叫作磁性。具有磁性的物体叫作磁体。磁体两端磁性最强的区域叫作磁极。每个磁体都有两个磁极，即南极（S）、北极（N）。两个磁体之间具有同极性相排斥、异极性相吸引的特点。

2. 磁场与磁感线

磁铁之间相互吸引或排斥的力叫作磁力。磁体周围存在磁力作用的区域叫作磁场。为了形象地描述磁场引出了磁感线的概念。通常规定在磁体外部，磁感线由 N 极指向 S 极；在磁体内部，磁感线由 S 极指向 N 极，则磁感线在磁体内外形成一条条闭合曲线簇，在曲线上任何一点的切线方向就是小磁针在磁力作用下静止时 N 极所指方向。磁感线如图 1-10 所示。通常以磁感线方向来表示磁场方向；用磁感线的疏密程度表示磁场的强弱程度。磁感线越密，磁场越强；磁感线越疏，磁场越弱。

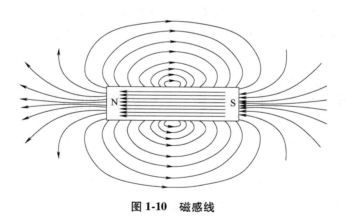

图 1-10　磁感线

3. 磁场的基本物理量

（1）磁通　通过与磁场方向垂直的某一面积上磁感线的总数，叫作通过该面积的磁通量，简称磁通，其单位为韦［伯］，符号为 Φ。

（2）磁感应强度　垂直通过单位面积的磁感线的数目，叫作该点的磁感应强度，用字母 B 表示，单位为特［拉斯］，符号为 T。在均匀的磁场中，磁感应强度为

$$B = \frac{\Phi}{S}$$

式中　S——面积（m^2）。

（3）磁导率　磁导率是用来表征物质导磁性能的物理量，用字母 μ 表示，单位是亨每

米（H/m）。真空的磁导率 $\mu_0 = 4\pi \times 10^{-7}$ H/m，为常数。某种物质的磁导率 μ 与真空中磁导率 μ_0 的比值，叫作该物质的相对磁导率，用字母 μ_r 表示。$\mu_r = \mu/\mu_0$ 只是一个比值，无单位。根据物质的磁导率不同，可以将物质分为3类：

1）在外磁场 H 的作用下，物质的磁导率为负值，且数值很小，这类物质叫作反磁物质，如铜、银等。

2）磁化强度的方向与磁场强度的方向相同，磁导率为 $10^{-6} \sim 10^{-3}$ 量级的物质叫作顺磁物质，如空气、锡等。

3）$\mu_r \gg 1$ 的物质叫作铁磁物质，如铁、镍、钴及其合金等。

（4）磁场强度　磁场中某点的磁感应强度 B 与介质的磁导率 μ 的比值，叫作该点的磁场强度，用字母 H 表示，即

$$H = \frac{B}{\mu}$$

其单位为 A/m。

4. 电流的磁效应

通电导体的周围有磁场存在，即电流通过线圈时产生了电流磁场，这种现象就是电流的磁效应。导体中通过电流时产生的磁场方向可用安培定则（又称右手螺旋定则）来判定。当通电导体为直导体时，用图 1-11a 所示方法进行判断：右手握直导体，让拇指指向电流方向，则四指弯曲的方向为磁场方向。当通电导体为螺旋管（载流线圈）时，用图 1-11b 所示方法进行判断：右手握螺旋管，四指弯曲方向表示电流方向，拇指所指方向即为磁场方向。

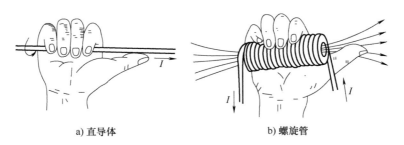

a) 直导体　　　　　　　b) 螺旋管

图 1-11　磁场方向判定

5. 磁场对载流导体的作用

通电导体在磁场中会受到磁场的作用力，磁场对载流导体的作用力叫作电磁力。这个电磁力 F 的大小与通过导体电流 I 的大小成正比，与导体在磁场中的有效长度 L 以及导体所处位置的磁感应强度 B 成正比，写成数学表达式为

$$F = BIL$$

当载流导体与磁感线平行时，电流不受磁场力的作用；当载流导体与磁感线垂直时，磁场对电流的作用力最大；如两者成一定夹角时，只有载流导体的垂直分量有作用力产生。通电导体在磁场中受到的电磁力的方向，可用左手定则来判定，如图 1-12 所示。伸开左手，让拇指与四指垂直并在一个平面上，让磁感线垂直穿过掌心，四指指向电流方向，则拇指所

指方向就是导体受力方向。

6. 电磁感应

电流能产生磁场，磁场对电流也有磁力作用。电磁感应可以实现电磁能量的转换。

如图 1-13 所示，均匀磁场中放置一根导体 AB，两端连接一个检流计 PA，当导体垂直于磁感线做切割运动时，检流计的指针发生偏转，说明此时回路中有电流存在；当导体在平行于磁感线方向运动时，检流计指针不发生偏转，此时回路中无电流存在。

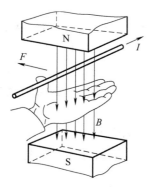

图 1-12　左手定则

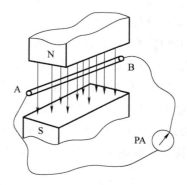

图 1-13　通电直导体的电磁感应现象

如图 1-14 所示，在线圈两端接上检流计 PA 构成回路，当磁铁插入线圈时，检流计指针发生偏转；磁铁在线圈中不动时，检流计指针不偏转；将磁铁迅速由线圈中拔出时，检流计指针又向另一个方向偏转。

上述现象说明：当导体切割磁感线或线圈中磁通发生变化时，在导体或线圈中都会产生感应电动势，其本质都是由于磁通发生变化而引起的。因此，电磁感应的条件是穿越线圈回路中的磁通必须发生变化。

（1）直导体中的电磁感应　由图 1-13 所示电路中可以看出，导体与磁场相对运动而产生感应电动势 e 的大小与导体切割磁感线时的速度 v、导体有效长度 l 和导体所处的磁感应强度 B 有关，即

$$e = Bvl$$

若导体运动方向与磁感线之间的夹角为 α，则

$$e = Bvl\sin\alpha$$

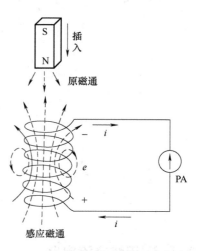

图 1-14　磁铁在线圈中运动的电磁感应现象

感应电动势的方向可用右手定则来判定：伸开右手，让拇指与其余四指垂直并同在一个平面内，使磁感线穿过掌心，拇指指向导体切割磁感线方向，则四指指向为感应电动势的方向，如图 1-15 所示。

（2）线圈中的电磁感应　如图 1-14 所示，磁铁插入或拔出得越快，指针偏转越大。回路中感应电动势的大小与穿过回路的磁通变化率成正比，这就是法拉第电磁感应定律，设通

过线圈的磁通量为 Φ，则 N 匝线圈的感应电动势为

$$e = \left| N \frac{\Delta \Phi}{\Delta t} \right|$$

式中　e——在 Δt 时间内感应电动势的平均值（V）；

　　　N——线圈匝数；

　　$\Delta \Phi/\Delta t$——磁通变化率平均值。

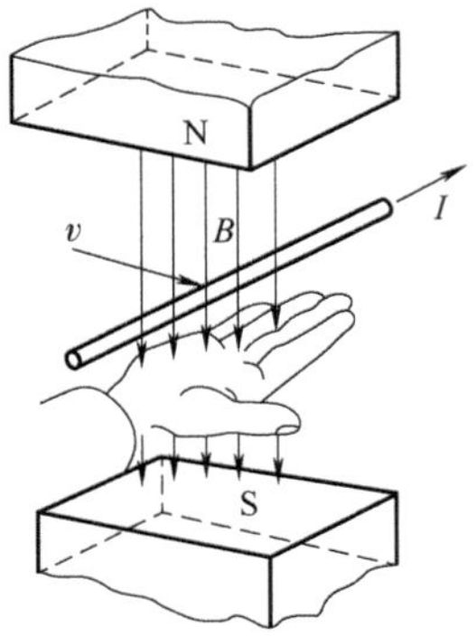

线圈中产生的感应电动势方向，可用楞次定律进行判定。楞次定律的内容：感应电流的磁通总是反抗原有磁通的变化。应用其判断感应电动势方向的具体方法是：

1) 首先确定原磁通的方向及其变化趋势。

2) 由楞次定律判断感应磁通方向，如果原磁通增加，则感应磁通与原磁通方向相反，反之则方向相同。

图 1-15　右手定则

3) 由磁感应方向，应用右手螺旋定则判断出感应电动势或感应电流的方向，如图 1-16 所示。需要特别提醒的是：判断时必须把产生感应电动势的线圈或导体看作电源。

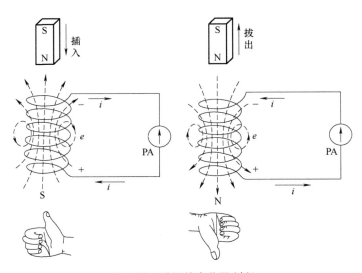

图 1-16　磁场的变化及判断

1.1.3 正弦交流电路

1. 正弦交流电的基本概念

（1）交流电　交流电一般是指大小和方向随时间做周期性变化的电动势、电压或电流。交流电可分为正弦交流电和非正弦交流电两大类，应用最普遍的是正弦交流电，其电压波形如图 1-17 所示。

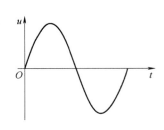

图 1-17　正弦交流电压波形图

交流电与直流电相比较的优势为输送方便、使用安全、价格便宜。

(2) 交流电的基本物理量　正弦交流电的三要素：最大值、周期（频率）、初相位。

1) 最大值。电动势、电流、电压每个瞬间的值叫作瞬时值，符号分别是 e、u、i。瞬时值中的最大值叫作交流电的最大值，也叫作振幅，符号分别是 E_m、U_m、I_m。

正弦交流电的大小和方向随时变化，用与热效应相等的直流电流值来表示交流电流的大小，这个值就叫作交流电的有效值，用大写字母 E、U、I 表示。有效值与最大值的关系为

$$E=\frac{E_m}{\sqrt{2}}\approx 0.707E_m,\quad U=\frac{U_m}{\sqrt{2}}\approx 0.707U_m,\quad I=\frac{I_m}{\sqrt{2}}\approx 0.707I_m$$

2) 周期、频率和角频率。交流电每交变一次（或一周）所需的时间叫作周期，用符号 T 表示，单位为 s，常用单位有 ms、μs。$1ms=10^{-3}s$，$1μs=10^{-6}s$。

交流电每秒交变的次数叫作频率，用 f 表示，单位为赫［兹］，符号为 Hz，常用单位有千赫（kHz）、兆赫（MHz）。它们之间的关系式是：$1kHz=10^3Hz$，$1MHz=10^6Hz$。

频率与周期互为倒数，即

$$f=\frac{1}{T}\text{ 或 }T=\frac{1}{f}$$

单位时间旋转的角速度叫作角频率，用 ω 表示，单位为弧度每秒（rad/s）。

$$\omega=\frac{2\pi}{T}=2\pi f$$

我国采用工频 50Hz 正弦交流电，周期是 20ms。

3) 相位、初相位、相位差。确定交流电每一瞬间数值的电角度（$\omega t+\varphi$）叫作相位，它决定交流电每一瞬间的大小，其单位为弧度或度。

交流电的线圈开始转动时（$t=0$）的相位叫作初相位。

在任一瞬时，两个同频率正弦交流电的相位之差叫作相位差。

2. 单相正弦交流电路

单相正弦交流电路是由单相交流电源供电的电路。交流电路的负载一般是电阻、电感和电容或它们的不同组合。但对某些负载而言，常常是其中一个参数是主要的，其他两个参数影响小，可忽略不计。例如电阻炉，可视为纯电阻负载。

(1) 纯电阻电路　纯电阻电路如图 1-18a 所示。

1) 电压和电流的关系。设电阻两端电压为

$$u_R=U_{Rm}\sin\omega t$$

实验证明，交流电压和电流的瞬时值仍然符合欧姆定律，即

$$i=\frac{u_R}{R}=\frac{U_{Rm}}{R}\sin\omega t=I_m\sin\omega t$$

可见，在纯电阻电路中，电流 i 和电压 u_R 是同频率、同相位的正弦量。它们的波形如图 1-18b 所示。电流最大值与电压最大值的关系为

$$I_m=\frac{U_{Rm}}{R}$$

等式两边同除以 $\sqrt{2}$，可得到电流与电压的有效值关系为

$$I = \frac{U_R}{R} \quad 或 \quad U_R = IR$$

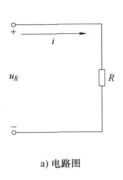 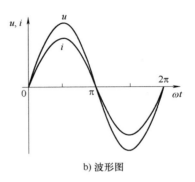

a) 电路图　　　　　　　　　　　　　　b) 波形图

图 1-18　纯电阻电路

2）电路的功率。交流电通过电阻时总是消耗电源的电能，通常把电压瞬时值 u 和电流瞬时值 i 的乘积叫作瞬时功率。瞬时功率的平均值叫作有功功率，表示为

$$P = U_R I = I^2 R = \frac{U_R^2}{R}$$

有功功率的计算公式和直流电路中计算电阻功率的公式相同，但应注意的是这里的 P 为平均功率，U_R 和 I 是有效值。

（2）纯电感电路　当线圈通过电流后，在线圈中形成磁场感应，感应磁场又会产生感应电流来抵制通过线圈中的电流。这种电流与线圈的相互作用关系叫作电的感抗，也就是电感。

电感是闭合回路的一种属性，即当通过闭合回路的电流改变时，会出现电动势来抵抗电流的改变。这种电感叫作自感，是闭合回路自身的属性。假设一个闭合回路的电流改变，由于感应作用而在另外一个闭合回路产生电动势，这种电感叫作互感。

电感器是一种储存磁场能量的元件。电感器的种类很多，通常按电感的形式分为固定电感器、可变电感器和微调电感器；按磁体性质分为空心电感器、磁心电感器和铁心电感器。

电感量用 L 表示，单位是亨［利］符号为 H，常用单位还有毫亨（mH），1H = 1000mH。

由电阻很小的电感线圈组成的交流电路，可以近似地看成是一个纯电感电路。纯电感电路如图 1-19a 所示。

1）电压和电流的关系。当电感线圈两端加交流电 u_L 时，就有交流电流 i 通过，电感线圈中将产生自感电动势 e_L，阻碍电流的变化，所以电流的变化总是滞后电压的变化。

假设电感中的电流为 $i = I_m \sin\omega t$，根据数学分析，电感两端的电压为

$$u_L = X_L I_m \sin(\omega t + 90°) = U_m \sin(\omega t + 90°)$$

i 和 u_L 的波形如图 1-19b 所示，电流和电压的相位关系为：电感两端的电压超前电流 90°。

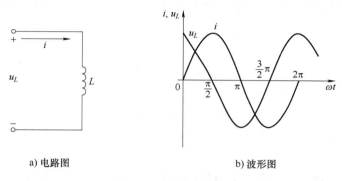

图 1-19 纯电感电路

感抗用来反映电感对电流的阻碍作用，它与交流电的频率和电感成正比，用 X_L 表示，单位为 Ω。

$$X_L = \omega L = 2\pi f L$$

电流和电压的有效值的关系为

$$I = \frac{U_L}{X_L}$$

2）电路的功率和能量转换。电感线圈是不消耗有功功率，只与电源之间进行能量转换的储能元件。瞬时功率的最大值叫作无功功率。无功功率用来反映电感线圈和电源间能量转换的大小，用 Q_L 表示。其数学表达式为

$$Q_L = U_L I = I^2 X_L = \frac{U_L^2}{X_L}$$

无功功率的单位为乏（var），还有千乏（kvar），它们的换算关系为 $1\text{kvar} = 10^3 \text{var}$。

（3）纯电容电路 将电容器的漏电阻等因素都忽略，只考虑电容量的电路称为纯电容电路，如图 1-20a 所示。

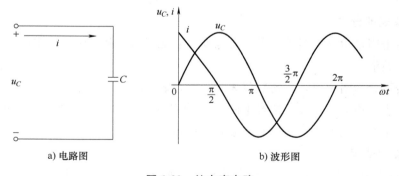

图 1-20 纯电容电路

1）电压与电流的关系。在直流电路中，电容器只有在接通电源和切断电源时有充电电流和放电电流，电路稳定后，电流为零。在交流电路中，电容器两端电压的大小和方向不断

变化，电容器极板上电荷也随之变化，电容器不断地充电和放电，所以电容器上也有大小和方向不断变化的电流。

设电容器两端的电压为

$$u_C = U_{Cm}\sin\omega t$$

电容器的电流为

$$i = \omega C U_{Cm}\sin(\omega t + 90°) = I_m\sin(\omega t + 90°)$$

i 和 u_C 的波形如图 1-20b 所示，电流和电压的相位关系为：电容器两端的电压滞后电流 90°。

容抗是用来表示电容器对电流阻碍作用大小的物理量，它与交流电的频率和电容量成反比，用 X_C 表示，单位为 Ω。

$$X_C = \frac{1}{\omega C} = \frac{1}{2\pi f C}$$

电容器具有阻隔直流电、通过交流电的作用。

电流和电压最大值的关系为

$$I_m = \omega C U_{Cm} = \frac{U_{Cm}}{X_C}$$

电流和电压有效值的关系为

$$I = \frac{U_C}{X_C}$$

2）电路的功率和能量转换。电容器和电源间转换电场能量的大小用无功功率 Q_C 表示，单位为乏（var）。

$$Q_C = U_C I = I^2 X_C = \frac{U_C^2}{X_C}$$

1.1.4 常用工具和仪表的功能与使用

1. 电工仪表的分类

电工仪表是用来检测电路各项参数的仪器，它能直观地测出电压、电流、电阻、功率等参数的大小和数值。

电工仪表可分为指示仪表、比较仪表和数字仪表三大类。常用电工指示仪表按用途分有电流表、电压表、钳形电流表、绝缘电阻表、功率表等；按工作原理分有磁电系、电磁系、电动系和感应系等；按使用方式分有安装式和携带式。

2. 电流表的使用

用来测量电路中电流大小的仪表叫作电流表，如图 1-21 所示。电流表分为直流电流表和交流电流表。使用时，必须让电流表与被测电路串联，并且要求电流表的内阻尽可能小。使用直流电流表时，还应注意极性的选择，避免指针反偏而损坏仪表。为提高测试精度，应选择电流表指针接近满偏值 3/4 的量程。常用直流电流表是磁电系仪表，交流电流表是电磁系仪表。

3. 电压表的使用

用来测量电路中两点间电压的仪表叫作电压表，如图 1-22 所示。电压表分为直流电压表和交流电压表。使用时必须让电压表与被测电压两端并联，并且要求电压表内阻尽可能大。使用直流电压表时必须注意极性选择，避免出现指针反偏。为提高测试精度，应选择电压表指针接近满偏值 3/4 的量程。常用直流电压表是磁电系仪表，交流电压表是电磁系仪表。

图 1-21　电流表

图 1-22　电压表

4. 功率表的使用

功率表用来测量电路中的功率，如图 1-23 所示。

（1）正确选择功率表的量程　选择功率表的量程就是选择功率表中的电流量程和电压量程。使用时应使功率表中的电流量程不小于负载电流，电压量程不低于负载电压，而不能仅从功率量程来考虑。例如：两只功率表的量程分别是 1A、300V 和 2A、150V，由计算可知其功率量程均为 300W，如果要测量一负载电压为 220V、电流为 1A 的负载功率时应选用 1A、300V 的功率表，而 2A、150V 的功率表虽然功率量程也大于负载功率，但是由于负载电压高于功率表所能承受的电压 150V，故不能使用。

图 1-23　功率表

（2）正确连接测量电路　电动系测量机构的转动力矩方向和两线圈中的电流方向有关。为了防止电动系功率表的指针反偏，接线时功率表电流线圈标有"·"的端钮必须接到电流的流入端，而电流线圈的另一端则与负载相连，电流线圈以串联形式接入电路中。功率表电压线圈标有"·"的端钮可以接到电源高电位。

（3）正确读数　一般安装式功率表为直读单量程式，表上的示数即为功率数。但便携式功率表一般为多量程式，在表的标度尺上不直接标注示数，只标注分格。在选用不同的电流与电压量程时，每一分格都可以表示不同的功率数。在读数时，应先根据所选的电压量程 U、电流量程 I 以及标度尺满量程时的格数，求出每格瓦数（又称功率表常数 C），再乘以指针偏转的格数,即可得到所测功率 P。

5. 万用表的使用

万用表是一种能测量多种电量的多量程便携式仪表,分为指针式和数字式两种。万用表可用来测量交流电压、直流电压、直流电流和电阻值等,是电工必备的测量仪表之一。现以 FLUKE 数字式万用表(见图 1-24)为例介绍其使用方法。

(1) 万用表表笔的插接 测量电压和电阻时将红表笔插入最右侧"VΩ"插孔,黑表笔插入"COM"插孔。测量电流时,应将红表笔根据电流级数插入左侧对应插孔,黑表笔仍旧插入"COM"插孔。

(2) 测量交流电压的方法 测量交流电压时,将万用表的转换开关置于交流电压挡位置,表笔不分正负,用手握住两表笔绝缘部位,将两表笔金属头分别接触被测电压的两端,观察液晶显示屏,待显示数字稳定后读数,然后从被测电压端断开表笔。本万用表电压测量量程为 1000V。

(3) 测量直流电压的方法 测量直流电压时,将万用表转换开关置于直流电压挡位置,用红表笔金属头接触被测电压的正极,黑表笔金属头接触被测电压的负极。测量直流电压时,表笔如果接反,则万用表读数显示为负数。

(4) 测量电流的方法 测量电流时,将转换开关置于电流挡位置,再将两表笔串接在被测电路中。表笔如果接反,则万用表读数显示为负数。本万用表电流测量量程为 10A,如果电流过大,则需接入电流互感器。

图 1-24　FLUKE 数字式万用表

(5) 测量电阻值的方法 测量电阻时,将转换开关置于电阻挡位置,再将两表笔金属头短接,观察读数是否归"0",以保证测量的准确性。用两表笔分别接触被测电阻两端,读取测量值。

(6) 万用表使用注意事项

1) 使用万用表时,应仔细检查转换开关位置是否正确,若误用电流挡或电阻挡测量电压,会造成万用表的损坏。

2) 在测试万用表时,不能旋转转换开关。

3) 测量电阻时,必须去除并联支路并在断电状态下进行。

4) 在携带仪表时,或每次用毕后,将转换开关旋至"OFF"位置,使表内部电路呈开路状态。

6. 绝缘电阻表的使用

(1) 绝缘电阻表的选用 选用绝缘电阻表时,其额定电压一定要与被测电气设备或电路的工作电压相适应,测量范围也应与被测绝缘电阻的范围相吻合,绝缘电阻表的选用见表 1-1。

表 1-1　不同额定电压的绝缘电阻表的选用

测量对象	被测绝缘电阻的额定电压/V	所选绝缘电阻表的额定电压/V
线圈绝缘电阻	500 以下	500
	500 以上	1000
电动机及电力变压器线圈绝缘电阻	500 以上	1000～2500
发电机线圈绝缘电阻	380 以下	1000
电气设备绝缘	500 以下	500～1000
	500 以上	2500
绝缘子	—	2500～5000

（2）电子式绝缘电阻表的使用方法　HT 系列绝缘电阻测试仪采用超薄形张丝表头、多种电压等级输出，容量大、抗干扰强、交直流两用、操作简单、具有时间提示功能，是测量大型变压器、互感器、发电机、高压电动机、电力电容、电力电缆、避雷器等绝缘电阻的理想测试仪器。其结构如图 1-25 所示。

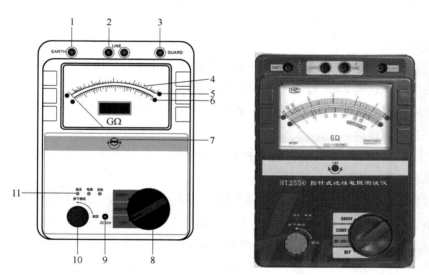

图 1-25　HT 系列绝缘电阻测试仪的结构

HT 系列绝缘电阻测试仪各端子的功能见表 1-2。

表 1-2　HT 系列绝缘电阻测试仪各端子的功能

序号	名称	功能
1	地端（EARTH）	接于被试设备的外壳或地上
2	线路端（LINE）	高压输出端口，接于被试设备的高压导体上
3	屏蔽端（GUARD）	接于被试设备的高压护环，以消除表面泄漏电流的影响
4	双排刻度线	上挡为绿色：500V/0.2～20GΩ，1000V/0.4～40GΩ，2500V/1～100GΩ 下挡为红色：500V/0～400MΩ，1000V/0～800MΩ，2500V/0～2000MΩ

(续)

序号	名称	功能
5	绿色 LED	发光时读绿挡（上挡）刻度
6	红色 LED	发光时读红挡（下挡）刻度
7	机械调零	调整机械指针位置，使其对准∞刻度线
8	波段开关	可实现输出电压选择、电池检测、电源开关等功能
9	充电插口	输入为直流 15V
10	测试键	按下开始测试，按下后如顺时针旋转可锁定此键
11	状态显示灯	可显示高压输出、电源工作状态、充电状态等信息

（3）仪表测试原理　仪表高压产生部分采用高频开关脉冲宽度调制（Pulse Width Modulation，PWM），经内部倍压整流输出负极性直流高压，具有节能、电压线性度好、稳定、纹波系数小等特点。由仪表线路端（LINE）产生的高压经过负载电阻 Rx，流回仪表地端（EARTH），经 U/I 转换驱动指针表头。电源充电采用智能充电模块，无须人工调节充电参数。

（4）使用方法

1）试验前应拆除被试设备电源及一切对外连线，并将被试物短接后接地放电 1min，电容量较大的应至少放电 2min 以免触电和影响测量结果。

2）校验仪表指针是否指向无穷大，否则需调整机械调零螺钉 7。注意：在调整机械调零螺钉时，左右调整量为半圈。

3）用干燥清洁的柔软布擦去被试物表面的污垢，必要时先用汽油洗净套管的表面积垢，以消除表面漏电电流影响测试结果。

4）将高压测试线一端（红色）插入 LINE 端 2，另一端接于或使用挂钩挂在被试设备的高压导体上，将绿色测试线一端插入 GUARD 端 3，另一端接于被试设备的高压护环上，以消除表面泄漏电流的影响。将另外一根黑色测试线插入地端（EARTH）端 1，另一头接于被试设备的外壳或地上。注意：在接线时，特别注意 LINE（红色）与 GUARD（绿色）的接法，不要将其短路。

5）开始测试：①转动波段开关接通电源，如果电源工作正常，指示灯应发绿光，否则应发红光或黄光；②转动波段开关到电压选择挡，仪器自动接通检测电池容量 3min。如果指针停在 BATT. GOOD 区，则电池是好的，否则需更换电池；③转动波段开关，选择需要的测试电压（1000V/2500V/5000V）；④按下或锁定测试键 10 开始测试。这时测试键上方高压输出指示灯亮并且仪表内置蜂鸣器每隔 1s 响一声，代表 LINE 端有高压输出。警告：测试过程中，严禁触摸探棒前端裸露部分以免发生触电危险。

6）绿色 LED 亮，读外圈绝缘电阻值（高范围）；红色 LED 亮，则读内圈刻度。测试完后，松开测试键 10，仪表停止测试，等待几秒，不要立即把探头从测试电路移开。这时仪表将自动释放测试电路中的残存电荷。警告：试验完毕或重复进行试验时，必须将被试物短接后对地充分放电（仪表也有内置自动放电功能，但时间较长）。

7. 钳形电流表的使用

钳形电流表是一种不需断开电路即可测量电流的电仪表，如图 1-26 所示。

（1）钳形电流表的使用方法　使用时首先将其量程转换开关转到合适的挡位，手持胶木手柄，用食指等四指勾住铁心开关，用力握以打开铁心开关，将被测导线从铁心开口处引入铁心中央，松开铁心开关使铁心闭合，钳形电流表指针偏转，读取测量值。再打开铁心开关，取出被测导线，即完成测量工作。

（2）钳形电流表使用时的注意事项

1）被测电路电压不得超过钳形电流表所规定的使用电压，以防止绝缘击穿，导致触电事故的发生。

2）若不清楚被测电流大小，应由大到小逐级选择合适挡位进行测量，不能用小量程档测量大电流。

图 1-26　钳形电流表

3）测量过程中，不得切换量程开关，需要转换量程时，应先脱离被测电路，再转换量程。

4）为提高测量值的准确度，被测导线应置于铁心中央。

1.2　三相交流电路

目前在实际应用中，电能的产生、输送和分配普遍采用"三相制"。三相制就是由三个幅值相等、频率相同、彼此之间相位互差 120°电角度的单相电源构成的供电体系。用输电导线把三相电源和负载连接在一起所构成的电路，叫作三相交流电路。

1.2.1　三相交流电

三相交流电由三相交流发电机产生，图 1-27a 所示为三相交流发电机的原理示意图。

发电机的定子由定子铁心和三相绕组组成。定子铁心是用内圆表面冲有凹槽的硅钢片叠成，放置结构完全相同的三相绕组 U_1U_2、V_1V_2、W_1W_2，它们的空间位置互差 120°，分别称为 U 相、V 相、W 相。U_1、V_1、W_1 为三个绕组的首端，U_2、V_2、W_2 为三个绕组的末端。

转动的磁极叫作转子，转子铁心上绕有绕组。合理选择极面的形状和绕组的分布，可以使气隙中的磁感应强度沿圆周正弦分布。当转子由原动机拖动，以角速度 ω 顺时针匀速旋转时，三个绕组依次切割旋转磁极的磁感线而产生幅值相等、频率相同、相位上互差 120°的三相交变感应电动势，即

$$e_U = E_m \sin\omega t$$
$$e_V = E_m \sin(\omega t - 120°)$$
$$e_W = E_m \sin(\omega t + 120°)$$

其波形如图 1-27b 所示。三相电动势达到最大值的先后次序称为相序。正序为 U→V→

W→U，反之为逆序。

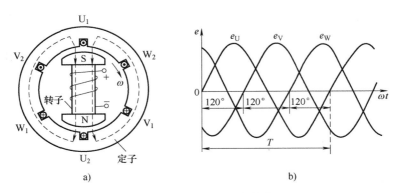

图 1-27 三相交流电的产生

1.2.2 三相电源的联结

交流发电机三相绕组有星形（Y）和三角形（△）两种联结方式。

1. 星形（Y）联结

如图 1-28 所示，把三相绕组的首端 U_1、V_1、W_1 分别引导线叫作相线（或端线），三相绕组的末端 U_2、V_2、W_2 连接成一公共点，这个公共点叫作中性点，用 N 表示，从中性点引出的导线叫作中性线。这种连接方式就是电源的星形联结。

电源每相绕组的首端与末端之间的电压，即相线与中性线间的电压叫作相电压，有效值用 U_P 表示；流过每相绕组的电流叫作相电流，有效值用 I_P 表示；相线与相线之间的电压叫作线电压，有效值用 U_L 表示；流过相线的电流叫作线电流，有效值用 I_L 表示。对称三相电源星形联结时有效值存在下列关系：

$$U_L = \sqrt{3}\, U_P, \quad I_L = I_P$$

2. 三角形（△）联结

如图 1-29 所示，电源的三角形联结是把三相绕组 U 相的末端 U_2 与 V 相的首端 V_1、V 相的末端 V_2 与 W 相的首端 W_1、W 相的末端 W_2 与 U 相的首端 U_1 相连接，并从各连接点引出导线的连接方式。

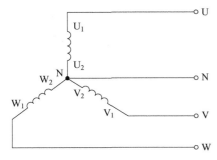

图 1-28 三相电源绕组的星形联结

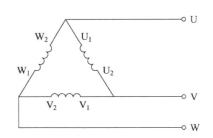

图 1-29 三相电源绕组的三角形联结

对称三相电源星形联结时有效值存在下列关系：
$$U_L = U_P, \quad I_L = \sqrt{3} I_P$$

1.2.3 三相负载的联结

负载是用电器的统称，根据负载对电源的要求可分为单相负载和三相负载。负载均可连接在三相电路中。若三相电源上接入的负载完全相同，叫作三相对称负载。

1. 负载的星形联结

如图1-30所示，负载星形联结的三相电路，可分为三相四线制（有中性线）和三相三线制（无中性线）。

（1）三相四线制　三相四线制用于三相不对称负载的星形联结。三相负载不对称时，中性线电流不为零，中性线不能省去，一定要采用三相四线制连接。

中性线的存在，保证了各相负载两端的相电压对称，三相负载都能独立正常工作，各相负载变化时不会影响到其他相。如果中性线断路，中性线电流被切断，各相负载两端的电压会根据各相负载阻抗值的大小而重新分配，有的相可能低于额定电压使负载不能正常工作，有的相可能高于额定电压导致负载烧损，这是不允许的。故中性线必须牢固，决不能断开，也不允许在中性线上装接熔断器、开关等装置。

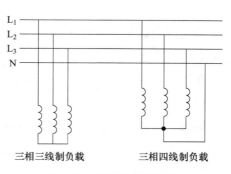

图1-30　负载的星形联结

实际工作中，中性线有一定电阻值，接不对称负载时会流过较大电流，因此中性线的横截面积至少应为相线横截面积的1/3，同时，若有多个单相负载接到三相电源上，要尽可能地平均分配到每一相上，使三相电路尽可能对称。

我国的低压配电系统大都采用三相四线制，相电压为220V，线电压为380V。

（2）三相三线制　用于三相对称负载的星形联结。各相负载的阻抗相同，如三相异步电动机，负载的星形联结与三相电源的星形联结相同。流过相线的电流（线电流）与流过负载的电流（相电流）相等，线电压有效值是相电压有效值的$\sqrt{3}$倍。

2. 负载的三角形联结

如图1-31所示，作三角形联结的负载一般为三相对称负载，如三相电炉、三相异步电动机等，连接方式与三相电源的三角形联结相同。三角形联结时，负载的线电压与相电压相等，线电流有效值是相电流有效值的$\sqrt{3}$倍。

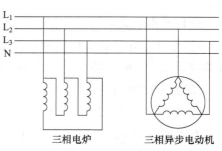

图1-31　负载的三角形联结

三相负载的连接方式应由负载的额定电压而定。若负载所需电压是三相电源的相电压，负载应作星形联结；若负载所需电压是三相电源的线电压，负载应作三角形联结。

1.2.4 三相功率

无论负载是星形联结还是三角形联结，总的有功功率等于各相有功功率之和。当负载对称时，每一相的有功功率是相等的，因此三相总功率为

$$P = 3P_P = 3U_P I_P \cos\varphi$$

式中 φ——相电压 U_P 与相电流 I_P 之间的相位差。

当对称负载是星形联结时

$$U_L = \sqrt{3}\, U_P \quad I_L = I_P$$

当对称负载是三角形联结时

$$U_L = U_P \quad I_L = \sqrt{3}\, I_P$$

所以，对于对称负载，无论是星形联结还是三角形联结，三相有功功率均为

$$P = \sqrt{3}\, U_L I_L \cos\varphi$$

同理，可得出三相无功功率和视在功率为

$$Q = 3U_P I_P \sin\varphi = \sqrt{3}\, U_L I_L \sin\varphi$$

$$S = 3U_P I_P = \sqrt{3}\, U_L I_L$$

1.3 电动机与变压器

1.3.1 交流电动机

1. 单相异步电动机

（1）单相异步电动机的结构 单相异步电动机是利用单相电源供电的功率在 1.1kW 以下的小功率交流电动机。它具有结构简单、成本低廉、运行可靠、维修方便等优点。与同功率的三相异步电动机相比，单相异步电动机的不足之处是体积较大，运行能力较差，效率较低。

单相异步电动机主要由定子、转子、端盖等组成，如图 1-32 所示。

1）定子。定子铁心由硅钢片叠压而成，在定子铁心槽内嵌放定子绕组。单相异步电动机的定子绕组一般有两套，一套是主绕组（工作绕组），另一套是辅助绕组（起动绕组），主、副绕组在空间相隔 90°。

2）转子。单相异步电动机的转子和三相异步电动机大体相似，只是体积较小，铁心槽内装有笼型转子绕组。转子铁心由硅钢片叠压而成，套装在转轴上。

（2）单相异步电动机的工作原理

1）单相异步电动机的工作特点：在单相定子绕组中通入的是单相交流电，单相交流电

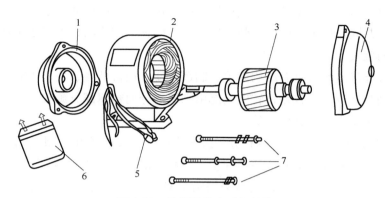

图 1-32　单相异步电动机结构

1—前端盖　2—定子　3—转子　4—后端盖　5—引出线　6—电容器　7—固定螺钉

流是一个随时间按正弦规律变化的电流，它所产生的磁场是脉振磁场，而不是旋转磁场。一个单相的脉动磁场可以分解为两个大小相等、旋转速度相等、转向相反的旋转磁场。单相异步电动机的电磁转矩等于这两个旋转磁场所产生的转矩的合成。

当电动机静止时，由于两个旋转磁场大小相等、转向相反，因而在转子绕组中感应产生的电动势和电流大小相等，方向相反。故两个电磁转矩的大小也相等，转向也相反，合成转矩等于零，电动机不能起动。也就是说，单相异步电动机的起动转矩为零，这就是它的工作特点。如果用外力使转子起动一下，无论是朝正向旋转还是朝反向旋转，电磁转矩都将逐渐增加，电动机将按外力作用方向继续运转。

2）单相异步电动机的起动：为了解决单相异步电动机的起动问题，在单相定子上安装两套绕组，即主绕组和辅助绕组。主、辅绕组在定子空间布置上相差 90°，同时使两套绕组中的电流在时间上具有不同相位。这样一个相差 90°的两相旋转磁场能使单相异步电动机旋转起来。电动机转动起来后辅助装置适时地自动将辅助绕组从电源断开，仅剩下主绕组在电路中工作。

（3）单相异步电动机的分类　根据起动方式的不同，单相异步电动机可以分为许多不同形式，常用的有罩极式电动机、分相式电动机和电容式电动机，电容式电动机又分为电容起动式、电容运转式、电容起动和运转式 3 种。

1）单相罩极式异步电动机。单相罩极式异步电动机是结构最简单的一种单相异步电动机。它的转子采用笼型结构，定子铁心多做成凸极式，如图 1-33 所示。

在单相罩极式电动机每个磁极极面的 1/4~1/3 处开有小槽，将磁极分成两部分。在极面较小的部分套装铜制的短路环，就好像把这部分磁极罩

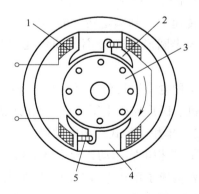

图 1-33　单相罩极式异步电动机结构示意图

1—定子绕组　2—罩极　3—转子
4—凸极式定子铁心　5—短路环

起来一样,所以称为罩极式电动机。当罩极式电动机和定子绕组通入单相交流电后,在定子绕组与短路环的共同作用下,磁极之间形成一个连续移动的磁场,类似于旋转磁场,从而使笼型转子受力而旋转。

单相罩极式异步电动机具有结构简单、制造方便、造价低廉、使用可靠、故障率低的优点,缺点是起动和运行性能较差,转向只能由未罩部分向被罩部分旋转,主要用于轻载起动的负载,如各种小型电扇、鼓风机等。

2)单相分相式异步电动机。单相分相式异步电动机又叫单相电阻起动异步电动机,它的起动绕组通过一个起动开关和主绕组并接到单相电源上,如图1-34所示。

起动开关S是一种离心开关,其结构如图1-35所示。离心开关的旋转部分安装在电动机转轴上,与电动机一起旋转;静止部分则安装在端盖或机座上,它由两个相互绝缘的半圆形铜环组成,其中一个接电源,另一个接起动绕组。

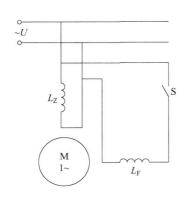

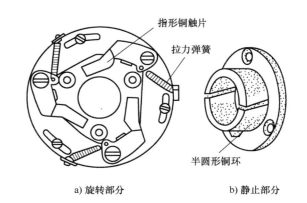

图1-34 单相分相式异步电动机接线
L_Z—主绕组 L_F—起动绕组

图1-35 离心开关的结构

电动机静止时,3个指形铜触片在拉力弹簧的作用下,分别压在两个半圆形铜环的侧面,3个指形铜触片本身是连通的,使起动绕组与电源接通,电动机开始起动。当电动机转子转速上升到额定转速的70%~80%时,指形铜触片由于离心力的作用向外张开,使铜触片与半圆形铜环分离,即将起动绕组从电源上切除,电动机起动结束,进入正常运行状态。

这种电动机起动转矩不大(一般为额定转矩的1.2~2倍),但起动电流较大,在电冰箱压缩机、医疗器械中得到了广泛的应用。

3)单相电容式异步电动机。

① 单相电容起动式异步电动机。在单相电阻起动异步电动机起动绕组中串入一个电容器,就构成了单相电容起动式异步电动机,如图1-36所示。由于电容器的作用,使起动绕组中的电流超前于主绕组中电流一定的相位差。当电容量合适时,可使相位差接近90°,获得较大的起动转矩。

单相电容起动式异步电动机的起动转矩大、起动电流小、起动性能好,适用于各种满载起动的负载，如小型空气压缩机、木工机械等。

② 单相电容运转式异步电动机。将单相电容起动式异步电动机中的起动开关去掉，起动绕组的导线加粗，就组成了单相电容运转式异步电动机，如图1-37所示。这种电动机的起动绕组和电容不仅在起动时起作用，在运行时也起作用，从而增加了电动机的输出功率，其实质上是两相电动机。

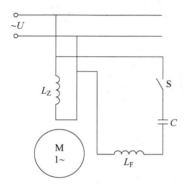

图1-36 单相电容起动式异步电动机接线图

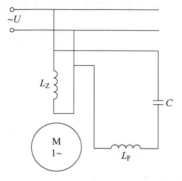

图1-37 单相电容运转式异步电动机接线图

单相电容运转式异步电动机的电容量较小，其起动性能不如单相电容起动式异步电动机，但由于这种电动机结构简单、价格低、工作可靠、运行性能好，所以广泛用于电风扇、空调、电子仪表等用电设备中。

③ 单相电容起动和运转式异步电动机。这种电动机兼有电容起动式和电容运转式电动机的特点，在起动绕组中并联了两个电容器，使电动机在起动和运行时都能得到比较好的性能，如图1-38所示。起动绕组经过运行电容C_1与电源接通，并经过起动开关与电容量较大的起动电容C_2并联。接通电源时，电容器C_1和C_2都串接在起动绕组回路中。这时电动机开始起动，当转速达到额定转速的70%~80%时，起动开关S动作，使将起动电容C_2从电源电路切除，而运行电容C_1仍留在电路中运行。

单相电容起动和运转式异步电动机需要使用两个电容器，又要装起动装置，结构复杂，成本高，但起动与运行性能都有改善，因此主要用于要求起动转矩大、功率因数较高的设备上，如电冰箱、水泵、小型机床等。

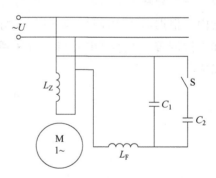

图1-38 单相电容起动和运转式异步电动机接线图

2. 三相异步电动机

（1）三相异步电动机的结构　三相笼型异步电动机是由三相交流电源供电，把交流电能转换为机械能输出的设备。它具有结构简单、价格低廉、使用、维护方便、效率高等优点，按电动机防护形式可分为开启式、防护式、封闭式等。三相异步电动机由定子、转子及其他附件组成，如图1-39所示。

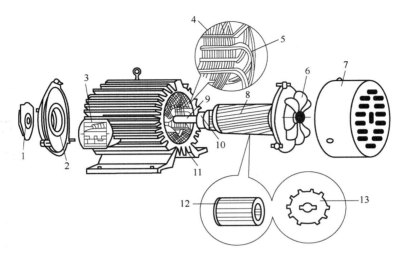

图 1-39 三相异步电动机结构示意图

1—轴承盖　2—端盖　3—接线盒　4—定子铁心　5—定子绕组　6—风扇　7—罩壳
8—转子　9—转轴　10—轴承　11—机座　12—转子绕组　13—转子铁心

1）定子。定子由定子铁心、定子绕组和机座组成。2 定子的最外面是机座，机座内装定子铁心，定子铁心槽内安放三相定子绕组。铁心一般用厚度为 0.5mm 的硅钢片冲制、叠压而成，并紧紧地固定在机座的内部。在定子铁心的内圆上冲有均匀分布的槽，用以放置定子绕组。定子绕组是电动机的电路部分，其作用是通入三相对称交流电，产生旋转磁场。定子绕组由嵌放在定子铁心槽中的线圈按一定规律连接而成。小型三相异步电动机定子绕组通常用高强度漆包线绕制而成，大中型异步电动机则用漆包扁铜线或玻璃丝包扁铜线绕制而成。三相异步电动机的定子绕组为三相对称绕组，一般有 6 个出线端，置于机座外部的接线盒内，根据需要接成星形联结或三角形联结，如图 1-40 所示。机座的作用是固定定子铁心和支持端盖，中小型电动机的机座通常采用铸铁制成，而大型电动机的机座则由钢板焊接而成。

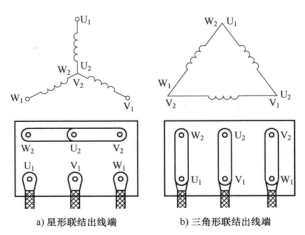

a) 星形联结出线端　　　b) 三角形联结出线端

图 1-40 三相异步电动机出线端

2）转子。转子由转轴、转子铁心、转子绕组和轴承组成。转子的基本组成部分是转轴，还有压在转轴上的转子铁心和放在铁心槽内的转子绕组。转子铁心也是电动机磁路的一部分，用0.5mm厚的硅钢片叠压而成。转子铁心与定子铁心之间有一个很小的气隙。在转子铁心的外圆上冲有均匀的槽，用来放置转子绕组。转子绕组的作用是产生电流，并在旋转磁场的作用下产生电磁力矩而使转子转动。

转子绕组分为笼型和绕线转子两大类。笼型转子导体由铜条做成，两端焊上铜环（称为端环），自成闭合路径。为了简化制造工艺和降低成本，目前中、小型异步电动机常将转子导体、端环连同冷却用的风扇一起用铝液浇铸而成。具有这种转子的异步电动机称为笼型异步电动机。

绕线转子绕组与定子绕组一样，由导线绕制并联结成星形。每相端分别连接到装于转轴上的集电环上，靠集电环与电刷的滑动接触与外电路相连接，具有这种转子的异步电动机称为绕线转子异步电动机。

3）其他附件。其他附件包括端盖和风扇，电动机的端盖由铸铁或铝铸成，起支撑转子作用。风扇用铝或塑料制成，起冷却作用。

（2）三相笼型异步电动机的工作原理与转差率

1）三相笼型异步电动机的工作原理：当三相对称定子绕组（各相差120°）通入对称三相交流电时，在定子、转子与空气隙中就会产生一个沿定子内圆旋转的磁场，该磁场叫作旋转磁场。旋转磁场的旋转方向由通入定子绕组的三相交流电源的相序决定。当三相异步电动机有 p 对磁极时，旋转磁场的转速为

$$n_1 = \frac{60f_1}{p}$$

式中 f_1——三相交流电的频率（Hz）；

p——定子绕组的磁极对数；

n_1——旋转磁场的转速，又称同步转速（r/min）。

图1-41所示为三相笼型异步电动机的转动原理图。转子上的6个小圆圈表示自成闭合回路的转子导体。当三相定子绕组通入三相对称交流电后，将产生一个同步转速为 n_1，在空间按顺时针方向旋转的磁场。开始阶段转子不动，转子导体切割磁感线而产生感应电动势，由于转子导体构成闭合回路，所以转子导体中有电流通过，其电流方向可用右手定则判定。该瞬间转子导体中的电流方向如图1-41所示。

有电流流过的转子导体将在旋转磁场中受电磁力 F 的作用，其方向如图1-41中箭头所示。电磁力在转子轴上形成电磁转矩，使异步电动机的转子以转速 n 旋转。电动机转子的转向与磁场的旋转方向一致，因此要改变三相异步电动机的旋转方向，只需改变旋转磁场的转向即可。

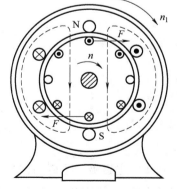

图1-41 三相笼型异步电动机的转动原理

2）转差率。转子的实际转速 n 总是小于旋转磁场的同步转速 n_1，它们之间有一个转速差，反映了转子导体切割磁感线的快慢程度。因此，常用这个转速差 n_1-n 与 n_1 的比值即转差率来表示异步电动机的性能，通常用 s 表示，即

$$s=\frac{n_1-n}{n_1}$$

在电动机起动的瞬间，$n=0$，$s=1$，转差率最大；随着转速的上升，转差率逐渐减小，当 $n=n_1$ 时，$s=0$。因此，s 在 0~1 之间变化。在额定负载时，中小型异步电动机转差率的范围一般为 0.02~0.06。

1.3.2 直流电动机

1. 直流电动机的构造

直流电动机主要由定子和转子两大部分组成。直流电动机运行时静止不动的部分称为定子，定子的主要作用是产生磁场，由机座、主磁极、换向极、端盖、轴承和电刷装置等组成。运行时转动的部分称为转子，其主要作用是产生电磁转矩和感应电动势，是直流电动机进行能量转换的枢纽，所以通常又称为电枢，由转轴、电枢铁心、电枢绕组、换向器和风扇等组成。直流电动机的结构示意图如图 1-42 所示。

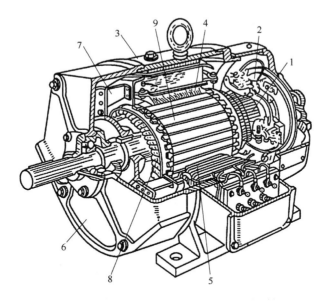

图 1-42　直流电动机结构示意图
1—换向器　2—电刷装置　3—机座　4—主磁极
5—换向极　6—端盖　7—风扇　8—电枢绕组　9—电枢铁心

1）主磁极。主磁极的作用是产生气隙磁场。主磁极由主磁极铁心和励磁绕组两部分组成。铁心一般用 0.5~1.5mm 厚的硅钢板冲片叠压铆紧而成，分为极身和极靴两部分，上面套励磁绕组的部分称为极身，下面扩宽的部分称为极靴，极靴宽于极身，既可以调整气隙中

磁场的分布，又便于固定励磁绕组。励磁绕组用绝缘铜线绕制而成，套在主磁极铁心上。整个主磁极用螺钉固定在机座上。

2）换向极。换向极的作用是改善换向，减小电动机运行时电刷与换向器之间可能产生的换向火花，一般装在两个相邻主磁极之间，由换向极铁心和换向极绕组组成。换向极绕组用绝缘导线绕制而成，套在换向极铁心上，换向极的数目与主磁极相等。

3）机座。电动机定子的外壳叫作机座。机座的作用有两个：一是用来固定主磁极、换向极和端盖，并起整个电动机的支撑和固定作用；二是机座本身也是磁路的一部分，借以构成磁极之间的磁通路，磁通通过的部分称为磁轭。为保证机座具有足够的机械强度和良好的导磁性能，一般为铸钢件或由钢板焊接而成。

4）电刷装置。电刷装置用来引入或引出直流电压和直流电流。电刷装置由电刷、刷握、刷杆和刷杆座等组成。电刷放在刷握内，用弹簧压紧，使电刷与换向器之间有良好的滑动接触，刷握固定在刷杆上，刷杆装在圆环形的刷杆座上，相互之间必须绝缘。刷杆座装在端盖或轴承内盖上，圆周位置可以调整，调好以后加以固定。

5）电枢铁心。电枢铁心是主磁路的主要部分，同时用来嵌放电枢绕组。电枢铁心一般由 0.5mm 厚的硅钢片冲制的冲片叠压而成，以降低电动机运行时电枢铁心中产生的涡流损耗和磁滞损耗。叠成的铁心固定在转轴或转子支架上。铁心的外圆开有电枢槽，槽内嵌放电枢绕组。

6）电枢绕组。电枢绕组的作用是产生电磁转矩和感应电动势，是直流电动机进行能量变换的关键部件。它由许多线圈按一定规律连接而成，线圈采用高强度漆包线或玻璃丝包扁铜线绕成，不同线圈的线圈边分上下两层嵌放在电枢槽中，线圈与铁心之间以及上、下两层线圈边之间都必须妥善绝缘。为防止离心力将线圈边甩出槽外，槽口用槽楔固定。线圈伸出槽外的端接部分用热固性无纬玻璃带进行绑扎。

7）换向器。在直流电动机中，换向器配以电刷，能将外加直流电源转换为电枢线圈中的交变电流，使电磁转矩的方向恒定不变；在直流发电机中，换向器配以电刷，能将电枢线圈中感应产生的交变电动势转换为正、负电刷上引出的直流电动势。换向器是由许多换向片组成的圆柱体，换向片之间用云母片绝缘。

8）转轴。转轴起转子旋转的支撑作用，需有一定的机械强度和刚度，一般用圆钢加工而成。

2. 直流电动机的工作原理

（1）直流电动机的励磁方式　直流电动机通常是按其励磁方式分类的，可分为他励和自励两大类。他励直流电动机的励磁是由独立的直流励磁电源供电的；自励直流电动机是由自身产生的电来励磁的。按励磁绕组与电枢绕组的连接方式，自励直流电动机又分为串励、并励和复励 3 种。直流电动机的励磁方式如图 1-43 所示。

（2）直流电动机的转动原理　以他励直流电动机为例（并励也适用），直流电励磁的主磁极在空间为一静止的磁场。如图 1-44 所示，当电枢绕组接通直流电源时，电枢电流 I_a 经电刷 A、换向片流入电枢绕组 a 端，从绕组 d 端经换向片、电刷 B 流出。根据安培定律，载

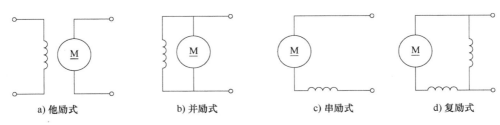

图 1-43 直流电动机的励磁方式

流线圈受到电磁力 F 的作用,力的方向遵从左手定则,形成逆时针方向的电磁转矩 T,驱使电枢旋转。

当电枢旋转使绕组 ab 边进入 S 极、cd 边进入 N 极的作用范围时,电枢电流 I_a 由绕组 d 端流入、a 端流出,静止磁场下导线中的电流方向仍不变,因此电磁力的方向不变,仍然形成逆时针方向的电磁转矩,使电动机连续运转。

不难理解,改变励磁电流方向或改变电枢电源的极性,电动机将反转。

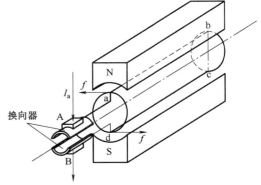

图 1-44 直流电动机的工作原理

1.3.3 变压器与互感器

1. 变压器

(1) 变压器的用途和分类 变压器是利用电磁感应原理,将某一电压值的交流电转换为同频率的,另一等级电压值的交流电的传递电能的静止电气设备。变压器可用来改变交变电压、交变电流,变换阻抗和变换相位,应用十分广泛。

变压器可按其用途、结构、相数、冷却方式等进行分类,见表 1-3。

表 1-3　变压器的分类

分类方法	类型
用途	电力变压器、仪用互感器、特种变压器
绕组数目	双绕组变压器、三绕组变压器、多绕组变压器和自耦变压器
铁心结构	芯式变压器和壳式变压器
相数	单相变压器、三相变压器和多相变压器
冷却介质和方式	油浸式变压器、干式变压器、充气式变压器
导磁材料	铁心变压器和铁氧体磁心变压器

(2) 变压器的结构 变压器的主要部件是铁心和绕组,它们构成了变压器的器身。除此之外,还有油箱和其他附件,其结构如图 1-45 所示。

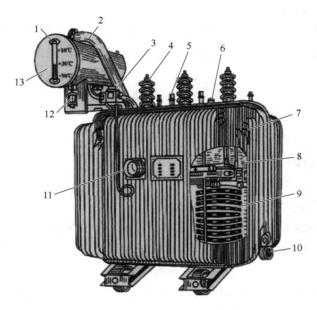

图 1-45 常用油浸式三相电力变压器

1—油位计 2—安全气道 3—气体继电器 4—高压套管 5—低压套管 6—分接开关 7—油箱 8—铁心
9—线圈 10—放油阀门 11—信号式温度计 12—吸湿器 13—储油柜

1) 铁心。铁心是变压器的磁路部分,分为铁心柱和磁轭两部分,其中铁心柱构成主磁路,磁轭使磁路形成闭合回路。铁心一般用 0.35mm 或 0.5mm 厚的表面绝缘的冷轧硅钢片叠成。根据铁心的位置不同,变压器可分成芯式和壳式两类,如图 1-46 所示。

2) 绕组。绕组是变压器的电路部分,小型变压器一般采用漆包圆铜线绕制,容量稍大的变压器则用扁铜线或扁铝线绕制。变压器中接电源的绕组称为一次侧,接负载的绕组称为二次侧。绕组的作用是在通过交变电流时,产生交变磁通和感应电动势,通过电磁感应作用,将一次侧的电能传到二次侧。按绕制的方式不同,绕组可分为同心绕组和交叠绕组两种类型。

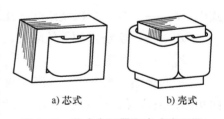

图 1-46 芯式变压器和壳式变压器

3) 油箱和其他附件。油箱既是变压器的外壳,又是变压器油的容器,里面安装整个器身,它既保护铁心和绕组不受潮,又有绝缘和散热的作用。较大容量的变压器一般还有储油柜、安全气道、气体继电器、绝缘套管、分接开关、测温装置等附件。

(3) 变压器的工作原理与同名端

1) 工作原理。图 1-47 所示为变压器的工作原理示意图。变压器的一次侧加上交变电压 U_1 后,在绕组中产生交变电流 I_1 和交变磁通。通过铁心的磁通 Φ 为主磁通,

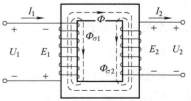

图 1-47 变压器的工作原理

铁心外的磁通为漏磁通（$\Phi_{\sigma 1}$ 和 $\Phi_{\sigma 2}$），可忽略不计。由于一次、二次绕组套在同一铁心柱上，Φ 同时穿过一次、二次绕组，根据电磁感应原理，在一次侧中产生自感电动势 E_1，在二次侧中产生互感电动势 E_2，其大小分别正比于一次、二次绕组的匝数。E_1 和 E_2 大小分别为

$$E_1 = 4.44 f \Phi_m N_1$$
$$E_2 = 4.44 f \Phi_m N_2$$

式中　f——电源频率（Hz）；

Φ_m——主磁通 Φ 的最大值；

N_1——一次绕组的匝数；

N_2——二次绕组的匝数；

二次侧有了电动势 E_2 便在输出端形成电压 U_2，接上负载后，产生交变电流 I_2，向负载供电，实现了电能的传递。只要改变一次、二次绕组的匝数，就可以达到改变电压、电流的目的。

变压器的实际工作情况是比较复杂的，通常可忽略一次、二次绕组的电阻、漏磁通及铁心的功率损耗，理想变压器变电压、变电流、变换阻抗的公式分别为

$$\frac{U_{1N}}{U_{2N}} \approx \frac{E_1}{E_2} = \frac{N_1}{N_2} = K$$

$$\frac{I_{1N}}{I_{2N}} \approx \frac{U_{2N}}{U_{1N}} = \frac{1}{K}$$

$$|Z'| = \frac{U_{1N}}{I_{1N}} = K^2 \frac{U_{2N}}{I_{2N}} = K^2 |Z_L|$$

式中　K——一次、二次绕组变压比，也称为匝数比；

Z'——一次绕组的等效阻抗；

Z_L——负载阻抗。

2）同名端。当电流分别流入两个绕组时，产生的磁通方向相同，或者说，当磁通发生变化时，两个绕组中产生的感应电动势方向相同，则把两绕组的流入电流端叫作同名端，或叫作同极性端。在电路图中用符号"·"标出，习惯上，一个绕组只标对应的一端即可，如图1-48所示。

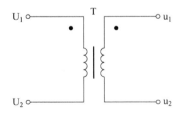

图1-48　变压器同名端的标记

同名端非常重要，在多绕组变压器中需要串联或并联运行时，如果串联时接错，输出电压为零；并联时接错，将导致绕组烧坏，造成严重事故。

2. 互感器

互感器是专门用于测量的变压器。使用互感器可以使测量仪表与高电压或大电流回路隔离，保证仪表和人身的安全，还可扩大仪表量程，便于仪表的标准化。根据用途不同，互感器可分为电流互感器和电压互感器两大类。

（1）电流互感器　电流互感器（见图1-49a）可以将一次侧回路中的大电流按比例缩小，相当于一台升压变压器。其结构形式及工作原理与单相变压器相似，但它的一次绕组匝数很少，使用时串联在被测的交流电路中，流过的是被测电流I_1，二次绕组匝数较多，它与电流表或功率表串联成为闭合电路，其工作原理如图1-49b所示。由变压器工作原理可得

$$I_1 = K_i I_2$$

K_i为电流互感器的电流比，电流比的范围为0.8~5000，标在电流互感器的铭牌上。I_2为二次侧所接电流表的读数，乘以K_i就是一次侧被测大电流的数值。一般二次侧的额定电流为5A，故所接电流表的量程为5A。改变电流互感器的电流比，就可测量不同的电流。

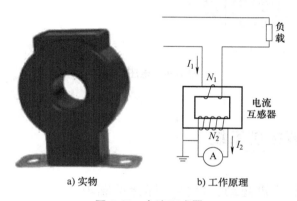

a) 实物　　　　b) 工作原理

图 1-49　电流互感器

在实际应用中，与电流互感器配套使用的电流表可换算成一次侧电流显示，不必再进行计算。电流互感器使用注意事项：

1) 运行中二次侧电路不允许开路，否则会产生高压，损坏仪表和危及人身安全。

2) 铁心和二次侧的一端必须可靠接地，以免在绝缘损坏时带电，危及人身安全。

（2）电压互感器　电压互感器（见图1-50a）相当于一台减压变压器，它的一次绕组与被测电路并联；二次绕组与测量仪表或继电保护装置的电压绕组并联。其工作原理如图1-50b所示。一次绕组匝数较多，二次绕组匝数较少，这样就可以将一次侧的高电压变成二次侧的低电压。其电压比K_u为

$$K_u = \frac{U_1}{U_2} = \frac{N_1}{N_2}$$

K_u为电压互感器的电压比，电压比的范围为1~5000，标在电压互感器的铭牌上。电压互感器二次绕组的额定电压一般为100V，改变其电压比就可以测量不同的电压，最高可以测量50kV的电压。实际应用中，与电压互感器配套使用的电压表也可以直接读数。使用电压互感器时的注意事项：

1) 使用时，二次侧电路绝不允许短路，否则会导致电压互感器烧坏。

2) 铁心及二次绕组的一端必须可靠接地，以保证工作人员及设备的安全。

3）二次侧不宜接入过多的仪表，以免影响测量精度。

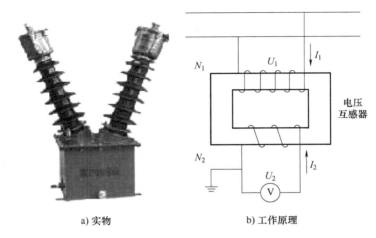

a) 实物　　　　　　b) 工作原理

图 1-50　电压互感器

1.4　继电接触器控制系统

1.4.1　三相异步电动机起动、保持、停止控制电路

三相异步电动机直接起动时转子电流很大，反映到电动机的定子侧，使电动机的起动电流可达额定电流的 4~7 倍。如此大的起动电流会使电网电压产生波动，影响其他电气设备的正常工作，而电动机本身的起动转矩只有额定转矩的 1.0~1.2 倍。因此，异步电动机的起动问题就是如何减小起动电流，而又产生合适的起动转矩。

（1）直接起动控制电路　额定电压直接加到电动机的定子绕组上而使电动机起动的过程叫作直接起动或全压起动。一般情况下，功率在 7.5kW 以下的异步电动机可以直接起动。

1）点动控制电路。所谓点动，即按下按钮时电动机起动工作，松开按钮时电动机停止工作。电动机点动控制电路如图 1-51 所示。

① 起动：合上电源开关 QS，按下点动按钮 SB，接触器 KM 的线圈得电，其主触点闭合，电动机 M 通电起动运转。

② 停止：松开点动按钮 SB，按钮在弹簧的作用下复位断开，接触器 KM 的线圈失电，主触点断开，电动机 M 断电停止工作。

2）长动控制电路。为实现电动机的连续运转，采用一种具有自锁环节的控制电路，即长动控制电路。最基本的电动机长动控制电路如图 1-52 所示。这种电路的主电路和点动控制电路的主电路基本相同，增加了热继电器 FR，且在控制电路中串接了一个停止按钮 SB_1，在起动按钮 SB_2 的两端并接了接触器 KM 的一对辅助常开触点，形成"自锁"控制，该触点称为自锁触点。工作原理如下：

① 起动和运行：合上电源开关 QS，按下起动按钮 SB_2，接触器 KM 的线圈得电，其主触点闭合。同时与起动按钮 SB_2 并联的自锁触点 KM 也闭合，电动机 M 通电起动运转；松开起动按钮 SB_2 后，SB_2 常开触点复位断开，接触器 KM 的线圈通过其自锁触点继续保持得电，从而保证电动机 M 能连续长时间的运转。

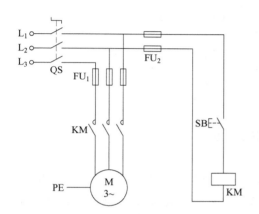

图 1-51　电动机点动控制电路

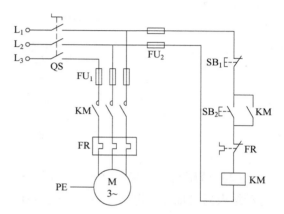

图 1-52　电动机长动控制电路

② 停止：当电动机需要停车时，可以按下停止按钮 SB_1，使得接触器 KM 线圈失电，其主触点和自锁触点复位断开，电动机 M 断电停止运转。

③ 电路的保护环节：欠电压和失电压保护。具有接触器自锁的控制电路不但能使电动机连续运转，而且还有一个重要的特点，就是具有欠电压和失电压保护作用。当电源电压突然严重下降（欠电压）或消失（失电压）时，接触器 KM 线圈电磁吸力不足，动铁心（衔铁）在反作用弹簧的作用下释放，其自锁触点断开，失去自锁，同时主触点断开，使电动机停转，得到保护。而且由于接触器 KM 的自锁触点和主触点在停电时均已断开，所以在恢复供电时，控制电路和主电路不会自行接通，电动机不会自行起动，预防了事故的发生。

a. 短路保护。电动机的短路保护采用熔断器。熔断器 FU_1、FU_2 分别实现主电路和控制电路的短路保护。

b. 过载保护。如图 1-52 所示，电动机在运行过程中，如果由于过载或其他原因使电流超过额定值，经过一定时间，串接在主电路中的热继电器 FR 的热元件使串在控制电路中的 FR 常闭触点断开，切断控制电路，接触器 KM 的线圈失电，其主触点断开，电动机 M 停止转动，达到了过载保护目的。热继电器在三相异步电动机控制电路中只能作过载保护，而不能作短路保护。这是因为热继电器的热惯性大，即热继电器的双金属片受热膨胀弯曲需要一定的时间。

3) 点动与长动控制电路。点动与长动控制电路如图 1-53 所示。其主电路与长动控制电路相同，控制电路是在长动控制电路的基础上增加了一个复合按钮 SB_3。工作原理与点动控制电路和长动控制电路相似，故不多述。

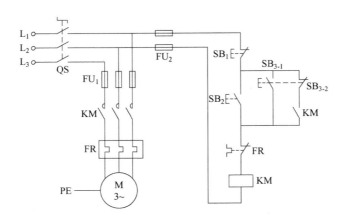

图 1-53 点动与长动控制电路

（2）减压起动控制电路　减压起动是指在起动时减小加在电动机定子绕组上的电压，起动结束后再加额定电压运行。当电动机功率较大时，为减小起动电流，一般用减压起动的方式来起动。但减压起动会导致起动转矩的下降，只适用于在空载或轻载状态下的起动。常用的有星-三角（Y-△）减压起动和自耦变压器减压起动两种。

1）星-三角减压起动。所谓星-三角减压起动就是将定子绕组三角形联结的电动机在起动时改接成星形联结，起动结束后恢复成三角形联结。将定子绕组三角形联结改为星形联结后，加在每相定子绕组上的起动电压只有三角形联结的 $1/\sqrt{3}$，起动转矩和电流降低到原来的 $1/3$，因此该起动方法只能用于正常工作时定子绕组为三角形联结的电动机中。其优点是设备简单、价格低，一般做成自动切换。图 1-54 所示为星-三角减压起动控制电路。其工作原理如下：

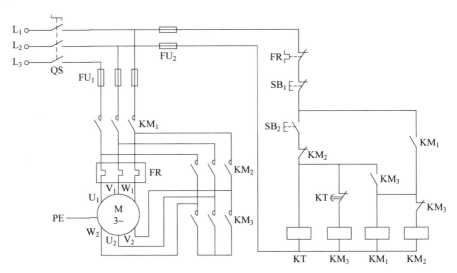

图 1-54　星-三角减压起动控制电路

① 星形起动：合上电源开关 QS，按下起动按钮 SB_2，接触器 KM_3 和时间继电器 KT 的线圈同时得电，KM_3 辅助常闭触点断开，KM_3 辅助常开触点闭合，使 KM_1 线圈得电，KM_1 辅助常开触点闭合并自锁，此时电动机星形起动。

② 三角形运行：随着转速的提高，电动机电流下降，时间继电器 KT 通电延时断开的常闭触头断开，接触器 KM_3 失电，断开星形联结；同时，KM_3 常闭辅助触点复位闭合，接触器 KM_2 得电，电动机 M 换接成三角形联结运行。

③ 停止：按下停止按钮 SB_1，接触器 KM_1、KM_2 失电，电动机 M 停止运转。

2）自耦变压器减压起动。自耦变压器减压起动是利用自耦变压器来减小起动时加在电动机定子绕组上的电压，达到限制起动电流的目的。电动机起动时，定子绕组得到的电压是自耦变压器的二次电压，一旦起动完毕，自耦变压器便被切除，额定电压直接加于定子绕组，电动机进入全电压正常工作状态。其优点是能很好地限制起动电流，还可以根据不同负载的起动要求选择起动电压（实际的自耦变压器备有不同电压等级抽头），但起动转矩有所下降，因此广泛应用于大、中容量的三相异步电动机空载或轻载起动的场合。其缺点是起动设备体积大、价格高、质量重。自耦变压器减压起动控制电路如图 1-55 所示。工作原理如下：

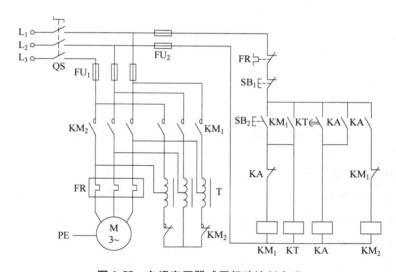

图 1-55　自耦变压器减压起动控制电路

① 自耦变压器减压起动：合上电源开关 QS，按下起动按钮 SB_2，接触器 KM_1 和时间继电器 KT 的线圈同时得电，接触器辅助常开触点闭合并自锁，其主触头闭合，电动机定子绕组经自耦变压器 T 接至电源，通过自耦变压器减压起动。

② 运行经一段时间延时后，时间继电器 KT 通电延时常开触点闭合，中间继电器 KA 线圈得电并自锁，其常闭触点断开使接触器 KM_1 线圈失电，KM_1 主触点断开，自耦变压器从电路中切除；同时，中间继电器 KA 常开触点闭合，接触器 KM_2 线圈得电，其主触点闭合，主电路常闭触点断开，进一步切断自耦变压器电路，电动机 M 全压运行。

③ 停止：按下停止按钮 SB_1，接触器 KM_2 线圈失电，其主触点断开，常闭触点复位（为下一次起动做准备），电动机 M 停止运行。

除了上述常用的两种减压起动方式外，还有串联电阻减压起动。因电阻的功率损耗大、温升高，不宜频繁起动，故应用较少。

1.4.2 三相异步电动机正反转控制电路

从三相异步电动机的原理可知，若将接到电动机的三相电源进线中的任意两相对调，就可以改变电动机的旋转方向，电动机正反转控制电路正是利用这一原理而设计的。实际应用较多的是接触器、按钮双重联锁的正反转控制电路，如图 1-56 所示。

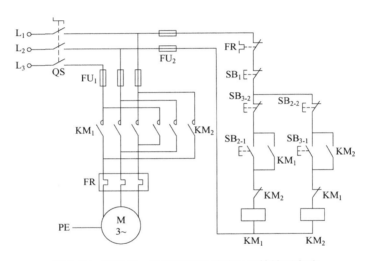

图 1-56 接触器、按钮双重联锁的正反转控制电路

控制电路中用接触器 KM_1 和 KM_2 分别控制电动机的正转和反转。正转接触器 KM_1 和反转接触器 KM_2 接通的电源相序相反，所以当两个接触器分别工作时，可实现电动机正转和反转。正转接触器 KM_1 和反转接触器 KM_2 的主触点不可同时接通，否则将造成电源短路，引起事故。为此，分别在正转和反转的控制回路中接入了对方接触器和按钮的常闭触点，从而保证一个回路工作时另一个回路不能工作。SB_2、SB_3 为复合按钮，按下按钮时，常闭触点先断开，经过一段机械延时后（按钮从起始位置至按到底的时间），常开触点才接通，同样也可以保证接触器 KM_1 和 KM_2 不会同时动作。这种互相制约的控制关系称为"联锁"。其工作原理如下：

1）正转控制。合上电源开关 QS，按下按钮 SB_2，常开触点 SB_{2-1} 接通 KM_1 正转控制电路，接触器 KM_1 线圈得电，其自锁触点闭合自锁，主触点闭合，电动机 M 正转起动运转；同时，辅助常闭触点断开联锁（切断反转控制电路，使接触器 KM_2 线圈不能得电）。

2）反转控制。按下按钮 SB_3，接通 KM_2 反转控制电路，接触器 KM_2 线圈得电，其自锁触点闭合自锁，主触点闭合，电动机 M 反转起动；同时，辅助常闭触点断开联锁（切断正转控制电路，使接触器 KM_1 线圈不能得电）。

若在电动机正转过程中,直接按下反转按钮 SB_3,可使电动机反转。但是,这种操作方法仅适合小功率电动机轻载场合,对于较大功率电动机重载场合不允许直接反转,否则易造成机械传动部件损坏。

3)停止。无论电动机处于正转还是反转,按下停止按钮 SB_1,正转(或反转)接触器线圈都将失电,其主触点断开,电动机 M 停转;同时,联锁触点复位闭合,为接通正转(或反转)控制电路做好准备。

1.4.3 三相异步电动机自动往返控制电路

由行程开关控制的工作台自动往返控制电路如图 1-57 所示。两个行程开关 SQ_1 和 SQ_2 分别用来实现工作台的自动往返,SQ_3 和 SQ_4 分别用来实现工作台的终端保护。SQ_1 放在右端需要反向的位置,SQ_3 放在右终端位置,用以保护工作台向右超程;SQ_2 放在左端需要反向的位置,SQ_4 放在左终端位置,用以保护工作台向左超程。在工作台边上装有撞块,且撞块 1 与行程开关 SQ_2、SQ_4 处于同一平面,撞块 2 与行程开关 SQ_1、SQ_3 处于同一平面。因此,撞块 1 能和行程开关 SQ_2、SQ_4 碰撞,撞块 2 只能和行程开关 SQ_1、SQ_3 碰撞。撞块每一次碰撞行程开关后,工作台都停止前进,随后反向运行,从而使得工作台能够进行自动往返运动。其工作原理如下:

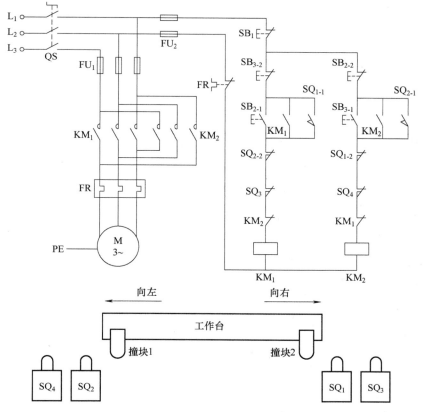

图 1-57 工作台自动往返控制电路

1）工作台向左移动。合上 QS，按下起动按钮 SB_2，接触器 KM_1 得电吸合并自锁，其主触点闭合，电动机正向起动运转，带动工作台左移。

2）工作台换向向右移动。当运动部件移至左端时，碰到并按下行程开关 SQ_2，其常闭触点 SQ_{2-2} 断开，切断接触器 KM_1 线圈电路，KM_1 主触头断开，电动机停转；同时，行程开关 SQ_2 常开触点 SQ_{2-1} 闭合，接通接触器 KM_2 线圈电路，KM_2 得电吸合并自锁，其主触点闭合，此时电动机由正向运转变为反向运转，带动工作台右移。上述过程可依次循环下去。

工作台自动往返控制电路和接触器、按钮双重联锁的正反转控制电路相似，它们的主电路相同，在控制电路中用行程开关 SQ_1 和 SQ_2 取代了图 1-56 中的正转和反转复合按钮，并在行程开关 SQ_1 和 SQ_2 常开触点的两端分别并联起动按钮 SB_2 和 SB_3 的常开触点，做正向或反向起动用。

第2篇 技能知识篇

第 2 章
电力机车各系统电气知识

2.1 电力机车电气系统总体结构概述

2.1.1 概述

FXD1 型动车组为满足铁路运输及经营发展要求，充分利用既有运输资源和机、客车的检修资源，将逐步全面取代普速线路既有机车车辆，大幅改善乘客乘坐体验，提升铁路运输服务品质。

FXD1 型动力车在既有 HXD1G 型机车上进行了适应性设计，并于 2016 年 6 月完成设计图样归档，2016 年 8 月完成样车试制，2017 年 5 月完成短编组整列组编及调试，2017 年 7 月开展短编互联互通试验，2017 年 8 月中国国家铁路集团有限公司（简称铁总）进行了技术条件、设计方案和试验评审，2018 年 5 月底完成了型式试验和运用考核，最后按照铁总发布的方案进行涂装。该车适应严寒及高原运行，维护成本低，可满足普速铁路运输要求。

FXD1 型动力车电气系统主要技术特点：

1）网侧高压设备主要安装在机械间网侧柜内，用于机车的过载、短路和接地等保护断开。

2）牵引变压器采用芯式结构以及强迫导向油循环风冷方式。

3）牵引变流器采用 6.5kV 等级 IGBT（绝缘栅双极晶体管）、轴控方式主电路，通过双弓双主断及增设变流器隔离开关等方式提高了冗余度。

4）辅助电源采用三相 AC 380V/50Hz；动力车采用主辅电路一体化技术，实现辅助系统过分相区不间断供电功能。

5）动力车采用 IGBT 四象限整流及水冷方式的 DC 600V 列车供电系统。

6）通风检测系统：设有通风冷却设备健康管理系统，可对牵引风机、冷却塔风机、辅助变压器柜风机等设备的风速、轴承温升及振动进行状态监控、数据采集及分析，可以为故障诊断、检修维护提供技术支持。

7) 动力车网络控制系统采用两级总线式拓扑结构，列车级总线采用 WTB（绞线式列车总线），车辆级总线采用 MVB（多功能车辆总线）。

8) 控制系统实现不同平台产品之间的互联、互通、互控。

9) 编组形式：短编组 1Mc+7T+1Tc（可重联）、长编组 1Mc+18T+1Mc 和灵活编组 1Mc+9T~18T+1Mc。

10) 牵引变压器、牵引变流器、牵引电动机和网络控制系统实现多家配套。关键部件多家配套设计原则：统一的机械接口、电气接口及冷却接口、保护检测接口、冷却介质等，实现不同供应商产品的整体互换，油、脂、水等的通用和牵引系统关键部件交叉组合配套。

11) 不同平台部件需简统化设计，如受电弓、主断路器、高压接地开关、车内避雷器、库用插座、车端连接器、显示屏等。简统化设计原则：机械安装接口统一，电气连接接口兼容，气路连接接口兼容，易损易耗件统一，实现不同平台之间部件的整体互换和易损易耗件的通用。

2.1.2 电气系统组成

1) 主电路：由双受电弓、网侧柜（双主断路器、双高压互感器、接地开关和车内避雷器）、牵引变压器、牵引电动机和牵引变流器等关键部件组成。

2) 辅助电路：包括变频变压供电支路、恒频恒压供电支路、220V/50Hz 单相或三相交流支路、蓄电池充电机直流负载供电支路。

3) 控制电路：主要包括受电弓控制电路、真空主断路器控制电路、高压隔离开关控制电路、空调控制电路、4 个安全环路（门控、轴报、制动、火灾）、照明控制电路、电钩等设备的控制电路，此外还包括辅助变压器、压缩机和牵引风机等设备接触器控制电路，还具有牵引电动机、主变压器等设备状态检测及反馈信号的传输功能。

4) 牵引变流器：具有过电压、欠电压、过电流、过载、接地、过热等自保护功能，对外部部件具有网侧过电流、牵引绕组接地、牵引电动机过电流、牵引电动机接地、牵引电动机超温等的检测和保护等功能，对于轻微故障可以自动恢复，对于较严重的故障可以及时保护甚至从软件和硬件上隔离故障单元，同时变流器具备故障记录功能。

5) 牵引电动机：整机采用架悬安装，非传动端单轴承支撑，传动端通过联轴节与主动齿轮连接组成驱动装置，预留轴温报警复合传感器安装接口，采用既有牵引电动机成熟的 3600V 绝缘结构，轴承选用与 YQ-1633 相同的成熟轴承配置。不同供应商之间速度传感器、温度传感器、轴承、润滑脂、注油嘴通用。

6) 列车供电系统：短编组输出 2×200kW，长编组输出 1×400kW；采用两组四象限整流器供电，一组故障，另一组可维持 300kW 供电（≥25kV），额定输出电压 DC 600V，控制精度±5%；稳态输出电压允许范围为 DC 570~630V。

7) 制动系统：采用自动式空气制动系统，由风源及干燥系统、制动控制系统、基础制动装置、空气防滑装置、撒砂系统、管路系统等组成。

8）显示单元：动力车司机室操纵台设置两组互为冗余的司机室显示屏，可兼容显示牵引信息和制动信息，通过自动或手动方式进行切换或合屏。动力车主要信息由司机室显示单元显示，不同类别的显示信息应用不同颜色予以区分。

9）互联互通：形成了规范性技术文件9个，实现了对动力集中动车组网络系统构架、数据传输、功能需求、故障码、司机室显示单元、列车贯通线、安全环路、拖车TCDS（行车安全监控系统）主机与动车TCMS（列车控制与管理系统）通信协议、互联互通地面测试等型式试验大纲项点的统一。

10）LKJ2000设备：监控主机（H1型）、人机界面单元、TAX07装置、总线扩展盒、传感器、GPS信息接收装置、机车运行监测数据无线传输车载装置（TSC2）、电子标签等。

11）6A系统：包含空气制动安全监测子系统、防火监控子系统等6个子系统。其中，视频系统增设了受电弓监测功能，并可实现编组内各司机室与机械间的视频信号通信及显示。

12）CMD（中国机车远程监测与诊断）系统：包括CMD车载LDP（机车车载综合信息监测装置）主机、车载天线等。编组内的CMD系统采用双主模式，动力车、控制车各自独立采用主机发送本节相关信息至地面系统。

2.2 主电路系统

2.2.1 主电路配置

FXD1型动力车主电路由网侧电路和电传动系统、列车供电系统组成。

如图2-1所示，网侧电路关键部件包括受电弓（2个）、避雷器（2个）、网侧柜、高压电流互感器、主变压器（1个一次绕组）、二次电流互感器、轴端接地装置等。网侧柜由2个高压互感器、2个竖式真空主断路器、2个高压互感器开关盒、1个接地开关、1个避雷器组成。主断路器用于断开、接通电力机车25kV主电路，同时用于动力车的过载、短路和接地等保护的快速断开。

电传动系统由1个主变压器（4个牵引绕组、2个二次谐振电抗器）、1个变流柜、4台牵引电动机和2台辅助变压器组成。每节动力车安装1台变流柜，每台变流柜包含2套牵引变流器，供应A架和B架转向架，轴式为2（B0-B0）。每套牵引变流器对1个转向架的2台牵引电动机及1台辅助变压器供电，牵引电动机单轴驱动功率为1430kW，短时（30min）单轴驱动功率为1630kW。电传动系统采用轴控驱动模式，主辅一体化设计，并采用水冷散热。

列车供电系统由输入部分、整流模块、支撑电容、接地检测、输出部分组成。每节动力车配置1台列车供电柜，采用水冷散热，每台供电柜由2组独立的四象限供电单元组成。在动车组短编组模式下2路独立供电，在动车组长编组模式下2路通过接触器并联单路供电。主变压器每个绕组都串联了一个电抗器供输入侧蓄能及滤波，控制箱和显示屏装在供电柜内。列车供电柜用于机车交流和直流之间的电能变换，为旅客列车辅助设备装置如空调装置、车门集中遥控装置、粪便集存密封处理装置、电热取暖装置等提供电源。

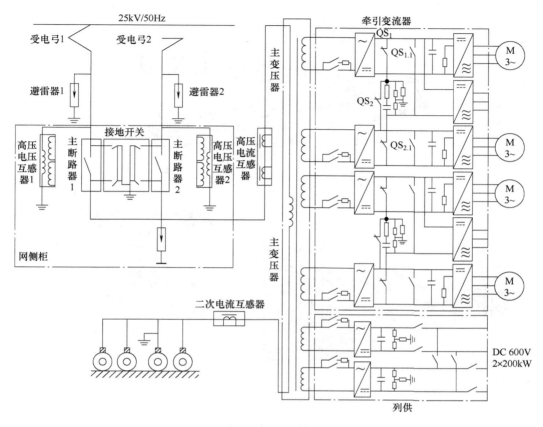

图 2-1　主电路配置简图

2.2.2　受电弓控制

1. 受电弓的结构组成

TSG20 型受电弓的结构如图 2-2 所示，该受电弓属于板簧结构式弓头，主要由底架部分、铰链机构、弓头部分、升弓装置和气路组装等部分构成。

2. 气阀板

如图 2-3 所示，气阀板由空气过滤器、单向节流阀、精密调压阀、安全阀等部分组装而成。

1）空气过滤器：将机车压缩空气中的水雾分离出来，保证提供的压缩空气是干燥而且纯净的。

2）单向节流阀（升弓）：通过控制压缩气体的过电流量来调整受电弓的升弓时间。

3）单向节流阀（降弓）：通过控制排放气体的过电流量来调整受电弓的降弓时间。

4）精密调压阀：为受电弓提供恒定的压缩空气，精度偏差为±0.002MPa。精密调压阀用于调节接触压力，因为气压每变化 0.01MPa 就会使接触压力变化 10N。

5）安全阀：如果精密调压阀出现故障，安全阀就会起到保护气路的作用。

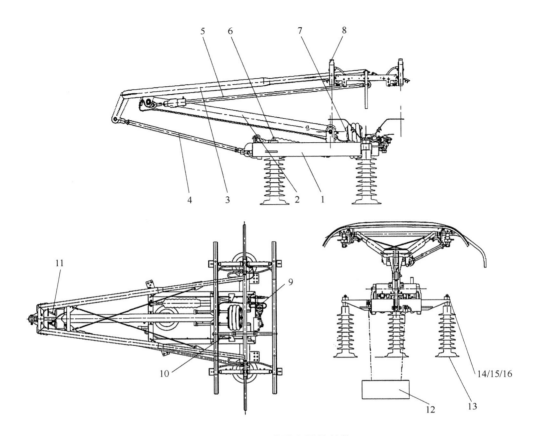

图 2-2　TSG20 型受电弓的结构

1—底架　2—下臂杆　3—上框架　4—拉杆　5—平衡杆　6—阻尼器　7、12—气囊升弓装置　8—弓头　9—气路
10、11—底架电流连接　13—支持绝缘子　14—六角螺栓 M16×100　15—螺母　16—垫片

图 2-3　气阀板

1—空气过滤器　2—电控阀　3—单向节流阀（升弓）　4—精密调压阀　5—受电弓反馈压力表
6—安全阀　7—压力开关　8—单向节流阀（降弓）　9—升弓压力表

3. 受电弓控制原理

如图 2-4 所示，以 HXD1 型机车为例，升弓气压正常，受电弓气路隔离塞门状态良好（即 E31_06 节点为高电平），网络控制系统自检通过。受电弓选择位置在自动位时，中央控制单元（Central Control Unit，CCU）默认升后弓。当闭合受电弓扳键开关后，由电压信号经 DXM11 模块转变成数字信号，再经 MVB 网络传送至 CCU，CCU 发出指令让 DXM34 模块 A34_04 节点闭合，升弓电磁阀 41YV 得电气路导通，经车顶受电弓炭滑板后，反馈至气阀板受电弓状态反馈压力开关（=21-A03），再经 DXM34 模块（E34_06 节点）送 CCU 进行逻辑运算，条件满足受电弓升起。

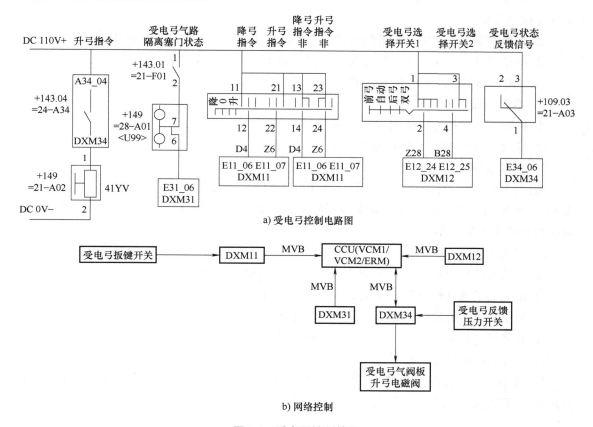

图 2-4 受电弓控制简图

受电弓升起后与接触网接触，从接触网上集取电流，并将电流传送到车辆电气系统。集取的电流首先由炭滑板流入受电弓弓头，然后依次经过上框架、下臂杆流入底架，最后经过底架上的电流连接端子、车顶母线进入车辆电气系统。在弓头到上框架、上框架到下臂杆、下臂杆到底架的连接处都由铜绞线短接。

4. 技能操作

（1）弓头拆装步骤及注意事项

1）弓头拆除步骤：

① 拆除与炭滑板连接的导流线、风管。

② 拆除炭滑板。

③ 拆除弓头悬挂。

④ 拆除转轴。

2）安装步骤：

按照相反步骤进行安装。安装完成后，重新调节受电弓静态接触压力、升弓时间和降弓时间。

3）弓头拆装操作注意事项：

① 作业前，保证所处电网断电，受电弓处于降弓位置，高压隔离开关处于断开状态，确保无触电危险。

② 车顶作业须配备安全帽等防护措施，不得在无安全保障的情况下作业。

③ 操作过程注意炭滑板、导流线、风管的防护，避免造成损伤。

（2）阻尼器拆装步骤及检查标准

1）拆除步骤：

① 拆除与下臂杆连接的 M12 安装螺栓。

② 拆除与底架连接的 M10 安装螺栓。

2）安装步骤：

按照相反步骤进行安装。安装后，检查并调整阻尼器安装尺寸使其符合要求（504mm±3mm），锁紧阻尼器与拉杆间的 M12 薄螺母。检查受电弓升降时阻尼器是否有效，无效则需再次调整或更换阻尼器。

3）检查标准：

① 安装前拉伸阻尼器动作 5~6 个全程（排出阻尼器内的气体）。

② 阻尼器活塞杆螺纹旋入深度要求不小于 12mm。

③ 阻尼器上小方块朝上，防尘套上专用孔朝下。

④ 升降弓过程阻尼器无异响、卡滞，降弓时缓冲明显。

（3）阻尼器现场检测方法

1）先测量并记录阻尼器的安装尺寸。如图 2-5 所示，受电弓在落弓位置时（阻尼器拉伸最长），阻尼器与底架、下臂杆的安装尺寸为 667mm。

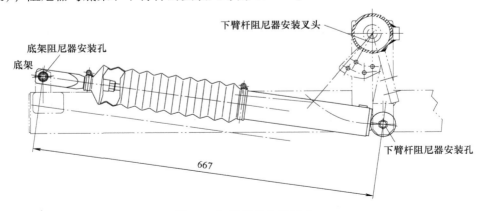

图 2-5　阻尼器的安装尺寸

2）测量单个阻尼器的关键尺寸。如图2-6所示,拆掉阻尼器上的防尘罩,在落弓位置测量阻尼器的尺寸应为504mm±3mm。

3）现场调整方法。如图2-7所示,在落弓位置,测量阻尼器尺寸,若尺寸偏小则松开阻尼器拉杆上的螺母1,并将阻尼器的活塞杆旋进拉杆端保证其基本尺寸为504mm,再进行升降弓试验以便观察是否有缓冲。

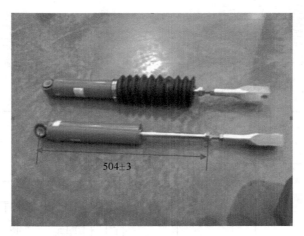

图 2-6 拆掉阻尼器上的防尘套

图 2-7 测量示意图

2.2.3 主断路器控制

1. 真空主断路器外观尺寸及主要参数

如图2-8所示,TDV10（02）型竖式真空主断路器是单极交流真空断路器,该设备主要用于主电路断开和接通,同时还可以用于过载保护和短路保护,是一种保护电器。

TDV10（02）型竖式真空主断路器由高压部分、驱动机构、肘节机构、低压部分构成。其中,低压部分关键部件为:电磁阀、110V控制单元板、保持线圈、辅助联锁、调压阀、压力开关。技术参数：额定工作电压为30kV,额定工作电流为1000A,使用温度范围为-40~70℃,控制回路气压为450~1000kPa,控制电压为DC 110V,工频耐受电压为75kV。

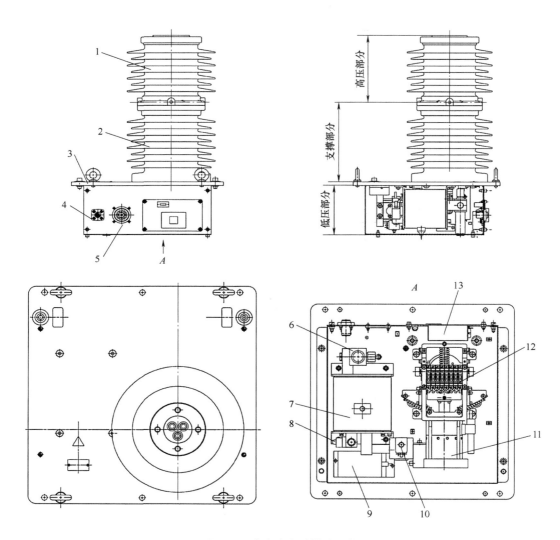

图 2-8 真空主断路器的结构

1—上绝缘子 2—下绝缘子 3—底板 4—气路接口 5—35芯连接器 6—调压阀 7—气缸组装机构 8—压力开关 9—电阻盒 10—电磁阀 11—驱动机构 12—辅助联锁 13—控制单元

2. 真空主断路器控制原理

（1）真空主断路器的合闸　真空主断路器的闭合条件：

1）真空主断路器主触点必须处于断开状态，如图2-9所示。

2）必须有充足的气压。

3）真空主断路器闭合条件满足，保持线圈必须处于得电状态。

（2）真空主断路器的合闸步骤　如图2-10所示，真空主断路器的合闸步骤如下：

1）按主控端操作台主断路器扳键开关。

2）控制板让电磁阀和保持线圈同时得电。

3）电磁阀得电后线圈吸合，压缩空气由储风缸进入传动风缸，如图2-11所示。

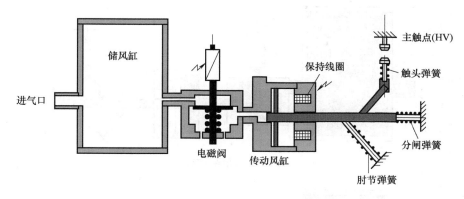

图 2-9 闭合阶段（真空主断路器处于断开状态）

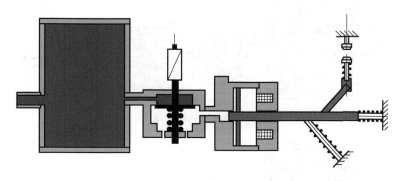

图 2-10 合闸过程（断开时刻）

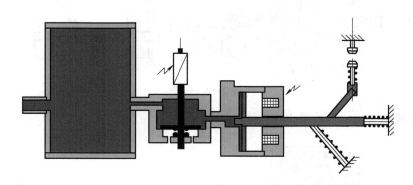

图 2-11 打开电磁阀

4）动触头随着活塞的移动而运动，如图 2-12 所示。

5）弹簧压缩，主触点闭合，如图 2-13 所示。

6）活塞到达行程末端后，保持线圈持续得电，使主触点一直保持在闭合状态。

7）电磁阀失电。

8）传动风缸内的空气排出，真空主断路器闭合，如图 2-14 所示。

（3）真空主断路器的分闸　在任何情况下，只要控制电源失电，真空主断路器就处于断开状态（主控端主断路器扳键开关断开）。真空主断路器的分闸步骤如下：

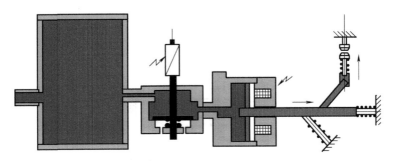

图 2-12　动触头移动

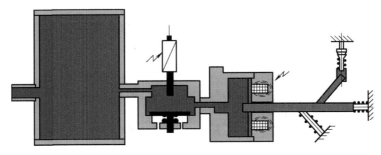

图 2-13　触头动作压力

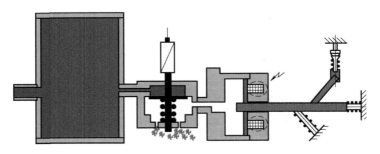

图 2-14　闭合

1）保持线圈失电，如图 2-15 所示。

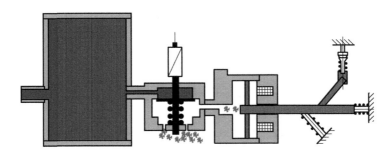

图 2-15　保持线圈失电

2）活塞在弹簧作用下移动（触头压缩弹簧和恢复弹簧）。
3）主触点断开，真空灭弧室灭弧，如图 2-16 所示。

电力机车各系统电气知识 第 2 章

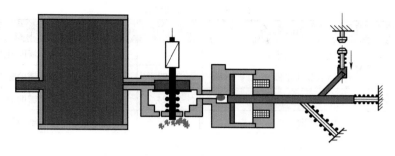

图 2-16 主触点断开

4) 行程结束,活塞缓冲,主触点断开。

(4) 真空主断路器的控制原理　真空主断路器控制原理如图 2-17 所示,符号说明见表 2-1,辅助联锁说明见表 2-2。

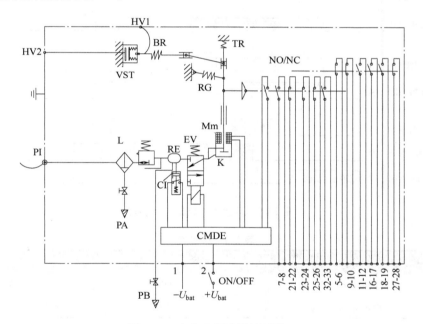

图 2-17 真空主断路器控制原理

表 2-1　符号说明

符号	说明	符号	说明	符号	说明
HV1	断路器的高压输出端	BR	触头压力机构	Mm	保持线圈
HV2	断路器的高压输入端	TR	稳定机构	K	传动气缸
VST	真空泡 V	RG	快速脱扣机构	EV	电磁阀
RE	储风缸	CI	压力开关	L	调压阀
PI	进风口	PA	调压阀排水口	PB	储风缸排水口
CMDE	控制单元板	NO/NC	辅助触点	ON/OFF	控制开关
$-U_{bat}$	控制电源(负极)	$+U_{bat}$	控制电源(正极)		

55

表2-2 辅助联锁说明

点位	说明	点位	说明
1	控制电源（负极）	16-17	常开辅助触点
2	控制电源（正极）	21-22	常开辅助触点
5-6	常闭辅助触点	23-24	常闭辅助触点
7-8	常开辅助触点	25-26	常闭辅助触点
9-10	常闭辅助触点	27-28	常闭辅助触点
11-12	常开辅助触点	32-33	常开辅助触点

（5）真空主断路器控制步骤　真空主断路器控制步骤如图2-18所示，符号说明见表2-3。

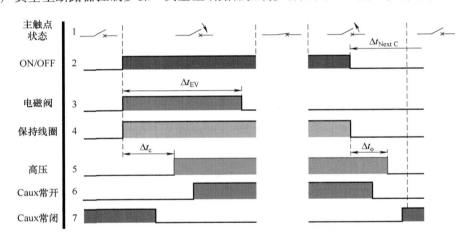

图2-18　真空主断路器控制步骤

表2-3　符号说明

符号	说明	符号	说明
Δt_{EV}	供给电磁阀的时间	Δt_c	ON/OFF开关关断到主触点闭合时的闭合时间
Δt_{NextC}	相邻闭合的时间	Δt_o	ON/OFF开关从闭合到主触点分离间的开断时间

3. 技能操作

（1）电磁阀更换顺序

1）拆下电磁阀电缆插头。

2）拆下固定电磁阀螺钉M8×70、M8×50，更换新电磁阀（注意密封圈）。

3）将电磁阀插入连接管，再插入传递块。

4）重新安装螺钉M8×70、M8×50，将电磁阀连接紧固，扭矩值为19.5N·m，如图2-19所示。

（2）主断路器故障排除

1）真空主断路器保持线圈的电阻值为38~44.6Ω，电磁阀的电阻值为10~13Ω。

2）真空主断断路器控制单元板15芯插座点位连接器件名称及定义：6、7点连接保持

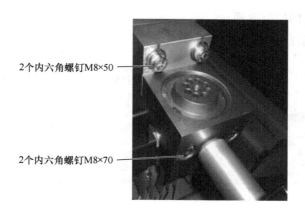

图 2-19 电磁阀

线圈,8、9 点连接电磁阀,10、11 点连接压力开关,14、15 点连接电阻盒。

3) 真空主断路器漏风故障及解决方法。

① 电磁阀持续漏风:更换控制板。

② 电磁阀先导阀杆漏风:更换电磁阀。

③ 调压阀漏风、排水旋钮处漏风:更换调压阀。

4) 主断路器不动作故障原因一般有:电缆连接缩针、断线,电磁阀卡位,控制板烧损,控制板 15 芯缩针,机车风压低,35 芯插头缩针。

2.2.4 高压隔离开关控制

1. 高压隔离开关的结构

高压隔离开关由管接头、电磁阀、浪涌吸收器、压力气缸、凸轮、辅助联锁开关、操纵杆、插座、密封圈、底板、接地线、绝缘子、簧片、触刀、轴衬等组成,如图 2-20 所示。

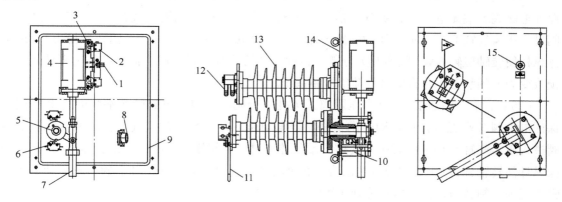

图 2-20 高压隔离开关的结构

1—管接头 2—电磁阀 3—浪涌吸收器 4—压力气缸 5—凸轮 6—辅助联锁开关 7—操纵杆 8—插座
9—密封圈 10—轴衬 11—触刀 12—簧片 13—绝缘子 14—底板 15—接地线

2. 高压隔离开关的控制原理

图 2-21 所示为高压隔离开关控制原理图。

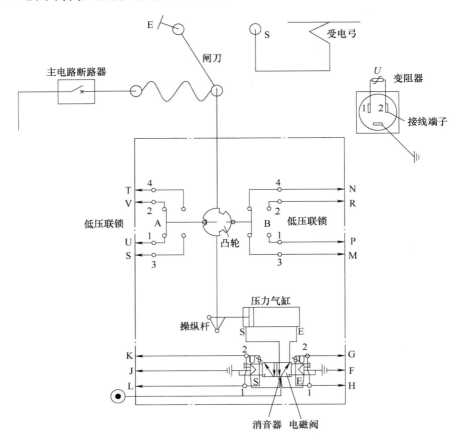

图 2-21　高压隔离开关控制原理图

（1）分闸　当接通气路且高压隔离开关处于合闸状态时，电磁阀 E 端瞬时得电（同时保证电磁阀 S 端无电）后得到分闸信号，得电动作，打开 E 端输气气路，压缩空气经电磁阀进入压力气缸 E 端（同时压力气缸 S 端气体通过电磁阀排气气路，经消音器排出），推动操纵杆使转轴旋转 60°，隔离开关分断。转轴转动的同时，固定在主轴上的凸轮驱动低压联锁改变为分闸状态，并将信号反馈给控制系统。

（2）合闸　当接通气路且高压隔离开关处于分闸状态时，电磁阀 S 端瞬时得电（同时保证电磁阀 E 端无电）后得到合闸信号，得电动作，打开 S 端输气气路，压缩空气经电磁阀进入压力气缸 S 端（同时压力气缸 E 端气体通过电磁阀排气气路，经消音器排出），推动操纵杆使转轴旋转 60°，隔离开关闭合。转轴转动的同时，固定在主轴上的凸轮驱动低压联锁改变为合闸状态，并将信号传到司机室。

3. 技能操作

（1）簧片拆装步骤和注意事项

1）高压隔离开关簧片拆装步骤：

① 拆除步骤：拆除安装螺栓；分离簧片、垫块、垫板；拆除衬垫。

② 安装步骤：按照与拆除相反的步骤进行，然后涂抹 Molykote 导电脂；调节簧片间隙；重新测试触刀、簧片夹紧力等各项性能参数。

2）高压隔离开关簧片拆装注意事项：需车顶作业；操作时需记住触刀与簧片之间涂抹 Molykote 导电脂。

（2）常见故障原因分析

1）案例：高压隔离开关不动作、动作缓慢的原因及处理措施。

2）原因及处理措施：

① 可能是控制电路存在故障，处理措施是检查电路故障并加以排除。

② 可能是气路存在故障，处理措施是检查气路是否泄漏或堵塞，检查电磁阀和气缸是否正常，更换故障的元件。

③ 可能是浪涌吸收器损伤，处理措施是检查浪涌吸收器，必要时修理或更换。

2.2.5 网侧保护

以 FXD1 型机车为例，网侧保护分为电压保护和电流保护，如图 2-22 所示。一次回路检测原理如图 2-23 所示。

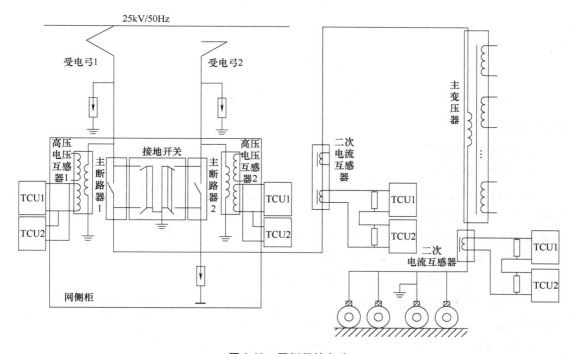

图 2-22 网侧保护电路

1. 原因分析

如图 2-23 所示，牵引控制单元（Train Control Unit，TCU）(也称牵引控制器）判断条件为当一次电流与二次电流之间差值（绝对值）大于 50A 并超过 2s 时，立即封锁变流器、断

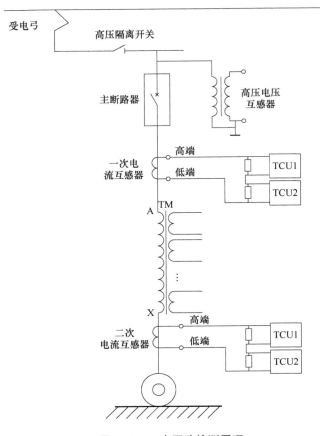

图 2-23 一次回路检测原理

开主断路器。

2. 处理及排查步骤

1）下载故障数据并进行分析。

2）当机车运行途中出现一次侧接地时，可以先切除报故障架 TCU，看另一架是否也报故障。若另一架也报该故障，检查一次、二次电流互感器及相关电路；若另一架不报故障，则可判断为非真实一次侧接地，故障点应为一次侧接地检测电路部分。

3）两架 TCU 均报一次侧接地检查：

① 检查一次、二次电流互感器及相关连接线。

② 检查两架 TCU 电流检测板中的一次或二次电流检测传感器某路一次绕组开路，或电流检测板输入端插头松动，用万用表分别测量对外接口 X1 插头的 X1：25、26（一次侧）和 X1：40、41（二次侧）点，测得两个电流互感器的内阻阻是否开路。

4）某架 TCU 报一次侧接地检查：

① 对调 OUT1 和 OUT2（OUT 为电流检测板）上的信号线来进行排查，若此时电流偏差现象转移了，则检查电流检测板故障；若电流偏差现象未转移，则检查模拟输入 A、网侧信号、LCC（网侧控制）板及插件箱。

② 甩开 OUT1 信号线并将其短接至 OUT2，或甩开 OUT2 的信号线并将其短接至 OUT1 来进行排查，若此时一次和二次电流一致，则故障点在电流检测板中；若一次和二次电流仍不一致，则故障点在 TCU 检测电路中，应检查模拟输入 A、网侧信号、LCC 板及插件箱。

③ 检查电流检测板±15V 工作电源是否正常。

2.2.6 案例：受电弓升弓故障（以 HXD1 型机车为例）

1. 应急故障介绍

当 $U=0$ 时，受电弓升起过程出现故障，该受电弓失效。请通过受电弓模式开关选择其他弓（如自动、受电弓 2、双弓），通知维护人员。

当 $U>0$ 时，受电弓升起过程出现故障，该受电弓失效。需通过受电弓模式开关选择其他弓（如自动、前弓、后弓、双弓），继续行车，通知维护人员。

受电弓升弓故障即给出升弓指令、升弓电磁阀动作后，无升弓压力反馈信号（延时 15s）。若 CCU 监视到两次该故障，将存储信息并锁定受电弓；可以通过闭合蓄电池自动开关来复位该保护。

2. 基本原理

受电弓控制原理参见 2.2.2 节内容。

3. 检查方法

确认受电弓实际状态：

1）受电弓已升起，检查微机显示屏 I/O 界面受电弓升起反馈状态节点 34_06 是否闭合，若 34_06 节点断开，测量受电弓状态反馈压力开关（=21-A03）1/3 点是否闭合，若已闭合且=21-A03 的 1 点有 110V 电压，则检查 DXM34 插头是否缩针、模块是否故障。

2）受电弓未升起，测量升弓电磁阀=21-A02（41YV）的 1/2 点是否有 110V 电源，若有电压，检查升弓控制气路是否堵塞或风压不足，若无电压，检查 DXM34 模块。

4. 案例分析

2014 年 6 月 11 日，HXD11155 机车担当某次货运列车牵引任务，编组列车于 5：36 开车，运行至红砚台时过分相后合闸正常，给定牵引力后机车跳开主断路器，检查发现机车后弓（A 节）脱落，10：06 减压停于红砚台至吴家窑间 K876+347M 处。服务人员通过 120 指挥乘务员将受电弓模式转换开关打至前弓位，使用大复位后试验机车牵引力发挥正常。给定牵引力后缓解列车起动两次均失败，10：24 请求救援。

1）原因分析：下载数据并进行分析，受电弓 DXM38 模块 E34_06 节点由高电平突然变成低电平，其他指令正常，分析为反馈支路信号异常或气阀板到受电弓气路有漏风情况。

2）检查及处理过程：=21-A03 至 DXM34 模块节点电路正常，无虚假或松动迹象，检查车顶受电弓时发现 2 端受电弓炭滑板磨损掉块，导致受电弓漏风，更换碳滑板后恢复正常。

2.3 辅助系统

2.3.1 辅助系统的结构及工作原理

1. 辅助电路的结构

如图 2-24 所示，辅助电路由变频变压（VVVF）和恒频恒压（CVCF）两个支路、220V/50Hz 单/三相交流支路、蓄电池充电机直流负载供电支路构成。

按每个辅助机组和辅助设施的使用要求，辅助电气系统分为以下 4 个负载组：

1) 变压变频供电支路：负载包括牵引通风机组（1~4）和冷却塔通风机组。
2) 恒压恒频 380V 供电支路：负载有油泵、水泵、空调、司机室暖风机、压缩机 1 和 2、充电机、牵引变流器风机、辅助变压器柜风机、辅助变压器风机等。
3) 220V/50Hz 单相或三相交流支路：负载包括撒砂加热器、窗加热器、电炉、防寒加热等。
4) 蓄电池充电机直流负载供电支路：负载包括照明灯、辅助压缩机、冰箱等。

2. 工作原理

动力车辅助电源系统由主变流器内的辅助逆变器提供电源，主变流器内的辅助逆变器 1 通过辅助变压器 1 给变压变频负载提供 3 相 AC 80~380V/10~50Hz 电源，主变流器内的辅助逆变器 2 通过辅助变压器 2 给定压定频负载提供 3 相 AC 380V/50Hz 电源。380V 供电支路中经小变压器可提供 AC 220V 电源，经蓄电池充电机可提供 110V 直流电源。

如果下列条件之一满足，辅助逆变器起动命令将重置，辅助逆变器将断开。

1) 辅助逆变器没有准备好或切除。
2) 辅助逆变器发现暂时或长期故障。
3) 重新配置激活。
4) 电流限制激活。
5) 辅助逆变器发现闭合或断开故障。

2.3.2 辅助系统冗余模式

1. 冗余模式功能（FXD1-型动力车）

辅助逆变器 1、2 分别同时从牵引变流器 1、2 中间直流环节取电，具有过分相辅机不断电功能。两个辅助变压器也进行了冗余设计，在各自的输出接触器之后设置了一个故障转换用接触器，当一个辅助变压器出现故障时，系统重新配置，故障辅助变压器后面的输出接触器断开，故障转换用接触器闭合，同时给它供电的辅助逆变器也停止工作，另一个辅助变压器将同时承担故障变压器所带负载。此时所有辅助设备都以恒频恒压方式工作，负载投入要受辅助变压器容量的限制，具体限制投入的负载会在微机显示屏（IDU）上提示。另外，FXD1 型动力车在辅助系统重新配置时不断主断路器，通过协调 CCU 协调主变流器，实现冗余切换。主断路器不跳开的故障包括：

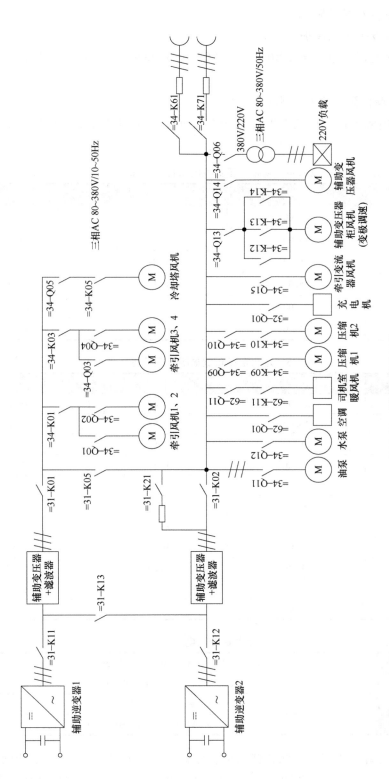

图 2-24　辅助电路的结构

1）主变流器发生 C 类故障。

2）辅助变压器发生超温保护。

3）辅助回路接触器，包括 = 31-K01、= 31-K02、= 31-K05、= 31-K11、= 31-K12、= 31-K13 故障。

2. 辅助电源容量校算（FXD1-型动力车）

变频变压负载电源容量校算见表2-4，定频定压负载电源容量校算见表2-5，辅助逆变器电源容量见表2-6。

表2-4 变频变压负载电源容量校算

变频变压负载	输出功率/kW	功率因数	容量（kV·A）
牵引风机1	15.00	0.88	17.05
牵引风机2	15.00	0.88	17.05
牵引风机3	15.00	0.88	17.05
牵引风机4	15.00	0.88	17.05
冷却塔风机	28.00	0.88	31.82
合计	92.00	—	100.02

表2-5 定频定压负载电源容量校算

定频定压负载	输出功率/kW	功率因数	容量（kV·A）
压缩机1	16.00	0.88	18.18
压缩机2	16.00	0.88	18.18
牵引变流器风机	0.57	0.85	0.67
水泵	5.50	0.74	7.43
油泵	5.50	0.87	6.32
空调	7.00	0.72	9.72
辅助变压器柜风机	6.75	0.88	7.67
充电机	3.30	0.70	4.81
侧墙加热	3.00	1.00	3.00
三相变压器	9.28	1.00	9.67
合计	72.90	—	85.65

表2-6 辅助逆变器电源容量

定频定压电源	130kV·A，3相 AC 380V/50Hz
变频变压电源	130kV·A，3相 AC 80~380V/10~50Hz
电压总谐波含量	≤5%（额定电压输出）
辅助逆变器容量	额定 130kV·A，冗余 260kV·A

表2-4~表2-6计算结果表明：两路辅助负载容量均小于130kV·A，满足辅助电源正常使用需求；辅助负载总容量小于260kV·A，满足单个辅助逆变器冗余供电使用需求。

2.3.3 辅机测试

1. 库内辅机测试条件

库内辅机测试功能设计用于在库内通过外部电源对辅助负载进行检测。库内辅机测试条件（以 FXD1 型动力车为例）：

1) 所有动力车主断路器断开，受电弓降下，方向手柄在"中立"位，同时主司控器在"零"位。

2) 本节动力车模式选择开关在"辅机测试"位。

3) 本节外部电源已连接并且相位正确。

4) 本节所有辅助负载的三相断路器都是断开的。

5) 所有动力车辅助逆变器的输出接触器是断开的。

当所有条件都满足时，每次仅可闭合一个相应负载的三相断路器；库用电源接触器=34-K71 或=24-K81 需待以上条件均满足后，才可闭合。

2. 辅机测试操作方法

（1）试验准备

1) 所有电缆已经连接好。

2) 没有三相外部电源供电。

3) 受电弓降下、主断路器断开。

4) 机车模式选择开关=21-S54 置于"正常"位。

5) 冷却塔内部冷却液位正常，主逆蝶阀已打开。

6) 主压缩机油位正常。

7) 列车供电柜下方冷却水管已连接好。

（2）检查辅机负载三相断路器整定值（符合技术参数要求），闭合三相断路器。负载包括：蓄电池充电机、主逆主变柜风机、牵引风机 1~4、油泵、水泵、辅助变压器柜风机、辅助变压器风机、空调、后墙加热设备、撒沙器、辅助电压传感器 1 和 2、前窗加热、冷却塔风机、主压缩机 1 和 2。

（3）辅机测试模式激活

1) 受电弓降下、主断路器断开，方向手柄在"零"位，同时主司控器也在"大零"位。

2) 断开低压柜上所有三相断路器。

3) 合上控制电源柜上的制动开关=32-Q82 和低压柜上的自动开关=32-Q01，将司机室左边柜上转换开关=32-S02 转至开位，使蓄电池给整个控制电路提供电源。

4) 等机车微机控制系统正常启动后，把"机车模式选择"转换开关（=21-S54）转至"辅机测试"位。

5) 尝试闭合受电弓扳键开关。

6) 对机车左、右侧库内 AC 380V 插座电缆进行校线，确认电缆连接无误。

7）通过机车的库内电源插座＝34-X71 或者＝34-X81 连接库内三相 AC 380V/50Hz 电源（确保两侧的库内插头都连接正常）。

8）检查相序继电器＝34-F72/＝34-F82 是否正确，不正确则断开电源、调整相序后重新送电。

（4）辅机转向检查　利用相序仪对牵引风机 1~4、冷却塔风机、水泵、主压缩机 1 和 2、油泵、牵引变流器风机、辅助变压器柜风机 1 和 2、空调、辅助变压器 1 和 2 输出电压检测。检测过程中电机转向是重点核查项目。

（5）库内辅机测试指示　在微机显示屏上应有信息指示司机辅机测试模式的状态。如果 1 个或者多个条件不满足，应有事件信息和状态信息"正准备辅机测试"在微机显示屏上显示。如果所有条件都满足，事件信息应消失，状态信息应变为"辅机测试正在进行"。

2.3.4 库内动车

据交流传动系统的不同控制方式，库内动车入库方式也有所不同。现介绍控制系统为架控机车库内动车。以 HXD1 型机车为例，库内地面提供三相 380V/50Hz 电源，通过外加电源方式，加载 AC 380V 至机车插座，三相电源进入辅助逆变器后，整流成 DC 1000V 左右电源，为牵引变流器的中间直流电压环节充电。在转换为库内模式时，采用特定的控制程序。特别注意：库内动车功能用于在库内时通过外部供电以很低的速度（最高 5km/h）移动机车。为了激活此功能，机车模式选择开关应打在"库内动车"位。对于库内动车，电制动无效，机车只能通过空气制动。

2.3.5 主压缩机的控制

以 HXD1 型国产化机车为例，在 A、B 节机车上分别安装 1 台主压缩机。司机可以通过 1 端司机室的控制开关＝34-S13 或者 2 端司机室的控制开关＝34-S23 控制压缩机，此控制开关有 3 个位置："停止（保持触点）""自动（保持触点）"和"强泵（自复式触点）"。一旦辅助系统完成启动，并且没有故障或者故障部分已经隔离，压缩机就可以起动。

1. 自动模式

当总风缸压力低于 750kPa 时，起动远离操作端的压缩机（如果此时相应的压缩机有故障，应起动另一台压缩机），总风缸压力达到 900kPa 时停止；当总风缸压力在低于 680kPa 时，两端压缩机同时起动，总风缸压力达到 900kPa 时同时停止。

在外重联运行模式下，启动命令由任何机车发出，当其总风缸压力大于 900kPa（制动控制单元（BCU）发来的模拟量，BCU 此时必须是可用的）时发出停止命令。

制动柜中有 1 个总风缸压力开关，用于主压缩机的控制，一个是单台压缩机的控制方式为：当总风压大于 900kPa 时，E31_13 节点断开，压缩机停止工作；当总风压小于 750kPa 时，E31_13 节点闭合，压缩机起动。

2. 强泵模式

如果占用端司机室选择了强泵模式，整列车的所有压缩机（可用、无故障、电源正常）

应立刻起动。操作台压缩机扳键开关属于非自复式，手松开后自动弹回自动位，此时强泵停止转入自动模式。

3. 主压缩机监控

主压缩机输出可用信号（没有过电压、过热，也不是正在加热等），如果压缩机没有输出可用信号，应被锁定直至可用信号恢复。压缩机在停机后20s之内将忽略此信号。如果主风缸压力低于650kPa，机车控制单元（VCU）应触发牵引封锁。如果主压缩机被关闭，则在随后的20s内封锁重启压缩机命令。由VCU来监控压缩机每小时的起动次数，如果压缩机每小时起动大于30次，这台压缩机应被锁定10min。每台压缩机总的运行时间应在微机显示屏上显示并由VCU储存。

4. 机油乳化处理

如果发现机油有轻微乳化现象，可进行以下操作来去除乳化现象：

1）压缩机静置1~2h，微开压缩机排油口（位于机头底部和散热器底部），将位于下层的液态水排出，直至有油排出，关闭排油口。

2）打开总风缸下方的排水塞门，使乳化的压缩机组连续运转60min以上，停机后观察润滑油的状态，如果恢复正常可继续使用。

3）如果乳化现象减轻但没有完全恢复，再连续运转30min，观察机油状态。可重复进行上述操作，直至乳化消失。

如果发现机油严重乳化，应及时联系主机厂及空气压缩机供货商进行分析处理。

2.3.6 案例：辅助逆变器（辅逆变）负载接触器31-K01卡分故障（以HXD1型机车为例）

1. 故障介绍

CCU发出接触器=31-K01闭合命令，但检测到=31-K01仍然断开，可能原因为接触器断开故障。如果故障不能消失，接触器保护动作，该机车的主断路器自动断开，辅助系统重新配置。断开/闭合辅助控制电源自动开关，直到辅助回路接触器自检完成（大约20s）。如果该接触器故障仍存在，则继续行车，通知维护人员。

2. 基本原理

如图2-25所示，CCU网络向DXM31模块A31_01节点发出闭合接触器=31-K01指令时，网络DXM35模块E35_01节点检测接触器=31-K01辅助联锁13、14为低电平信号。同时送往微机显示屏故障显示栏显示。

3. 检查方法

1）进入显示屏I/O接口界面，观察=31-K01状态反馈信号。若DXM35中的E35_01为断开状态，则为误报故障，更新网络程序；若E35_01为闭合状态，需进一步观察DXM35模块中E35_01指示灯的状态排查。

2）观察DXM35模块中E35_01指示灯的状态。若E35_01指示灯不亮，检查DXM35模块；若E35_01指示灯亮，甩开X3接头，使用万用表电压挡测量X3接头中B22与D22之间

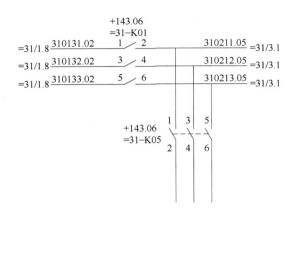
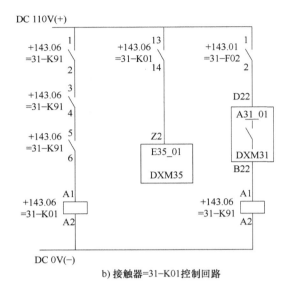

a) 辅逆变负载接触器=31-K01主回路　　　　　b) 接触器=31-K01控制回路

图 2-25　辅逆变负载接触器 31-K01 控制电路

是否有 110V 电压，若有电压，需检查接触器，若无电压，则为 DXM35 模块内部串电，更换 DXM35 模块。

3）检查接触器 = 31-K01。若接触器为闭合状态，使用万用表电压挡测量接触器中 A1 与 A2 之间是否有 110V 电压，若有电压，需检查接触器控制电路，若无电压，则为接触器真实卡合，更换接触器 = 31-K01；若接触器为断开状态，断开 I/O 反馈信号电源自动开关 = 24-F04，使用万用表电阻挡，测量接触器辅助联锁 13、14 点之间电阻值，若电阻值为零，则为辅助联锁故障，若电阻值为无穷大，则接触器辅助联锁 14 点存在串电现象。

4）检查 = 31-K01 控制电路。检查 = 31-K01 驱动接触器 = 31-K91 状态，若 = 31-K91 为闭合状态，使用万用表电压挡，测量 = 31-K91 中 A1、A2 之间是否有 110V 电压，若有电压，检查 DXM31 模块，若无电压，则为 = 31-K91 故障；若 = 31-K91 为断开状态，则为 = 31-K91 故障或 = 31-K91 6 点串电。

4. 案例分析

案例：2018 年 5 月 23 日，HXD11588 机车牵引货物列车运行广元至成都区间，20:34A 节操作微机显示屏出现 B 节辅助逆变器隔离，乘务员手柄回零后，按微机复位按钮，机车维持运行回段。

1）原因分析：下载数据并进行分析，网络向 DXM31 模块 A31_01 节点发出闭合接触器 = 31-K01 指令时，网络 DXM35 模块 E35_01 节点检测接触器 = 31-K01 辅助联锁 13、14 为低电平信号。

2）处理过程：上车试验，升弓后发现接触器 = 31-K01 辅助联锁未闭合，再检查接触器 = 31-K01 发现其没闭合，查看控制回路，用万用表电压挡测量接触器 = 31-K91 1 点与负极之间电压为 DC 110V，最后发现接触器 = 31-K91 故障，更换该接触器后恢复正常。

2.4 机车控制电路

2.4.1 控制电路工作原理及结构简介

控制电路是机车三大电路中最复杂的一种逻辑控制电路，主要由单/双极断路器、主司控器、按钮、扳键开关、继电器、接触器等低压电气设备组成。其作用是通过这些低压设备，以弱电控制强电的形式来控制高压设备，使操作者很好地与高压部分隔离，安全有效地完成对主辅电路中各设备的工作控制，从而完成对机车起动、牵引、制动等的操纵控制，保证机车的正常运行。

控制电路中大部分负载设备的工作电压为 DC 110V，小部分为 DC 24V，控制电路电源分配如图 2-26 所示。整个控制电路包含多个功能电路，这些电路都属于低压小功率直流电路，主要有：

1）控制电源电路，其作用是提供稳定的直流电源并分配给其他功能电路。
2）受电弓/主断路器控制电路，其作用是完成机车动车前的升弓、合主断路器等准备工作。
3）牵引/制动控制电路，其作用是完成机车起动、调速、电制动等动车控制。
4）制动控制电路，其作用是完成机车制动、防滑、停车等功能控制。
5）网络控制/信号电路，其作用是采集并执行司机操作命令、监视设备状态等。
6）保护电路，其作用是执行主电路、辅助电路有关的保护控制。
7）照明控制电路，其作用是车内照明、车外照明及标志显示等。
8）监控系统电路，其作用是监视并记录机车运行状态、信号设备状态、司机操作等安全信息。
9）其他各辅助功能电路，其作用是确保机车安全运行。

控制蓄电池组=32-G02 作为控制电路的启动和后备电源，由 48 节标称电压为 2V，容量为 170A·h 的阀控式免维护铅酸蓄电池串联而成。由固定频率辅助逆变器提供电源的蓄电池充电机对蓄电池组进行充电，也可用外部充电机对其充电。

2.4.2 机车的起动和停止

机车起动前须对整列车进行静态检查，确认机车内外机械、电气、气动连接已可靠连接，闭合蓄电池自动开关前须确认机车内外无人作业，确保人身安全。

机车控制电路的启动/停止电路如图 2-27 所示，机车起动的第一步是闭合电源柜上蓄电池总开关=32-Q82，第二步是闭合低压柜面板上蓄电池控制开关=32-F02 及其他各负载开关，第三步是将司机室左柜开关面板上的扳键开关=32-S02 扳至"ON"位，此时中间继电器=32-K11 得电吸合，并通过自身辅助常开触点形成自锁电路，同时对接触器=32-K03 进行控制，通过接触器的主触点控制蓄电池对负载供电。

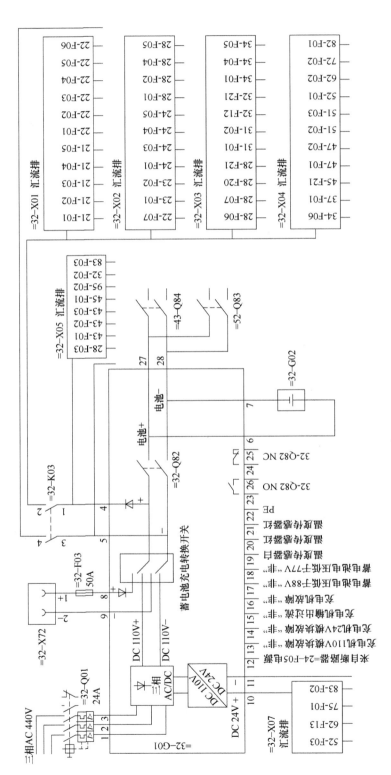

图 2-26 机车控制电路电源分配

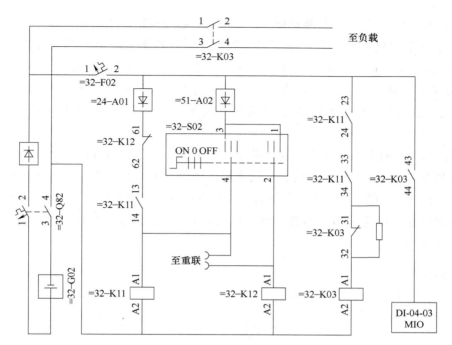

图 2-27　机车控制电路的启动/停止电路

机车的起动操作完成意味着网络控制系统将同时启动，包括所有中央控制单元 EGWM（网关模块）、TCU、微机显示屏 CIO（司机室输入输出模块）和 MIO（机械间输入输出模块）、BCU/分布式动力系统、蓄电池充电机的监控模块等。

在蓄电池自动开关闭合后，两个 EGWM 应自动配置，总有一个主控 EGWM（Master）和一个从控 EGWM（Slave）。主控 EGWM 控制全车，而从控 EGWM 仅监控主控 EGWM，以便在主控 EGWM 故障时取代主控 EGWM 的功能。在每次启动两个 EGWM 后，先上电的 EGWM 成为主控 EGWM。

在机车起动之后，第一个司机钥匙信号将使相应的司机室设置成占用端，同时其他司机室为非占用端。占用端司机室的所有控制，如操作受电弓/主断路器扳键开关、方向手柄、牵引手柄等均是有效的。当全列中有两个或两个以上司机室钥匙处于占用状态时，占用的司机室操作均不起作用，同时在 DDU 上显示报警信息，且机车实施封锁牵引、惩罚制动、断主断路器并降弓操作；当全列车司机室钥匙均退出后，再次在任意节司机室插入电钥匙，列车占用才有效。

机车停止操作时，首先确认机车不在升高压状态并已做好防溜措施，然后将司机室左柜开关面板上的扳键开关＝32-S02 扳至"OFF"位，让中间继电器＝32-K12 得电吸合，通过自身辅助常闭触点断开中间继电器＝32-K11 的自锁电路，从而使接触器＝32-K03 失电，断开控制电路中各负载的电源，最后是断开蓄电池总开关＝32-Q82 及各负载开关。

2.4.3　牵引/制动控制电路

机车的牵引/制动控制电路是机车实现牵引/制动运行的重要组成部分，而主司控器则是改变机车运行方向、发出牵引/制动指令，实现机车起动和调速功能等的主令操作单元。

在机车每个司机室安装有一台主司控器，主司控器由方向手柄单元部分、机械联锁部分和牵引/制动力设定手柄单元组成。主司控器的主要功能是设定牵引时的牵引功率及电制动（再生制动）时的制动功率，只有在司机室占用时，主司控器才能发出牵引/制动命令，同时将命令通过WTB信号或硬线（紧急牵引时）传送给其他远程/重联动力车。

主司控器的方向手柄有3个位置：向前、零位、向后，它的方向选择由专用手柄来操作，只有当方向手柄置"零"位时，专用手柄才能插入和取出，在实际运用中可根据实际运行需求选择相对应的位置。方向手柄只有在司机室占用时输出信号才有效，在重联操作模式下，方向信号可通过WTB信号传送到重联动力车，其控制电路如图2-28所示。

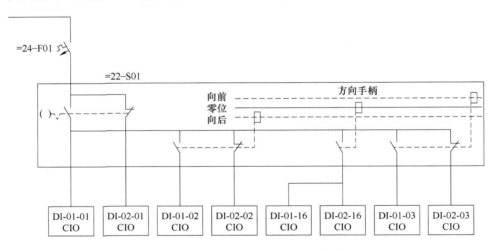

图2-28 主司控器方向手柄控制电路

方向手柄与牵引/制动力设定手柄具有机械、电气互锁功能。

1）只有在方向手柄置"向前"或者"向后"位时，牵引/制动力设定手柄才能移动。

2）只有在牵引/制动力设定手柄置"零"位时，方向手柄才能从"向前"或"向后"位移回"零"位。

3）只有在方向手柄不在"零"位时，牵引/制动力设定手柄的控制电路才得电，此时牵引/制动力设定手柄输出信号才有效。

主司控器方向手柄控制电路中各相关节点信号描述见表2-7

表2-7 主司控器方向手柄控制电路中各相关节点信号描述

信号	描述	备注/部件
DI-01-01	=0：司机室占用无效；=1：司机室占用有效	主司控器电钥匙占用
DI-02-01	=0：司机室占用有效；=1：司机室占用无效	主司控器电钥匙占用"非"
DI-01-02	=0：方向手柄向后无效；=1：方向手柄向后有效	主司控器方向手柄向后
DI-02-02	=0：方向手柄向后有效；=1：方向手柄向后无效	主司控器方向手柄向后"非"

（续）

信号	描述	备注/部件
DI-01-16 DI-02-16	=0：方向手柄零位无效；=1：方向手柄零位有效	主司控器方向手柄零位
DI-01-03	=0：方向手柄向前无效；=1：方向手柄向前有效	主司控器方向手柄向前
DI-02-03	=0：方向手柄向前有效；=1：方向手柄向前无效	主司控器方向手柄向前"非"

主司控器的牵引/制动力设定手柄有3个区间：牵引区、零位、制动区，在手柄的下部带有两组可调速电位器，通过推动手柄来控制调速电位器的输出，其控制电路如图2-29所示。

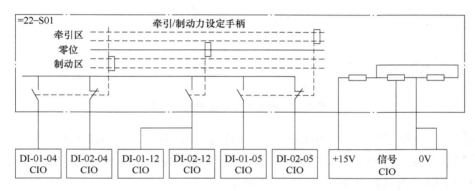

图2-29 主司控器牵引/制动力设定手柄控制电路

主司控器牵引/制动力设定手柄节点信号描述见表2-8。

表2-8 主司控器牵引/制动力设定手柄节点信号描述

信号	描述	备注/部件
DI-01-04	=1：牵引/制动力设定手柄在制动区 =0：牵引/制动力设定手柄不在制动区	制动区
DI-02-04	=0：牵引/制动力设定手柄在制动区 =1：牵引/制动力设定手柄不在制动区	制动区"非"
DI-01-05	=1：牵引/制动力设定手柄在牵引区 =0：牵引/制动力设定手柄不在牵引区	牵引区
DI-02-05	=0：牵引/制动力设定手柄在牵引区 =1：牵引/制动力设定手柄不在牵引区	牵引区"非"
DI-01-12 DI-02-12	=0：牵引/制动力设定手柄不在零位 =1：牵引/制动力设定手柄在零位	零位

调速电位器的输入电压为DC 15V，当牵引/制动力设定手柄在零位、制动区最小位和牵引区最小位时，其输出电压不高于（1.15±0.2）V；当牵引/制动力设定手柄在牵引区和制动区最大位时，其输出电压不低于9.75V。调速电位器输出电压关系如图2-30所示。

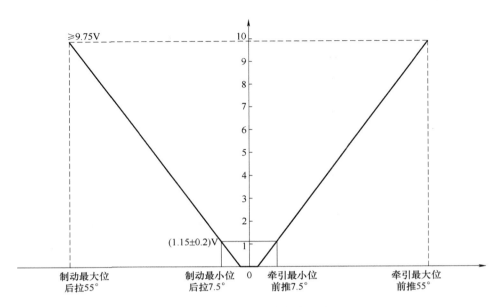

图 2-30 调速电位器输出电压关系

牵引/制动力设定手柄在牵引区和制动区内操作时,调速电位器输出电压平滑变化,对应牵引/制动力请求范围为 0%~100%,输出电压对应为 1.15~9.75V,当输出电压达到 9.75~10.1V 时,仍只有 100% 牵引/制动力请求。

主司控器的级位信号为调速电位器电压信号,对应牵引/制动力请求控制和设定速度的基本关系见表 2-9。

表 2-9 主司控器级位输入

手柄位置	设定速度	电压	备注
牵引最大位	160km/h	9.75V 以上	设定速度值线性变化
牵引 2/3 位	120km/h	6.89V	
牵引最小位	0km/h	1.15V	
大零位	—	0V	—
制动最小位	请求 0% 制动力	1.15V	设定力矩值线性变化
制动 2/3 位	请求 2/3 制动力	6.89V	
制动最大位	请求 100% 制动力	9.75V 以上	

如果占用端发生主司控器牵引/制动力设定手柄故障或主司控器调速电位器故障,网络控制系统必须执行牵引封锁命令,封锁牵引/制动力设定手柄,并对机车施加惩罚制动。

2.4.4 辅助压缩机控制

辅助压缩机如图 2-31 所示,它是一种能够通过机车控制蓄电池的电源产生辅助用压缩空气的设备,当机车的总风缸与辅助风缸内的压缩空气因各种原因导致压力不足或完全泄漏时，机车不能实现升弓及闭合主断路器等操作功能，从而使机车无法起动，此时需要辅助压缩机给辅助风缸打风。

图 2-31 辅助压缩机

辅助压缩机的起停由受电弓扳键开关及辅助风缸空气压力开关控制，起停电路如图 2-32 所示。

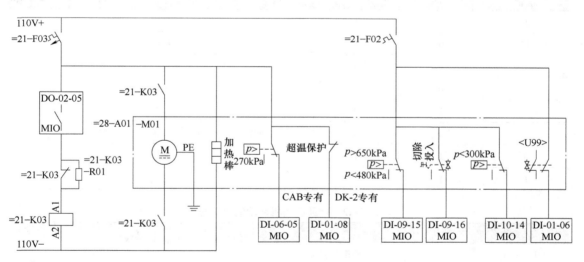

图 2-32 辅助压缩机起停电路

当空气压力开关检测到辅助风缸风压低于 (450±20)kPa 时，机械间 MIO DI-09-15 节点信号变成高电平，并反馈给 CCU，在给出升弓命令后，CCU 发出辅助压缩机起动命令，机械间 MIO DO-02-05 输出节点闭合，此时辅助压缩机应自动起动工作，同时 DDU 上应有相关信息提示。当空气压力开关检测到辅助风缸风压高于 (650±20)kPa 时，机械间 MIO DI-09-15 节点信号变成低电平，并反馈给 CCU，CCU 则发出辅助压缩机停止命令，机械间 MIO DO-02-05 输出节点断开，此时辅助压缩机应停止工作。在辅助压缩机工作过程中，若给出降弓命令，辅助压缩机也应立即停止工作。

当辅助风缸气压足够、升弓条件已经完全满足后，再次给出升弓命令，CCU 应控制受电弓电控阀升起受电弓，此时若辅助风缸风压低于（450±20）kPa，则辅助压缩机应自动投入工作，防止受电弓降下，同时应在微机显示屏上显示相关信息，提示司机出现了这种情况。

辅助压缩机起停电路中各相关节点信号描述见表 2-10~表 2-12。

表 2-10　辅助压缩机起停电路中各相关节点信号描述

信号	描述	备注/部件
DI-09-15	=0:"压强>650kPa"；=1:"压强<480kPa"	空气压力开关
DI-09-16	=1：控制风缸隔离塞门打开；=0：控制风缸隔离塞门关闭	控制风缸隔离塞门状态
DI-01-08	=1：辅助压缩机无故障；=0：辅助压缩机故障	
DI-10-14	=0:"压强>300kPa"；=1:"压强<300kPa"	空气压力开关
DI-06-05	=0:"压强>270kPa"；=1:"压强<270kPa"	空气压力开关
DI-01-06	=0：蓝钥匙断开；=1 蓝钥匙闭合	蓝钥匙塞门

表 2-11　辅助压缩机起停真值表

DI-09-15	DI-06-05	DI-01-08	描述
1	0	1	起动请求
0	0	1	停机请求
1	1	0	起动请求
0	0	0	停机请求
0	1	0	工作中
1	0	0	辅助压缩机故障或空气压力开关故障，须停机
0	1	1	无效
1	1	1	无效

表 2-12　辅助压缩机起动输出信号

信号	描述	备注/部件
DO-02-05	=1:"辅助压缩机起动命令"	=21-K03

2.4.5　无人警惕装置

无人警惕装置的主要作用是机车司机操作机车时出现分神、精力不济等情况时，机车能输出惩罚制动，使机车停车，确保行车安全。

无人警惕装置的功能由 CCU 内的程序执行，外部电路如图 2-33 所示。无人警惕装置激活报警功能有两种方式：一是持续按下无人警惕按钮或者踩下无人警惕脚踏开关超过设定动作时间，二是机车速度大于 3km/h 且方向手柄不在"零"位，无任何操作超过设定动作时间。

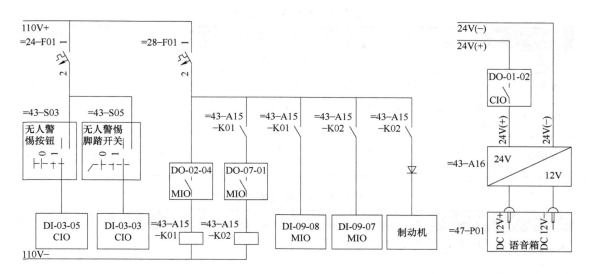

图 2-33 无人警惕装置电路

1. 无人警惕装置的工作方式

机车控制系统已上电，操作端已激活，无人警惕功能未隔离，无人警惕按钮/脚踏开关未激活或机车速度小于或等于 3km/h 或方向手柄在"零"位时，无人警惕装置不进入监视状态。

机车静止状态下，当方向手柄不在"零"位，无人警惕按钮/脚踏开关激活，司机室 DI-03-05 或者 DI-03-03 节点信号变为高电平，CCU 接收到高电平信号后，计时器开始计时，无人警惕装置不进入监视状态，若无人警惕报警前释放无人警惕按钮/脚踏开关，节点信号变低电平，计时器将重置归零，若无人警惕按钮/脚踏开关持续激活达到 60s，CCU 将控制机械间 DO-02-04 节点和司机室 DO-01-02 节点闭合，无人警惕中间继电器 =43-A15-K01 吸合，其常开触点闭合，机械间 DI-09-08 节点信号变成高电平，此时微机显示屏上会有无人警惕 10s 倒计时提示，同时语音箱被激活，有"无人警惕"语音循环播放警示，若在 10s 倒计时内释放无人警惕按钮/脚踏开关，也可以解除无人警惕报警，让计时器重置归零，若 10s 倒计时后，还未释放无人警惕按钮/脚踏，CCU 则控制机械间 DO-07-01 节点闭合，惩罚制动中间继电器 =43-A15-K02 吸合，其常开触点闭合，机械间 DI-09-07 节点信号变成高电平，制动机收到高电平信号，执行惩罚制动。这里需要注意的是，在激活部件的操作中，脚踏开关的优先性超过手动按钮，即使持续按下手动按钮，额外的脚踏操作也能使计时器重置。

机车在牵引状态下，方向手柄不在"零"位，当速度大于 3km/h 时，无人警惕装置自动进入监视状态，需在 1min 内操作无人警惕按钮/脚踏开关、牵引/制动级位手柄、风笛按钮/脚踏开关、脚踏撒沙开关、制动手柄中的任意一种，让无人警惕计时器重新计时，若超过 60s 不操作，则激活报警，超过 (60+10)s 不操作，则输出惩罚制动。

无人警惕装置电路中各相关节点信号描述，见表 2-13 和表 2-14。

表 2-13 无人警惕输入信号

信号	描述	备注/部件
DI-03-03	=0：无人警惕脚踏开关未激活；=1：无人警惕脚踏开关激活	无人警惕脚踏开关
DI-03-05	=0：无人警惕按钮未激活；=1：无人警惕按钮激活	无人警惕按钮
DI-09-07	=0：惩罚制动中间继电器断开；=1：惩罚制动中间继电器闭合	惩罚制动中间继电器=43-A15-K02
DI-09-08	=0：无人警惕装置中间继电器断开；=1：无人警惕装置中间继电器闭合	无人警惕装置中间继电器=43-A15-K01

表 2-14 无人警惕输出信号

信号	描述	备注/部件
DI-01-02	=0：无人警惕装置语音报警未激活；=1：无人警惕装置语音报警激活	语音箱驱动信号
DO-02-04	=0：无人警惕未激活；=1：无人警惕激活	无人警惕系统激活
DO-07-01	=0：惩罚制动未激活；=1：惩罚制动激活	惩罚制动激活

2. 无人警惕装置的试验方法

（1）静态试验

1）机车处于静止状态。

2）操作端激活，通过微机显示屏把无人警惕隔离开关设置为"正常"模式。

3）大闸手柄置"运转"位，列车管充风至 600kPa，施加停放制动，小闸手柄置"运转"位。

4）机车速度为零且方向手柄不在"零"位。

5）持续按下无人警惕按钮或者踩下无人警惕脚踏开关。

6）60s 后，在微机显示屏上显示 10s 倒计时提示，并有"无人警惕"语音循环播放警示。

7）(60+10)s 后，CCU 输出惩罚制动信号并施加惩罚制动，此时列车管将减压（170±10）kPa。

8）将大闸手柄置"抑制"位 2s 以上，再推回"运转"位，列车管充风，惩罚制动缓解。

9）通过微机显示屏把无人警惕隔离开关设置为"隔离"模式，重复上述操作，无人警惕应不能被激活且有故障记录。

（2）动态试验

1）操作端激活，通过微机显示屏把无人警惕隔离开关设置为"正常"模式。

2）保持机车速度大于 3km/h 且方向手柄不在"零"位。

3）试验期间，占用司机室无任何操作。

4）60s 后，在微机显示屏上显示 10s 倒计时提示，并有"无人警惕"语音循环播放警示。

5）（60+10）s后，CCU输出惩罚制动信号并施加惩罚制动，机车牵引封锁，此时列车管（定压600kPa）将减压（170±10）kPa，制动缸上闸，列车减速直至停车。

6）将大闸手柄置"抑制"位2s以上，再推回"运转"位，列车管充风，惩罚制动缓解。

7）重复上述操作，在（60+10）s前，操作无人警惕按钮/脚踏开关、牵引/制动级位手柄、风笛按钮/脚踏开关、脚踏撒沙开关、制动手柄中的任意一种，均能复位无人警惕功能，立即终止无人警惕报警。

8）通过微机显示屏把无人警惕隔离开关设置为"隔离"模式，重复上述操作，无人警惕应不能被激活且有故障记录。

2.4.6 接地检测

为提高机车正常运行的安全及可靠性，在控制电路中装有一个接地检测装置，用于检测控制电路对地绝缘是否安全可靠，预防机车在运用过程中因电缆绝缘层老化、振动摩擦等因素导致的电缆接地，造成电缆、设备烧损，影响机车正常运行。

接地检测装置控制电路如图2-34所示，闭合控制电路中所有的断路器，用电钥匙激活控制电路，继电器=22-K13闭合，接地检测装置的A1、A2点得电，接地检测装置开始工作，同时L1、L2、KE、PE点所在的检测电路投入工作。

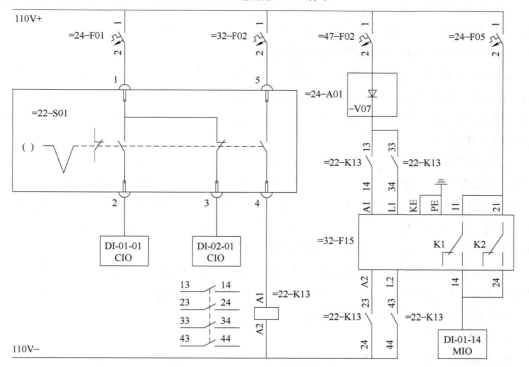

图2-34 接地检测装置控制电路

接地检测装置内部检测电路原理如图 2-35 所示，采用单片机计算检测到的数据，并在接地检测装置上显示出绝缘电阻值。电路中电源、R_1、R_2 为已知参数，R_3 为正极对地绝缘电阻，R_4 为负极对地绝缘电阻，正极对地电压为 U_{AC}，负极对地电压为 U_{BC}，在正负极没有接地的情况下，满足 $U_{AC}/R_1 = U_{BC}/R_2$；当负极中某点对地绝缘不良时，R_4 投入电路，此时 $U_{AC}/R_1 = U_{BC}/R_2 + U_{BC}/R_4$，此时可通过计算得到 R_4 的值；同理，当正极中某点对地绝缘不良时，也可得到 R_3 的值。

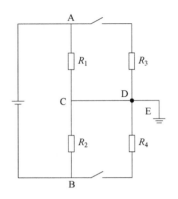

接地检测装置可显示的绝缘电阻值为 0~200kΩ，接地报警门槛值可通过设置设定，设定范围为 10~200 内 10 的整数倍数值。当检测到的绝缘电阻值大于 200kΩ 时，接地检测装置显示"OL"，当检测到的绝缘电阻值小于 200kΩ 时，接地检测装置显示当前实际数值，若实际数值低于设定报警门槛值，则判定为接地故障，接地检测装置上相应的"+"或"-"

图 2-35　检测电路原理

指示灯点亮，同时输出报警，机械间 MIO DI-01-14 节点得电闭合，并反馈到微机显示屏上，显示接地故障信息。

2.4.7　案例：FXD1-J 型机车主断路器硬线环路故障

1. 故障现象介绍

机车在库内进行高压试验时，微机显示屏上报主断路器硬线环路故障，主断路器不能闭合，使用微机复位功能及断开控制电源、整体复位均不能消除故障。

2. 主断路器硬线环路的构成与工作流程

主断路器硬线环路由紧急中间继电器、紧急按钮、压力继电器、高压接地触刀、蓝钥匙箱、库内动车触刀和主变压器压力释放阀等器件的辅助触点串联组成，如图 2-36 所示，其主要目的是通过多个串联的硬件保护，直接有效地防止主断路器误动作，达到保护机车设备及人身安全的作用。

主断路器硬线环路得电过程：供电断路器 = 21-F02 闭合→紧急中间继电器 = 21-A14-K01 失电，两组常闭触点闭合→紧急按钮 = 28-S10 未按下，常闭触点闭合→压力继电器 = 34-E01 未动作，常闭触点闭合→高压接地触刀 = 11-Q03 正常工作位，常闭触点闭合→蓝钥匙箱 U99 闭合→库内动车触刀 = 34-S111/S112 在正常位，常闭触点闭合→主变压器压力释放阀 = 11-T05 未动作，常闭触点闭合→MIO 节点 DI-01-01 闭合。

主断路器硬线环路是否正常由 EGWM 监控 MIO 节点 DI-01-01 的信号状态来判断，当检测到节点信号为高电平时，则表示正常，当检测到节点信号为低电平时，则表示异常，微机显示屏会报主断路器硬线环路断开故障。

3. 故障处理方法

处理故障的过程，须确保人身及设备安全，由两个及以上电工相互监督和操作，注意相关安全规则。

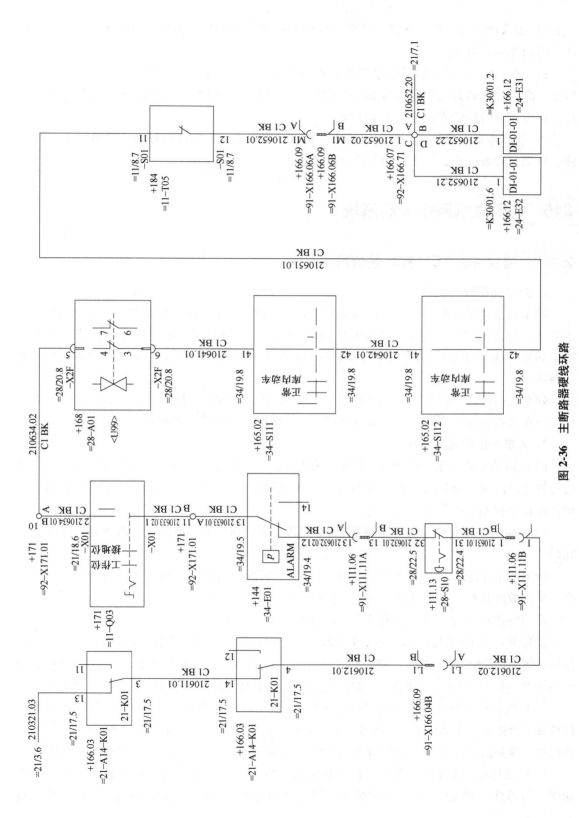

图 2-36 主断路器硬线环路

1）进入微机显示屏 I/O 接口界面，观察 MIO 节点 DI-01-01 的信号状态是否为断开，确认故障的真实有效性。

2）进入微机显示屏故障信息界面，查看是否有压力报警、主变压器压力释放阀保护、紧急、高压接地触刀在接地位等相关故障信息，若有，则检查相应的设备是否在正常工作位，相应设备的辅助联锁是否正常工作。

3）检查主断路器硬线环路的完整性，利用万用表来测量电路的通断，检查线路是否虚接、错接，检查插头、插座有无缩针等情况。

2.5 机车微机网络控制系统

2.5.1 控制系统 TCN 列车通信网络

1. 列车通信网络概述

列车通信网络（Train Communication Network，TCN）是目前轨道交通车辆运用的核心技术之一，符合国家标准 GB/T 28029.1—2020《轨道交通电气设备-列车通信网络（TCN）：第1部分 基本结构》，是在列车分布式控制系统上发展起来的列车控制、诊断信息数据通信网络。

列车通信网络采用 WTB 和 MVB［电气中距离传输介质（EMD）］+以太网两级拓扑结构，使用分布式控制技术，即分布采集与执行、中央集中控制和管理的模式。

2. 列车通信网络冗余功能

（1）通信介质冗余 MVB 和 WTB 均采用 A、B 双通道，且 A、B 通道互为冗余，当 A 通道发生故障时，会自动切换到 B 通道，当 B 通道发生故障时，会自动切换到 A 通道，且切换过程中控制功能不受任何影响。

（2）通信方式冗余 网络控制系统采用 MVB 通信和以太网通信，且两种通信方式互为冗余。

（3）设备冗余 采用两个 EGWM 模块实现车辆级和列车级控制功能，两个模块互为冗余，采用故障切换、热备冗余的方式，实现故障时无缝切换。

司机室操作台装有两个微机显示屏，功能一致，互为冗余。

信号采集采用相同的 DTECS-G300 机箱，其中司机室信号采集采用两组 84R 机箱，机械间信号采集采用两组 104R 机箱，两组相同机箱互为冗余且采集信号源完全相同，当两组相同机箱中的其中一个发生故障时，正常机箱则信任其输入、输出信号，故障机箱的输出信号自动清零。

（4）机箱内插件冗余 两组相同机箱内插件的配置完全相同，当其中一个机箱内的某个插件发生背板通信或本身硬件问题等故障，导致与机箱的主控单元无法进行有效数据交换时，将自动切换并信任另外一个机箱内的对应插件，确保机箱正常采集信号，不受故障插件影响。

（5）机箱信号采集通道冗余 两组相同机箱内的各信号采集通道相互独立并具有自检功能，与另外一个机箱内对应插件的对应通道互为冗余，当采集通道正常时，默认取其一路通道采集到的数据进行控制,当其中一个通道发生故障时,则对互为冗余的通道采集到的数据进行控制。

(6) 关键信号冗余 通过对信号的全面整理,关键信号在同一个机箱内不同的插件上具有冗余信号,主要有司机的操作指令及空电联合状态,如操作端占用指令、受电弓的升弓/降弓指令等。

2.5.2 机车 MVB 网络主要部件组成及其作用

1. 列车通信网络组成

TCN 由中央控制单元 EGWM、数据记录单元 EDRM（故障记录模块）、输入/输出单元 CIO/MIO、微机显示单元（IDU）、牵引控制单元（TCU）、制动控制单元（BCU）、列车供电单元（ETS）和 Lon/MVB 网关组成。网络拓扑结构如图 2-37 所示。

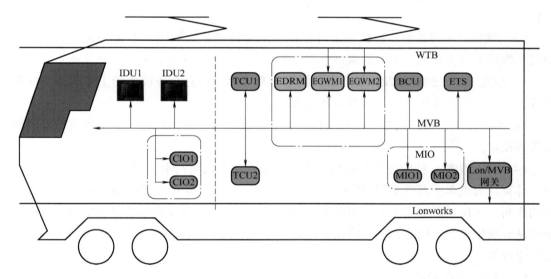

图 2-37 网络拓扑结构

2. 各组成部分功能

(1) EGWM 功能 它是网络控制系统的核心,主要有以下两个功能:

1) 车辆控制功能。完成网络逻辑控制及网络协议的转换功能,与系统中其他模块共同组成完整的网络控制系统,具备过程控制、通信管理、故障对策、显示控制功能。

① 过程控制:执行牵引、制动控制指令处理,空电联合控制、主电路、辅助电路、控制电路控制及各种保护等一系列控制功能。

② 通信管理:具有 MVB 管理能力,主从控制转换。

③ 故障对策:EGWM 发生单路故障时,则自动切换,进行切换时,机车将保护性分主断路器,切换过程控制在 20s 内,切换完成后不损失功能和动力。

④ 显示控制:收集车辆各种状态信息和故障信息、故障诊断,并将它们显示在微机显示屏上。

2）重联控制功能。提供 MVB 和 WTB 的网关通道，是实现机车重联运行的核心，与系统中其他模块共同组成完整的网络控制系统，具备列车级过程控制、列车总线管理和列车级数据通信功能。

① 列车级过程控制：执行牵引/制动控制指令等一系列与车厢、控制车、其他同型号列车重联运行有关的控制功能。

② 列车总线管理：具备 WTB 管理能力。

③ 列车级数据通信：与 EGWM 进行与列车车辆重联运行有关的数据交换。

(2) EDRM 功能　EDRM 是完成故障诊断、数据记录和转储的关键设备，通过 MVB 与其他设备通信，具有如下功能：

1）数据记录：将司机操作数据、事件数据和故障数据记录保存，将故障数据具体化。

2）数据转储：可以转存或下载记录的事件数据和故障数据，供专用维护工具进行数据分析。

(3) 微机显示屏功能　微机显示屏是整个网络控制系统和制动系统的显示终端，提供司机及维护人员操作列车车辆的窗口，实现列车车辆的人机交互，具有如下功能：

1）信息显示：向司机及维护人员提供列车车辆综合信息、各设备的工作状态和故障信息等，方便司机及维护人员分析或处理问题。

2）参数设定：通过人机界面进行相关参数如操作端、轮径值、列车车辆重量、时间日期等的设定。

(4) TCU 功能　接收并执行司机指令，完成对动力机车的牵引/制动特性控制及逻辑控制，计算动力机车所需的牵引/制动力等，通过控制牵引变流器的起停和控制主电路中接触器的通断，实现对牵引逆变器、四象限整流器、辅助逆变器和交流异步牵引电动机的实时控制及黏着利用控制，同时具备故障保护功能，以满足机车动力性能、故障运行和实现预期的运行速度等。

(5) CIO/MIO 功能

1）输入信号采集：实现模拟量信号和数字量信号的采集输入，将列车车辆的电气信号转换成控制信号，经列车控制网络 MVB 传送给 EGWM，执行各种控制功能。

2）控制信号输出：实现模拟信号和数字量信号的控制输出，将网络控制信号转换成电气信号，控制继电器、指示灯等设备的动作。

(6) Lon/MVB 网关功能　Lon/MVB 网关用于与拖车网络控制系统进行数据通信。同时，动力车布设以太网，用于信息采集和转储。

(7) BCU 功能　BCU 是机车制动机的核心处理器，管理制动机的网络控制系统，与制动显示屏通信并交换数据，接收来自制动显示屏的操作设置，显示制动机的基本数据；管理与机车网络控制系统的输入、输出接口及机车控制和安全装置电路的接口，处理来自司机室的制动操作指令及网络控制系统发出的与制动相关的数据，执行相应制动命令。

(8) ETS 功能　ETS 是列车供电系统的中心处理器，通过控制接触器、整流器等部件工作，实现交直流转换，给客车车厢提供稳定的 DC 600V 电源。

2.5.3 案例：机车 MVB 网络通信故障

1. 故障现象

机车在下载完网络程序后，在微机显示屏故障界面报模块通信故障、MVB 故障。

2. 故障处理

（1）模块通信故障　在微机显示屏网络拓扑界面可以查看网络拓扑图，网络拓扑中的任何模块都有可能出现模块通信故障，当出现模块通信故障时，网络拓扑图中的模块颜色将由绿色变成红色。此时需要检查故障模块是否已得电正常启动，不能启动则需更换模块；检查故障模块的 MVB 连接端口，确保网络线已正常连接；用微机连接故障模块，检查模块的网络地址是否正确，设置正确的网络地址；重新更新模块网络程序，确保网络程序正常。

（2）MVB 故障　网络控制系统中各模块之间通过 MVB 网络通信线连接，在首尾的两个模块上个装有一个网络终端，其网络连接如图 2-38 所示。

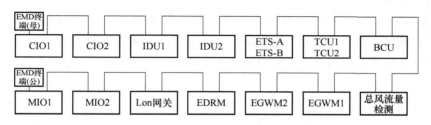

图 2-38　网络连接

网络通信线采用四芯屏蔽线，线的两端为 9 针串口连接器，连接点位为 1、2、4、5，两插头之间点对点互通，其中 1、2 点的线为 MVB 网络通信线的 A 通道，4、5 点的线为 MVB 网络通信线的 B 通道。A、B 通道互为冗余，当一个通道故障时，另一个通道可以正常通信。EMD 终端分一公一母两个，每个终端的内部 1、2 点之间和 4、5 点之间的电阻值均为 120Ω 左右。

当出现 MVB 故障时，可以拆下任意一个模块上的 MVB 网络插头，用万用表测量 1、2 点之间和 4、5 点之间的电阻值是否为 120Ω，同时还需测量各点对地线（屏蔽线）之间是否存在接地，若电阻值明显不正常或存在接地，则根据网络线的走向，继续查找，直到找到故障源头为止；若电阻值正常或不存在接地，则需对整个网络线进行单根绞线，确认点对点之间互通没有交叉。

2.6　制动系统

2.6.1　制动系统工作原理及结构简介

1. 概述

牵引系统与制动系统是机车最核心的组成部分，铁路列车起动和运行时必须对其施加牵引力，列车减速和停车时必须对其施加制动力，从行车安全的角度出发，制动显得比牵引更为重要，因此可以说制动系统是机车安全运行最重要的保障。

2. 制动系统的结构及工作原理

国内外轨道交通产品所使用的制动系统按照制动机所使用的介质可划分为空气制动系统和液压制动系统，目前大部分轨道交通产品使用空气制动系统。中车株洲电力机车有限公司生产制造的低地板有轨电车采用的就是液压制动系统。本节以空气制动系统为例进行介绍。

机车空气制动系统按照各个部分在系统中的功能可以分为：风源供给系统、制动控制系统、基础制动系统（制动施加）。

3. 风源供给系统

风源供给系统是机车空气管路与制动控制系统的基础，其主要作用是为机车和车辆制动系统、气动辅助设备生产并提供干净、干燥符合标准要求的压缩空气。风源供给系统可分为主风源系统和辅助风源系统。

（1）主风源系统 主风源主要包括主压缩机、干燥器、高压安全阀、压力控制器、总风缸、微油过滤器、逆流止回阀、折角塞门、防撞塞门、薄壁不锈钢管路、卡套式管接头、橡胶软管等。主风源系统组成及管路原理如图2-39所示。

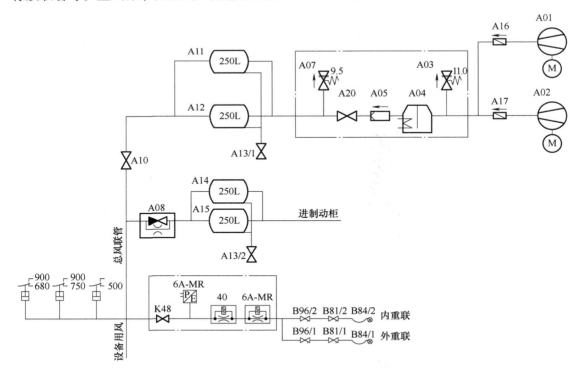

图2-39 主风源系统组成及管路原理

A01、A02—主压缩机 A03—安全阀11bar A04—干燥器 A05—微油过滤器 A07—安全阀9.5bar A08—逆流止回阀 A10、A20、K48—塞门 A11、A12、A14、A15—总风缸 A13/1、A13/2—总风缸排水塞门 A16、A17—单向阀 B81/1、B81/2—折角塞门 B84/1、B84/2—重联软管 B96/1、B96/2—防撞塞门

主压缩机起停控制工作原理：

1）单泵模式（默认）：总风压力开关检测到总风缸压力降至（750±20）kPa 时，起动一台主压缩机；总风缸压力降至（680±20）kPa 时，两台主压缩机同时起动；总风缸压力升至（900±20）kPa 时，主压缩机停止泵风。

2）双泵模式：总风压力开关检测到总风缸压力降至（750±20）kPa 时，两台主压缩机同时起动；总风缸压力升至（900±20）kPa 时，主压缩机停止泵风。

3）强泵模式：将主压缩机控制开关置于"强泵"位时，两台主压缩机（可用、无故障、电源正常）应立刻起动。在该模式下，主压缩机不停止。

4）连续运转模式：总风缸压力升至（900±20）kPa 后，主压缩机停止泵风，并进入连续运转模式 5min。连续运转期间允许执行主压缩机起动指令，连续运转应中断，主压缩机起动工作。

总风缸压力低于（500±20）kPa 时，CCU 网络触发牵引封锁，机车施加常用全自动惩罚制动（停车状态除外）。

（2）辅助风源系统　由于机车长时间停放导致总风缸泄漏，泄漏后的总风缸压力不足，无法为升弓和主断路器控制管路正常供风，此时主压缩机无法正常工作，因此需通过辅助风源系统为升弓和主断路器控制管路供风，以达到弓网为机车正常供电的目的。辅助风源系统主要由辅助压缩机组、单向阀、压力开关、风缸、排水阀等组成，如图 2-40 所示。

辅助压缩机控制工作原理：正常运用时，升弓、主断路器控制管路风源由主风源系统供风。当主风源系统总风压力不足（低于（480±20）kPa）时，由辅助风源系统供风，将受电弓升弓扳键开关置于"升弓"位，此时由控制蓄电池供电的辅助压缩机组开始打风工作。当压力开关检测到控制风缸管路的压力升至（750±20）kPa 时，CCU 控制辅助压缩机组停止打风。再次将受电弓升弓扳键开关置于"升弓"位（升弓条件均已满足），受电弓升起。受电弓升起的同时气压变低，辅助压缩机组自动投入工作，防止受电弓降下。

4. 制动控制系统

FXD1 型电力机车制动控制系统符合 TJ/JW039—2014《交流传动机车微机控制空气制动系统暂行技术规范》的要求，具备自动制动、单独制动、空电联合制动、后备制动、紧急制动、停放制动、无火回送、平稳操纵、车列电空、断钩保护等功能。后备制动满足 TJ/JW060—2015《交流传动机车空气后备制动暂行技术规范》的要求。

制动控制系统部件有制动控制器、后备制动阀（见图 2-41）、车长阀（见图 2-42）、机械风压表、停放施加按钮、停放缓解按钮、制动显示屏、制动机等。

（1）制动控制器　制动控制器是制动机的主要操作部件，其主要功能是：发送电信号指令到制动系统的 BCU，为机车制动机提供自动制动和单独制动输入信号，同时具备紧急位机械排风功能。其包含两个操作手柄：自动制动控制器手柄和单独制动控制器手柄（简称大闸和小闸）。大闸设置有运转位、初制动位、制动区、全制动位、抑制位、重联位、紧急位，小闸设置有运转位、制动区、全制动位、侧压单缓。

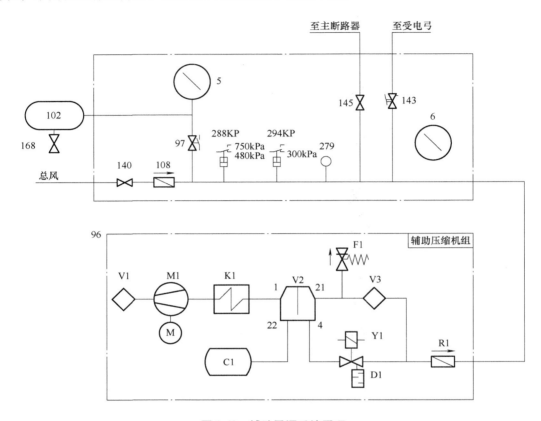

图 2-40 辅助风源系统原理

5、6—机械风表　96—辅助压缩机组　97—电联锁塞门　102—控制风缸　108—单向阀　140、145—截断塞门
143—安全联锁钥匙（蓝钥匙）　168—控制风缸排水塞门　279—测试口　288KP、294KP—压力开关

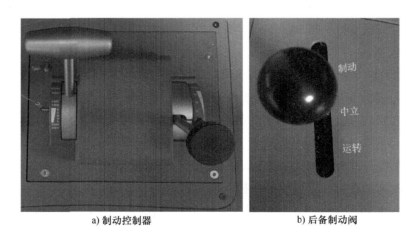

a) 制动控制器　　　　　　　b) 后备制动阀

图 2-41 司机室制动控制器和后备制动阀

（2）后备制动阀　后备制动是机车制动机电空位出现故障后，为避免在区间途停而影

图 2-42 司机室其他制动部件

响线路的正常运行,为确保安全运行,特设置的一种应急补救操纵措施,它是一种纯空气的制动作用。因此后备制动模式的功能没有电空制动模式齐全,仅保证全列车的制动和缓解的基本功能能实现。后备制动阀具有运转位、中立位、制动位3个位置。

(3)操纵台左柜制动部件

1)车长阀:紧急制动放风阀,按下后导通列车管与大气的通路,机车施加紧急制动。

2)机械风压表:实时显示均衡风缸、闸缸、列车管和总风管风压大小。

3)停放施加/缓解按钮:通过按钮可实现机车停放制动施加和缓解。

(4)制动显示屏 其主要功能为实时显示制动系统状态、车列电空状态、尾车列车管、总风管、制动缸压力数值,以数字和模拟机械风压表的形式显示均衡管、列车管、总风管、制动缸压力,以流量计的形式动态显示列车管的充风流量值,显示制动系统操作提示信息及故障信息,可查看制动系统软件版本信息及机车车号、日期、时间显示和设置,可实现均衡风缸定压设置、单机切除、单机自检、事件记录、传感器校准等功能。

FXD1-J型电力机车司机室设置两个司机室显示屏,不单独设置制动显示屏与微机显示屏,两个显示屏在硬件配置和功能显示上保持一致。该显示屏主界面具有3种显示模式:牵引模式(见图2-43)、合屏模式(见图2-44)、制动模式(见图2-45)。正常情况主司机台左侧微机显示屏显示制动系统信息,可以进入制动系统维护菜单界面(见图2-46),主司机台右侧微机显示屏显示牵引系统信息,当一个显示屏故障时进行合屏显示。

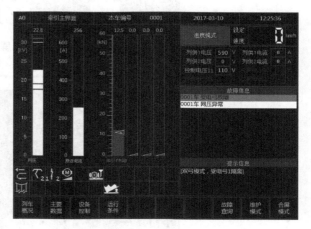

图 2-43 司机室显示屏牵引主界面

图 2-44　司机室显示屏合屏主界面

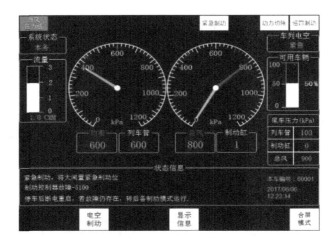

图 2-45　司机室显示屏制动主界面

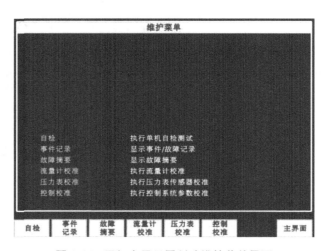

图 2-46　司机室显示屏制动维护菜单界面

（5）制动机　制动机是制动系统的中枢机构，由柜体、接线箱模块、电气接口单元、防滑器主机、辅助压缩机组、辅助控制装置和电空（EP）控制单元等重要零部件组成，如图 2-47 所示。

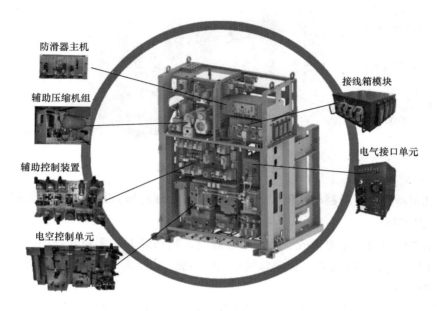

图 2-47　制动机

1）接线箱模块：包括机车电气接口、系统内部的电气接口、防滑器接口。

2）电气接口单元：接收机车信号指令、对制动系统内部下达控制指令、对机车的其他系统反馈状态信号等。

3）防滑器主机：是机车防滑器的主控单元。

4）辅助压缩机组：总风缸压力不足的情况下，为升弓主断路器控制管路供风。

5）辅助控制装置：集成撒砂、停放制动、升弓控制、空压机起停控制等功能。

6）电空控制单元：主要包括列车管控制模块、制动缸控制模块、单独控制模块、空气制动模块、辅助功能模块、电源模块、集成气路板、过滤器、风缸等，如图 2-48 所示。它是制动系统的核心部件，接收控制指令并控制各个预控风缸的风压，输出列车管、平均管、机车制动缸压力，提供相关的压力测点。

电空控制单元子模块主要功能介绍：

① 列车管控制模块：实现对均衡风缸的压力控制，经中继阀控制列车管的制动与缓解；列车管紧急放风；列车管充风流量监测；列车管补风与不补风工况选择。

② 制动缸控制模块：实现对制动缸压力的控制；空电联合作用；模块设置制动缸压力的采集和测试接口；小闸单缓功能，实现对自动制动产生的本机制动缸压力的缓解。

③ 单独控制模块：响应单独制动，提供对制动缸和平均管的压力控制；制动缸控制模块故障时，提供对制动缸的压力控制。

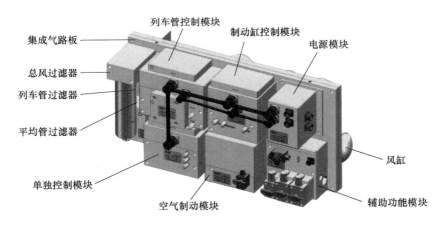

图 2-48 电空控制单元

④ 空气制动模块：当制动缸模块故障时提供制动缸的压力控制，无动力回送时实现机车制动缸压力控制。

⑤ 辅助功能模块：主要集成了无火回送塞门、制动缸1和2切除塞门、紧急制动隔离塞门；无动力回送时，实现列车管向总风充风的功能。

5. 基础制动系统

基础制动系统包括制动夹钳单元、制动盘（包含连接件）和制动闸片。

1）制动夹钳单元：分为不带停放制动（见图2-49）和带停放制动（见图2-50）两种，1、3、4、6轴的主司机侧为带停放制动的夹钳单元，在转向架上成斜对称布置。制动夹钳单元采用三点浮动的方式吊挂在转向架构架上，夹钳倍率为2.2，制动缸缸径为10in（1in = 0.0254m）。

图 2-49 制动夹钳单元（不带停放制动）

图 2-50 制动夹钳单元（带停放制动）

2）制动盘：整体铸钢制动盘的盘片间隙为4~6mm。制动盘最大磨损量不大于5mm，同一车轮两侧制动盘磨耗差值不大于2mm。

3）制动闸片：采用标准型燕尾粉末冶金闸片，制动闸片的最小厚度不小于16mm。制动闸片更换时，同一制动夹钳单元闸片厚度差不大于3mm。

FXD1-J型单机在平直道上，制动初速度为160km/h时紧急制动距离不大于1400m；制动初速度为120km/h时紧急制动距离不大于800m；仅施加停放制动时，单机能在30‰坡道上安全停放。

2.6.2 自动制动

自动制动作用，即机车制动机处于电空位、非操纵端大闸置重联位、小闸置运转位、操纵端小闸处于运转位、操纵大闸手柄在各位置时的综合作用。该作用用于操纵全列车的制动、保压与缓解。

自动制动通过操作大闸手柄在不同位置，控制均衡风缸压力，再通过中继阀控制列车管压力，通过电子分配阀控制制动缸压力。

2.6.3 单独制动

单独制动作用，即机车电空制动机处于电空位、非操纵端大闸置重联位、小闸置运转位、操纵端大闸处于运转位、操纵小闸手柄在各位置时的综合作用，还包括大闸处于制动区或紧急位、小闸手柄置于侧压缓解位时的综合作用。该作用用于单独操纵机车的制动、保压与缓解。同时单独制动具有阶段缓解和阶段制动功能。

单独制动主要用于机车单独驾驶时使用，当单独制动手柄放在制动区时，BCU直接响应手柄位置，控制制动缸电空控制装置，产生本务机车制动缸控制压力。本务机车通过重联阀控制平均管压力，使得补机制动缸压力与本务机车保持一致。

当司机操作小闸手柄时仅会使机车产生单独制动而不会影响列车管压力变化。当大闸手柄置于常用制动区时，小闸手柄置于侧缓位，此时将大闸产生的制动缸压力完全排空，从而机车制动（本机和补机）完全缓解，而列车制动仍维持制动状态。

2.6.4 停放制动

停放制动的功能主要是在静止状态下防止机车意外溜车，停放制动的施加是通过弹簧蓄能来实现的（也叫蓄能制动）。停放制动的施加和缓解功能主要通过停放制动控制模块来实现的。

停放制动控制模块的主要功能是接受停放制动施加与缓解指令，实现停放制动缸排气与充气，同时还可通过停放隔离塞门实现对停放制动管路的机械隔离。停放制动控制模块装有双向阀，其主要目的是取制动缸压力与停放制动缸压力两者之间的较大值，防止停放制动力与闸缸力叠加，避免制动力叠加而造成制动力过大。

停放制动由停放制动调压阀、双脉冲电磁阀、停放制动压力开关、双向阀、停放制动塞门、压力测试接口等部件组成。根据停放制动缸所需的缓解压力，来进行停放制动整定值的调整。停放制动控制模块气路原理如图2-51所示。

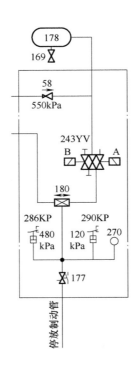

图 2-51　停放制动控制模块气路原理

58—停放制动调压阀　243YV—停放制动双脉冲电磁阀　180—双向阀　286KP、290KP—停放制动压力开关
270—停放制动管压力检测口　177—停放制动塞门　178—停放制动缸　169—停放制动缸排水塞门

停放制动施加和缓解可以通过以下三种方式实现：

（1）方式一　按压司机室操纵台停放施加按钮，机车将 DC 110V 脉冲信号发送给双脉冲电磁阀，双脉冲电磁阀中停放施加电空阀得电，停放制动缸的压缩空气通过双脉冲电磁阀排向大气，停放制动作用施加，底架停放制动指示器显示红色，如图 2-52a 所示；按压司机室操纵台停放缓解按钮，机车将 DC 110V 脉冲信号发送给双脉冲电池阀，双脉冲电磁阀中停放缓解电空阀得电，总风通过调压阀、双脉冲电磁阀向停放制动缸充风，停放制动作用缓解，底架停放制动指示器显示绿色，如图 2-52b 所示。

（2）方式二　按压双脉冲电磁阀右侧停放施加按钮，停放制动缸的压缩空气通过双脉冲电磁阀排向大气，停放制动作用施加，底架停放制动指示器显示红色；按压双脉冲电磁阀左侧停放缓解按钮，总风通过调压阀、双脉冲电磁阀向停放制动缸充风，停放制动作用缓解，底架停放制动指示器显示绿色。

（3）方式三　将停放制动控制模块上的停放隔离塞门置于"截断"位，隔断风路来源，此时停放隔离塞门和转向架停放蓄能器之间管路内的风压会通过隔离塞门的排风口排向大气，停放制定作用施加，底架停放制动指示器显示红色。

转向架前后轴上有一个带停放缸的单元制动器，为保证停放制动力均衡，带停放缸的单元制动器斜对角分布在转向架下。在停放制动塞门隔离、制动缸无压力状态下，逐个手动拉开所有停放制动缸的"辅助环节装置"拉环并保持 2s 后松开，停放制动器缓解，停放制动缓解，但此时停放管路无风压，底架停放制动指示器仍然显示红色。图 2-53 所示为带停放缸的单元制动器。

a) 无风　　b) 有风

图 2-52　停放管无风及有风状态

图 2-53　带停放缸的单元制动器

2.6.5 电制动

电制动是把运行中列车具有的动能通过发电机（牵引电动机的电动机工况转变为发电机工况）转化为电能后再将电能回送给电网或者转变成热能散发到空气中的一种使列车减速或阻止列车加速的制动方式。电制动有再生制动和电阻制动两种形式。其具有独立滑行保护和载荷校正功能，该制动方式制动力无冲击，不仅稳定性好，还能节约能源、减少环境污染，基本无磨耗。

机车目前主要有 3 种途径设定电制动的设定值：

1）来自主司控器的电制动设定值：CCU 会根据主司控器和当前速度设定电制动力。

2）来自 BCU 的电制动设定值：动力车投入空电联合功能后，自动制动和电制动应能实现自动联合制动，电制动应优先于空气制动；当动力车执行自动制动时，自动制动对应的电制动力应根据列车管的减压量进行设定，电制动力的设定值由 BCU 计算并通过 MVB 发给 CCU，并且该设定值只由主控动力车的 BCU 进行计算；如果电制动设定值同时来自主司控器和 BCU，CCU 应执行两个设定值中较高的一个；如果电制动可用，CCU 应触发电制动互锁电磁阀，动力车只实施电制动。

3）来自定速控制功能的电制动设定值。

2.6.6 惩罚制动

惩罚制动是当机车发生如制动机 DC 110V 控制供电的自动开关跳开、制动系统内部故障、司机错误操作或精力不集中等情况时保证列车安全的一种制动措施。实施惩罚制动有效保证了列车在机车制动系统内部故障时可靠停车，实现了监控装置的机控功能，避免了由于司机错误操作造成的动轮抱闸运行，确保了行车安全。

当制动机接收到惩罚制动指令时，制动机产生惩罚制动，制动控制单元会根据不同惩罚制动级别施加相应的列车管减压，然后制动显示屏提示相应的惩罚制动信息。如需解除惩罚制动，首先惩罚源必须消除，然后需要将自动制动手柄置抑制位 1s 以上。

在制动系统中，有两个惩罚制动输入点。如果动力车控制系统或者监控系统想要触发一次惩罚制动，制动系统将执行惩罚制动，惩罚制动根据列车管的减压量的大小可分为 3 个等级，见表 2-15。图 2-54 所示为惩罚制动触发路径。

表 2-15　惩罚制动列车管减压表

惩罚制动级别	制动机输入信号		列车管减压量/kPa	备注
	X02_D1	X02_D3	定压 600kPa	
无惩罚	0	0	0	
1 级惩罚	1	0	80	
2 级惩罚	1	1	135	
3 级惩罚	0	1	170	

注：表中"1"表示高电平，"0"表示低电平。

惩罚制动由以下条件触发：

1）无人警惕功能触发惩罚制动请求。当动力车速度大于 3km/h 时（此时方向手柄不在"零"位），如果 60s 内没有响应无人警惕按钮，无人警惕控制装置则报"无人警惕"警音，并且在微机显示屏显示提示信息，10s 内司机若无有效性操作，动力车将实施制动（常用制动最大减压量）。

当动力车速度大于 3km/h 时（此时方向手柄不在"零"位），长时间按压无人警惕按钮或者无人警惕脚踏开关，60s 后无人警惕控制装置则报"无人警惕"警音，并且在微机状态显示屏显示提示信息，松开无人警惕按钮或者无人警惕脚踏开关，10s 内司机若无有效性操作，动力车将实施制动（常用制动最大减压量）。

司机的有效性操作：制动手柄、撒砂、鸣笛（包括风笛和电笛）、无人警惕脚踏开关和无人警惕按钮、司控器的级位转换均可以复位警惕功能。

2）监控系统发出惩罚制动请求。

3）CCU 发出惩罚制动请求。CCU 发出惩罚制动请求由以下情况引起：

① 动力车速度大于 5km/h，停放制动没有缓解。

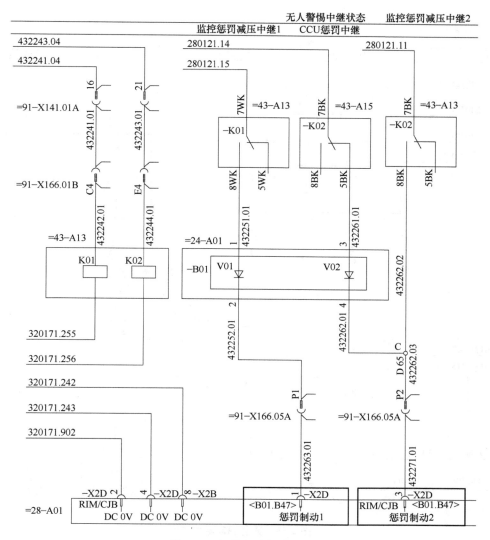

图 2-54　惩罚制动触发路径

② 制动系统设置模式错误（WTB 连接的动力车里有 1 个以上的 BCU 处于本机模式）。

③ 从控动力车惩罚制动请求。

④ 网络控制系统故障引起惩罚制动。

如果惩罚制动正在施加，全列车的牵引应被封锁。

2.6.7　紧急制动

紧急制动为列车在正常运行过程中遇到突发状况，从安全角度出发为使列车快速停车而对列车实施的一种最大反作用力。其作用部位主要是通过电信号或者机械方式使列车管压力迅速降到 0kPa，制动缸压力上升至最大值，牵引力封锁，从而触发紧急制动。图 2-55 所示为紧急制动触发路径。

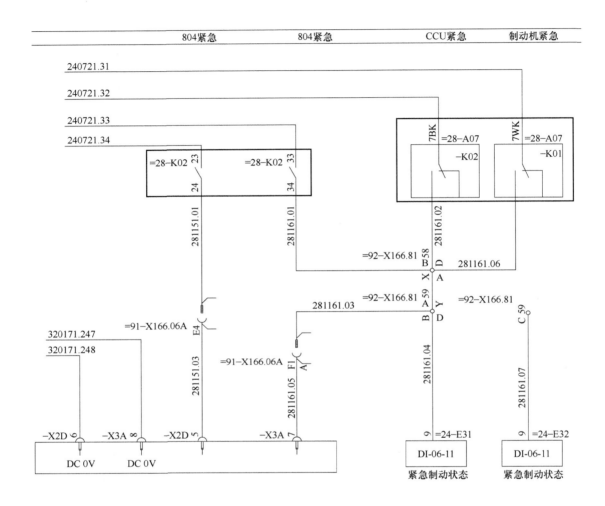

图 2-55 紧急制动触发路径

在制动系统中,从外部有两种途径触发紧急制动:

1)一种是通过施加紧急按钮、监控输出以及重联机车紧急制动请求信号使得中间继电器得电,继电器辅助触点动作使紧急电空阀得电,引发紧急放风阀紧急排风,触发紧急制动。如图 2-56 所示,可以通过此方式使得继电器 =28-K02 线圈得电动作。

2)另一途径是机车 CCU 通过闭合网络输出节点发出紧急制动请求或者 BCU 发出紧急制动请求输出高电平信号使得中间继电器得电,继电器辅助触点动作使紧急电空阀得电,引发紧急放风阀紧急排风,触发紧急制动,如图 2-57 所示。

当制动系统触发或者检测到紧急制动时,它也能通过输出继电器发出一个紧急制动请求。紧急放风阀可以被紧急隔离塞门隔离。CCU 检测紧急隔离塞门的状态,当紧急隔离塞门关闭时,在 DDU 上有相应的消息提示。

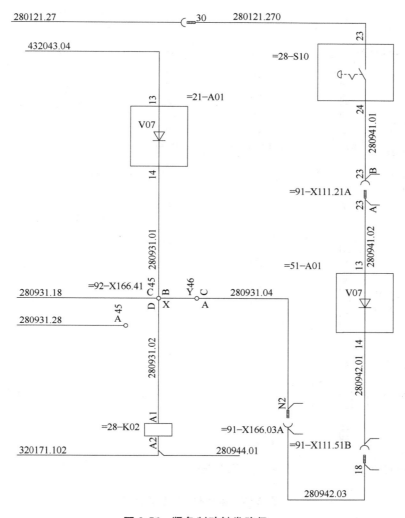

图 2-56　紧急制动触发路径一

2.6.8 案例：机车停放制动与控制电路故障

1. 事件背景

2019 年 3 月 19 日，某地铁公司一号线在对配属 3 台蓄电池电力工程车进行日常检修时，发现当双机重联时其中一台机车断开控制电源，这时两台机车之前施加的停放都是缓解状态。业主认为如果在坡道上进行双机重联时，一台车突然掉电，再处理好故障机车后进行正常给电，因停放被自动缓解就会引起机车后溜隐患。

2. 原因分析

（1）重联时造成停放制动缓解的原因　检查 DL0110 及 DL0111 电力工程车，当单节工程车断开控制电源开关＝32-S01 后，测量司机室 A 端 3100 负线端子排＝92-X111.01 的 101 点与 3000 负线端子排 111 点间电压约为 100V，即在断开控制电源开关后，3100 负线对

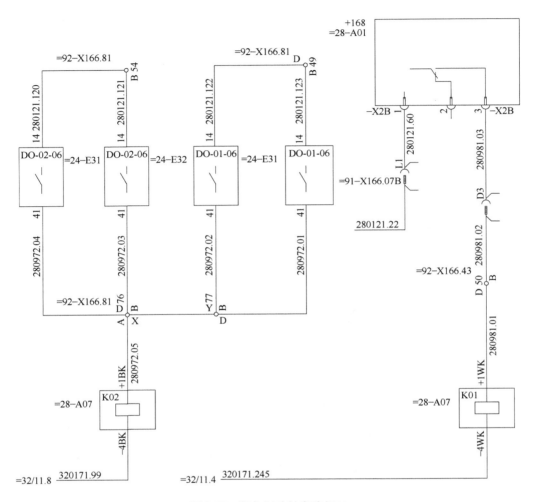

图 2-57 紧急制动触发路径二

3000 负线有一个恒定电压值,其大小接近控制蓄电池电压。在 DL0110 及 DL0111 电力工程车重联时,任意一台工程车断开控制电源开关 =32-S01 时,该车继电器 =32-K18 的 1、2 点两端会产生 100V 左右电压,从而将两台车停放缓解电磁阀串联形成回路,每个电磁阀均有 50V 左右的电压,导致另一台车缓解,如图 2-58 所示。

(2)100V 电压产生的原因 检查 DL0110 及 DL0111 电力工程车,将制动柜防滑主机输出至网络模块的电缆(281762.01、281761.01)拆除后,电压消失。恢复上述电缆后,将模块 DIM35 的负线(320262.34、320262.35)拆除后,电压也消失,如图 2-59 所示。由于防滑主机电源通过 =45-F10 开关直接与蓄电池正极相连,断开控制电源开关 =32-S01 后,蓄电池依然可以对其供电。电源经过该模块后到达 3100 的负线,从而导致 3100 负线对 3000 负线有接近蓄电池的电压值。

3. 解决方案

由于该 100V 电压仅在断开控制电源开关 =32-S01 后产生,并未对车辆器件产生影响,

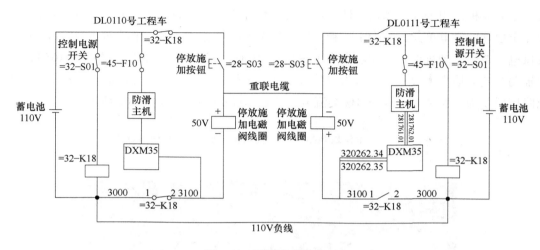

图 2-58 重联串电示意图

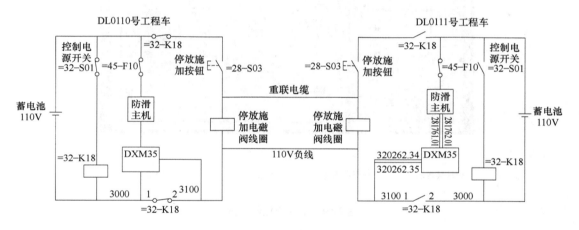

图 2-59 串电现象消失示意图

将重联电缆的共负线由 3100 改为 3000，即将 A 端操纵台 =92-X111.01 的 103 点 320262.153 改接为 =92-X111.01 的 111 点，将 B 端操纵台 =92-X211.01 的 103 点 320262.253 改接为 =92-X211.01 的 111 点。

2.7 牵引变流系统

2.7.1 牵引变流系统工作原理及结构简介

FXD1 型动力车采用 6.5kV 等级 IGBT、轴控方式的主电路。主变压器将弓网 25kV/50Hz 单相交流电降压到 2011V，牵引变流系统将降压后的单相交流电经四象限 PWM 整流器整流为 3600V 直流电，再经 VVVF 逆变器逆变为 0~2808V 三相交流电供给牵引电动机；再生制动工况时牵引电动机发出的三相电压经整流、逆变后通过牵引变压器、受电弓反馈回电网。

主变流柜采用主辅一体化设计。每台机车配置两个牵引变流器，每个牵引变流器中有两组完全独立的供电单元，分为Ⅰ架和Ⅱ架，每架的两重逆变器向一个转向架的两台牵引电动机供电。牵引电动机单轴驱动功率为1430kW，短时（30min）单轴驱动功率为1630kW。两组辅助逆变器输出模块中，一组为变频，一组为定频。两组辅助逆变器输出经辅助变压器隔离降压后变为三相AC 380V/50Hz交流电，给辅助设备供电，如图2-60所示。

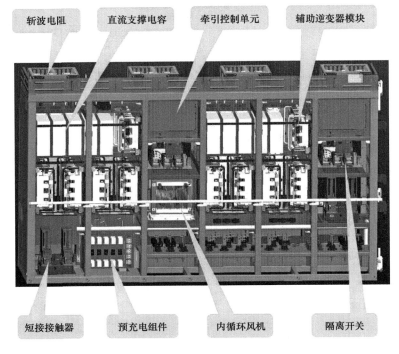

图2-60　主变流柜部件分布

1. 牵引变流系统主要特点

1）整体结构采用模块化，各模块体积小，模块拆装方便。

2）控制方式采用轴控，能提高动力集中动车组牵引力的发挥。

3）冷却方式采用水冷+风冷，冷却效率高。

4）变流器模块采用IGBT作为开关器件。

5）变流器模块使用低感母排技术，大大降低电路的杂电感，降低开关器件的过电压，使得器件工作于更加安全的区域。

6）模块通用性强，四象限模块、逆变流器模块可以直接互换。

7）冷却水管连接采用快速防漏接头。

8）低压连接采用连接器实现。

2. 牵引变流器技术参数

1）额定输入电压：4×AC 2011V（AC 1408~2494V）/50Hz。

2）额定输入电流：4×802A。

3）中间电压：DC 3600V。

4）额定输出电压：AC 0~2808V。

5）额定输出电流：4×430A。

6）最大输出电流：4×480A。

7）主变流机组的效率：≥97.5%（额定工况，整流器：98.5%，逆变器：99%）。

8）控制电源：DC 110V（DC 66~154V，±40%）。

9）控制电压功率要求：2kW。

10）主逆变器风机辅助电源电压：三相 AC 380V/50Hz。

11）主变流器机组冷却方式：强迫水循环冷却。

12）添加剂主要成分：44%或56%水/添加剂 Antifrogen N。

13）冷却液进口温度：≤55℃。

14）主变流器内的冷却液容量：20L。

15）冷却液散热功率：125kW。

16）额定流速：360L/min（50℃）。

17）额定压力损失：2.4bar（50℃）。

18）冷却液对环境压力的最大压力：3bar。

19）变流器尺寸：3500mm×1060mm×2160mm（长×宽×高）。

20）质量：3378kg。

2.7.2 牵引逆变器

1. VVVF 逆变原理

VVVF 逆变调速即变频变压调速。实现 VVVF 的方法有多种，目前应用较多的是脉冲宽度调制（PWM）技术。PWM 控制是指在保持整流得到的直流电压大小不变的条件下，利用半导体开关器件的导通与关断把直流电压变换为电压脉冲序列，并通过控制电压脉冲的宽度（或用占比表示）或周期，达到改变等效输出电压的一种方法。

两输出端子之间输出电压 U_{UV} 最大振幅取决于直流支撑电压 U_d。图 2-61 所示为方波状态下逆变器的 PWM 示意图。

可以通过改变 IGBT 逆变器的占空比来调节输出电流的有效值。输出电压的波形重复的频率和脉冲逆变器的输出频率相同。图 2-62 所示为斩波状态下逆变器 PWM 示意图。

2. VVVF 逆变器模块

FXD1 型机车为轴控式，每一个牵引电动机对应有一个逆变模块供电。牵引逆变模块将中间直流 3600V 逆变成变压变频的三相交流电供给牵引电动机，实现机车的变频调速，如图 2-63 所示。

VVVF 逆变器参数：

1）标称输入电压：DC 3600V。

2）标称输出电压：三相 AC 0~2808V。

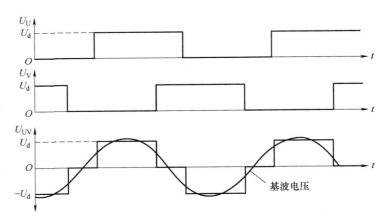

图 2-61　方波状态下逆变器的 PWM 示意图

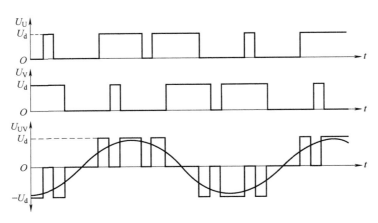

图 2-62　斩波状态下逆变器 PWM 示意图

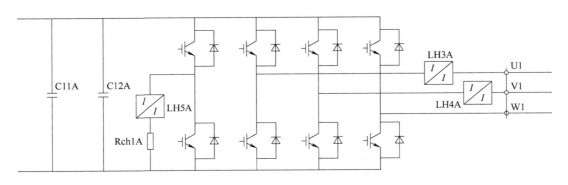

图 2-63　逆变器电路

3）输出电压频率：0~137.5Hz。

4）额定输出电流：4×430A。

5）最大输出电流：4×480A。

6）开关频率：≤350Hz。

7) 控制方式：直接转矩控制。
8) 外形尺寸：763mm×480mm×185mm（长×宽×高）。
9) IGBT 参数：6.5kV/750A。
10) 质量：51kg。

2.7.3 牵引电动机

1. 牵引电动机的工作原理

FXD1 型动力车采用 YQ-1430-1 型笼型三相异步电动机。其工作原理是：定子绕组通上三相交流电后，在气隙中产生旋转磁场，该磁场切割转子导条后在转子导条中产生感应电流，带电的转子导条处于气隙旋转磁场中会产生电动力，使转子朝定子旋转磁场的同一方向旋转。由于转子导条中的电流是因转子导条切割、由定子绕组产生的气隙磁场才感应产生的，所以转子的转速只能低于气隙旋转磁场的转速，永远不可能与其同步，否则转子导条不再切割磁感线，也不能产生感应电流和电动力，转子也不可能旋转，所以称按这种原理运行的电动机为异步电动机。

2. 牵引电动机的结构组成

如图 2-64 所示，YQ-1430-1 型牵引电动机由定子、转子、非传动端端盖、轴承、总装零件、测速装置等零部件构成。该牵引电动机为单侧齿输出，有输出小齿轮的为 D 端（传动端），另外一端为 N 端（非传动端）。

（1）牵引电动机定子　牵引电动机定子由电气绝缘硅钢片叠制而成的铁心两端通过四块焊接筋板连接到定子压圈，形成定子机座。定子绕组嵌入定子铁心的槽内，这些槽通过槽楔密封。定子线圈的并头、定子线圈回路环和定子引出线均采用铜焊连接。定子引出线通过螺栓固定在接线盒内的接线座上，接线盒用盖板密封。定子及绕组真空浸渍，满足热等级 200℃的要求。

（2）牵引电动机转子　牵引电动机转子由电工绝缘硅钢片叠制而成的铁心和左右各一个转子压圈一起热套在转轴上。转子具有轴向通

图 2-64　YQ-1430-1 型牵引电动机

风道，用于冷却。转子铜条嵌在铁心槽内。转子铜条与两端的端环钎焊在一起形成笼型绕组。转子护环热套在端环上，用于保护端环。测速齿盘安装在 N 端轴伸上。每个转子压圈有一个平衡块安装槽，槽内用螺钉固定平衡块，使用这些平衡块保持整个转子的动态平衡。转轴 D 端有一个锥形孔，联轴节安装在该锥孔中。通过齿啮合将联轴节连接到小齿轮轴。预拉紧的大螺杆维持小齿轮轴传动装置的轴向锁定。

（3）轴承、端盖及总装零件　小齿轮轴通过两个圆柱形滚子轴承支撑在 D 端端盖内。

小齿轮轴的 D 端还装有一个四点轴承可轴向定位转子。圆柱形滚子轴承和四点轴承通过齿轮润滑油润滑。电动机内部 D 端通过一个迷宫式密封环实现密封。N 端端盖为球墨铸铁结构，设有一个注油油路和一个尺寸适合使用的油脂室，安装通过油脂润滑的圆柱形滚子轴承，通过电动机内部间隙密封件实现密封。在端盖下方设有观察窗口，预留轴温复合传感器接口。

（4）速度传感器和温度传感器　在非传动端轴承盖上装有转速传感器，转速传感器给出两路相差 90°的速度信号，这两个信号用来测量电动机的转速以便对电动机进行控制。在定子铁心轭部安装有温度传感器 PT100，用于监测电动机的温度，防止电动机过热。

3. YQ-1430-1 型异步牵引电动机的主要技术参数

1）持续功率：1430kW。

2）额定电压（基波）：2550V。

3）额定电流（基波）：387A。

4）额定转速：1863r/min。

5）最大转速：4094r/min。

6）额定频率：62.55Hz。

7）额定转矩：7322N·m。

8）起动转矩：8283N·m。

9）绝缘等级：200 级。

10）冷却方式：强迫通风。

11）传动方式：弹性联轴节。

12）悬挂方式：架悬。

13）电动机总成（含小齿轮箱）质量：2575kg。

2.7.4　案例：牵引电动机速度反馈信号硬件故障

机车牵引电动机速度反馈信号故障将造成牵引电动机封锁切除，无法给出牵引力。如果是轴控式机车，单个牵引电动机切除，机车还能维持运行并回机务段处理。如果是架控式机车（HXD1 型即 DJ4 机车），单个电动机速度反馈信号故障，系统将切除同架两个电动机。对于重载货运机车，牵引力损失过多轻则造成区间运缓，重则在长大坡道上无法起步需请求救援。高速客运机车如有多个电动机切除也会因牵引力不足无法达到预定速度而造成晚点。

1. 故障现象

机车牵引电动机速度反馈信号故障发生时，司机会在微机显示屏上看到红色"牵引电动机"字样闪烁，在微机显示屏主界面单击"牵引数据"按钮进入牵引数据界面，可以看到机车每个牵引电动机的牵引力情况。在微机显示屏主界面单击"故障查询"按钮进入故障查询界面，可以看到当前故障信息或者历史故障信息里有"牵引电动机速度传感器故障"信息提示。

2. 故障处理

1）机车回库后根据微机显示屏严重故障信息确定哪个电动机故障。

2）下载机车微机数据,根据微机显示屏故障信息时间点或者司机汇报的故障时间点分析机车微机数据。事件记录分析时重点查看模拟量电动机转速,如图 2-65 所示。

时间(车号:J0067)	C1DI01_01 司机室占用	C2DI01_08 主断分请求	C2DI01_09 主断合请求	M1DI02_01 主断1状态-常开(给…)	CCU->TCU1 正在过分相	实际速度 km/h	1轴实际速度 r/min	2轴实际速度 r/min	一次电压V	一次电流A	TCU1一次电流A	TCU2一次电流A
2021-03-02 05:59:36	0	0	0	0	1	150	2840	2841	7819	1	0	1
2021-03-02 05:59:36	0	0	0	0	1	150	2839	2837	8128	1		
2021-03-02 05:59:37	0	0	0	0	1	150	2836	2836	8128	1		
2021-03-02 05:59:37	0	0	0	0	1	150	2837	2838	8128	1		
2021-03-02 05:59:37	0	0	0	0	1	150	2839	2835	8128	1		
2021-03-02 05:59:37	0	0	0	0	1	150	2835	2832	8128	1	0	1
2021-03-02 05:59:37	0	0	0	0	1	150	2836	2838	8128	1		
2021-03-02 05:59:37	0	0	0	0	1	150	2837	2833	8128	1		
2021-03-02 05:59:37	0	0	0	0	1	150	2834	2834	8128	1		
2021-03-02 05:59:37	0	0	0	0	1	150	2834	2833	28345	1		
2021-03-02 05:59:37	0	0	0	0	1	150	2835	2832	28345	1	0	1
2021-03-02 05:59:38	0	0	0	0	1	150	2833	2832	28345	1		
2021-03-02 05:59:38	0	0	0	0	1	150	2833	2833	28345	1		
2021-03-02 05:59:38	0	0	0	0	1	150	2830	2830	28345	1		
2021-03-02 05:59:38	0	0	0	0	1	150	2830	2828	28345	1	0	1
2021-03-02 05:59:38	0	0	0	0	1	150	2830	2829	28345	1		
2021-03-02 05:59:38	0	0	0	0	1	150	2828	2828	28345	1		
2021-03-02 05:59:38	0	0	0	0	1	150	2830	2826	28388	1		
2021-03-02 05:59:38	0	0	0	0	1	149	2828	2828	28388	1	0	1

图 2-65 微机事件记录数据

3）根据数据分析结果,如果微机数据未采样到故障轴电动机转速,则重点排查故障轴电动机速度传感器插头及连接线,并更换故障轴电动机速度传感器。如果微机数据采样到电动机转速,则重点排查主变流柜机箱上电动机信号板或电动机控制板(MCC)。

4）故障处理完需在库内自走行试验故障是否消失,无动车条件的机车可给小牵引力顶钩来检查故障轴电动机的速度是否正常。

3. 案例小结

为了检测电动机的转速,在非传动端安装了测速装置,测速装置由测速齿盘和产生信号的速度传感器组成。测速齿盘采用球墨铸铁,设有 118 个矩形齿。传感器采用高品质速度传感器,双通道,两个通道信号相位差 90°,控制系统通过两路信号的相位差识别电动机的正反向,电动机每转一圈,传感器发出 118 个脉冲信号,转速信号传输到主变流柜用于控制系统对电动机进行控制。

电动机信号板、侧控板的主要功能是:速度信号进行滤波处理;具有三重牵引逆变器输出过电流保护、中间直流电压过电压保护、斩波过电流保护、接地保护;采集三个牵引逆变器机组的所有 IGBT 器件故障信息。通过 AMS 总线把所有的故障信息传递给 SMC 插件进行处理;SMC 操作电动机信号插件产生故障复位信号,可以对电动机信号、网侧信号、脉冲转换进行复位。

当牵引电动机速度信号异常时,系统将封锁此牵引电动机。造成牵引电动机速度反馈信号故障的原因有牵引电动机速度传感器故障、测速齿轮盘故障、速传连接线有破皮接地或者短路/断路故障、电动机信号板或电动机控制板(MCC)故障。可以从这些部件入手排查。

2.8 列车安全运行监控系统

2.8.1 机车信号车载系统

机车信号车载系统由机车信号主机、信号显示器、双路接收线圈等组成，保障机车运行安全为主要目的。机车信号车载系统接收钢轨线路（或环线）中传输的作为行车凭证的机车信号信息，并对此信息进行处理、解调、译码后输出显示给司机，同时输出到监控装置作为控车基本条件，如图2-66所示。

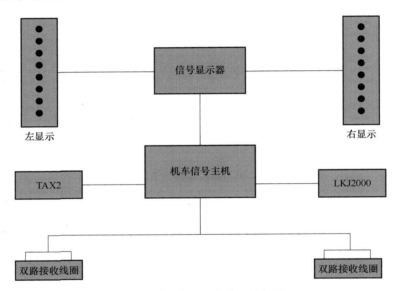

图2-66 机车信号车载系统组成

2.8.2 列车运行监控系统

LKJ2000监控系统主要由主机箱、显示器、事故状态记录器、TAX2型机车安全信息综合监测装置、机车标签、数/模转换盒、速度传感器、压力传感器、机车语音箱以及双针速度表组成（见图2-67）。压力传感器除了检测列车管压力外，还检测机车均衡风缸压力及制动缸压力。在监控装置关机情况下，实际速度指针由数/模转换盒驱动。双针速度表的里程计指示可由监控装置驱动，在安装了数/模转换盒的情况下，也可由数/模转换盒驱动。

1. 监控系统人机界面

LKJ2000监控系统通过安装在司机室的显示器（LKJ2000显示屏）实现人机对话及操作，以曲线、符号和文字形式，显示线路曲线、桥梁、隧道、坡道、信号机种类与显示信息，以及地面信号机、道口、站中心、分相标等设置情况，可显示机车信号信息、实际运行速度、限制速度、距前方信号机距离和实时时钟等，如图2-68所示。

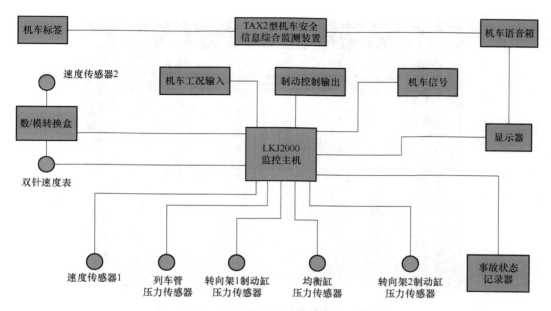

图 2-67　LKJ2000 监控系统的结构

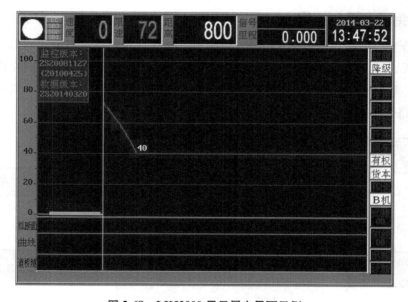

图 2-68　LKJ2000 显示屏主界面示例

2. 设备状态查询方法

同时按压 [查询] 和 [换算] 按键可打开系统信息查询窗口，窗口显示当前 LKJ2000 系统各插件的运行状态以及各软件版本是否匹配等信息，显示原则为：正常（指某个插件正常运行，某个模块无故障，或某个版本正确匹配等）为绿色显示，非正常则以红色醒目显示，如图 2-69 所示。

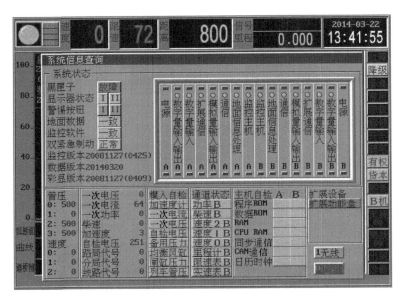

图 2-69　LKJ2000 监控系统信息查询界面示例

2.8.3　机车综合通信设备

机车综合无线通信设备（CIR）主要由主机、操作显示终端（MMI）、打印机与扬声器、送受话器和天线等组成（见图 2-70），具有 GSM-R 语音及数据传输功能，能完成基于 GSM-R 的调度通信、基于 GPRS 的调度命令无线传送、车次号信息传送、列车尾部风压传送以及基于 CSD（电路交换数据业务）的调车监控信息传送业务。

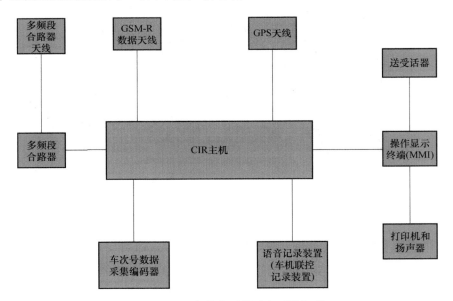

图 2-70　机车综合通信设备系统组成

2.8.4 案例：监控速度信号故障

机车监控系统通过速度传感器采样的轴端转速对机车运行车速进行监控并记录机车运行里程。当机车运行速度超过当前限速时，监控系统会起紧急制动来控制车速。FXD1 型动力车的 1 轴和 4 轴各有一个轴端速度传感器给监控系统提供速度信号。每个轴端速度传感器都有两个通道的速度信号输出。1 轴速度传感器的一个通道给监控主机，一个通道给数/模转换盒。4 轴速度传感器两个通道的速度信号都给监控主机。数/模转换盒将数字信号转换成模拟信号给机械式双针速度表使用，如图 2-71 所示。

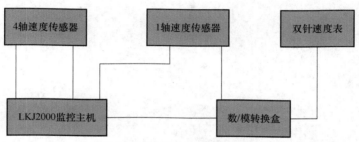

图 2-71　监控速度信号示意图

1. 故障现象

监控速度信号故障将会造成机车监控系统无法获取速度信号而起紧急制动，可以查看制动屏事件记录里有"监控 804 紧急制动"。

2. 处理步骤

（1）机车回库后下载机车微机数据并分析　微机数据事件记录分析重点查看数字量"ATP 紧急制动"、大闸位置、模拟量列车管风压等。从数据中可以看到 ATP 紧急制动高电平，列车管迅速由 600kPa 掉到 0kPa，说明是监控紧急制动施加，如图 2-72 所示。

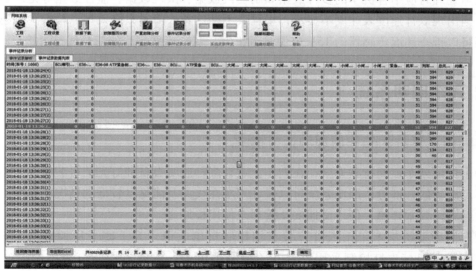

图 2-72　事件记录 ATP 紧急制动

（2）下载监控数据并分析　重点查看故障时间点、监控限速及机车运行速度。红线为监控限速，绿线为机车运行速度。机车速度异常将导致监控排空列车管停车，如图2-73所示。

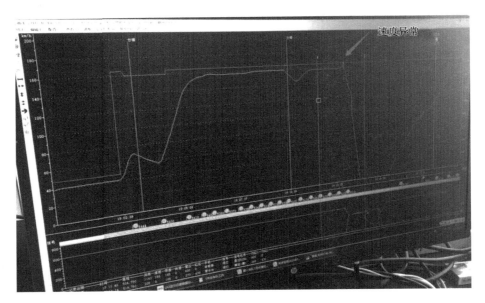

图 2-73　监控数据记录

（3）重点检查项目　重点检查1、4轴速度传感器及连接线，每个轴端速度传感器都有两个通道的速度信号输出，每个通道的速度信号都需要检查。将速度传感器拆下来用手摇旋转的同时查看监控屏及双针速度表的速度显示来判断。

3. 案例小结

故障处理时应结合机车的多种数据如制动机数据、微机数据、监控数据等记录进行综合判断。当出现双针速度表速度不显示，里程表不动这类故障时只需要重点检查1轴速度传感器。还可以排查速度传感器的15V电源是否正常，双针速度表后的信号线是否接反。

2.9　列车照明系统

2.9.1　照明系统的工作原理和运行模式

为了保证列车夜间行驶安全，在列车上装有多种照明设备和灯光信号装置。它们已成为列车不可缺少的一部分。照明系统可以保证列车在夜间及能见度较低的情况下安全、高速行驶，改善车内驾乘环境，便于交通安全管理及使用检修。

列车照明系统基本采用扳键开关直接控制灯组电源。为了便于从控车（非操作节）标志灯的控制，标志灯控制采用扳键开关控制继电器，继电器控制灯组电源，如图2-74所示。

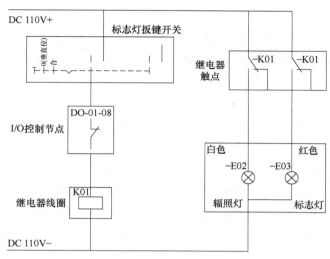

图 2-74　标志灯控制简图

2.9.2　照明系统的组成及主要部件简介

1. 照明系统的组成

列车照明系统由电源、照明装置及控制部分组成。控制部分包括灯光开关、继电器等。照明装置包括车外照明、车内照明和工作照明 3 个部分。

1）车外照明装置包括头灯、标辅灯组等。
2）车内照明装置包括司机室灯、机械间灯、仪表灯、记点灯、地脚灯等。
3）工作照明包括低压柜灯、底架行灯等。

2. 主要部件简介

（1）头灯　头灯也称为前照灯，用于夜间行车时照亮前方轨道，包括弱光灯和强光灯。FXD1 型动力车配备可偏转头灯，头灯控制器根据从 TAX 箱采样的线路信息在弯道上自动偏转为司机提供更好的视野。

（2）标辅灯组　标辅灯组将辅照灯与标志灯整合在一起，辅照灯在夜间及能见度较低的情况下提供辅助照明，标志灯为信号警示装置，如图 2-75 所示。

图 2-75　头灯、标辅灯组

2.9.3　案例：机车退乘电路造成控制电路不断电

机车退乘照明系统电源直接从控制蓄电池处引电，采用延时继电器控制司机室和机械间照明。司机断开控制电源退乘或者上车时按压车门处的退乘照明开关即可点亮车内照明。延时继电器工作 5min 后自动断电，车内照明自动关闭。

1. 故障现象

控制电源开关断电的情况下按压退乘照明灯开关后,车内照明灯亮,整车控制电源得电。控制电源开关也无法将机车控制电源断电。延时 5min 后车内照明熄灭,整车控制电源断电。

2. 处理步骤

1)检查控制电源接触器状态,是否得电吸合。如果控制电源接触器得电吸合,则查找接触器线圈电源的来源。

2)如果控制电源接触器未吸合,重点检查退乘照明系统是否串电到控制电源。退乘照明系统给司机室灯、底架照明、机械间照明控制继电器提供 110V 电源。检查司机室灯、底架照明、机械间照明控制继电器线路上的二极管是否击穿或者错线将二极管短路。

3)如二极管击穿短路则更换二极管,错线短路则重新接线。

3. 案例小结

为防止退乘照明系统串电到控制电源,司机室灯、底架照明、机械间照明控制继电器都串有二极管。如图 2-76 所示,如果二极管短路导通,退乘照明系统的 110V 电源将通过短路的二极管、车内照明开关串入控制电源系统,使整车控制电源得电。排查此类故障应借助机车原理图,根据故障现象缩小排查范围。

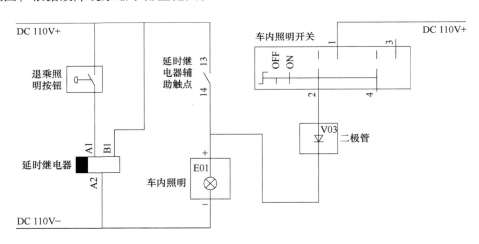

图 2-76 退乘照明电路简图

2.10 机车车载安全防护系统

机车车载安全防护系统(简称 6A 系统)是针对机车的制动系统、防火、高压绝缘、列车供电、走行部、视频等危及安全的重要事项、重点部件和部位,采用实时检测、监视、报警并可实现网络传输、统一固态存储和智能人机界面,整体研究设计而形成平台化的安全防护装置,如图 2-77 所示。

电力机车各系统电气知识 第 2 章

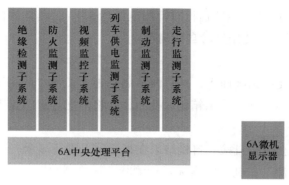

图 2-77 6A 系统组成

2.10.1 绝缘检测子系统

1. 绝缘检测原理

高压绝缘检测箱面板上设置有检测按钮，按下按钮后检测开始（绝缘检测条件必须满足）。如图 2-78 所示，功率部件将 110V 直流电压逆变成 50Hz 的交流检测信号，施加在高压电压互感器的二次绕组上，通过互感器进行升压，对机车高压导电部分电路施加检测电压。随着机车高压绝缘状态的恶化，折算到互感器二边侧的输入功率将迅速增大，功率部件的输出电流也将迅速增大并达到保护值。通过功率部件达到保护值时的输出电压来检测绝缘性能。检测结果在高压绝缘检测箱自带的显示部件上显示，并发送给中央处理平台保存。

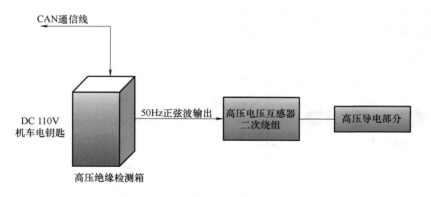

图 2-78 高压绝缘检测原理

2. 车顶绝缘检测功能

1）检测车顶高压部件的绝缘状态。
2）设备自身的短路保护。
3）有网压时自动锁闭检测功能。
4）升弓状态下自动锁闭检测功能。
5）系统配备钥匙开关，控制系统检测功能的启动。
6）车顶绝缘检测设备的自身故障为 1 级。车顶绝缘状态报警为 3 级，绝缘报警门限值：

机车出库时检测电压≥19kV；线路运行时检测电压为 15kV，具体的门限值由各铁路局根据机车运行区段、气候条件、使用经验自行确定。

3. 操作方法

1）先确认操作台无电钥匙插入，再将两节制动柜上 U99"蓝钥匙"拔掉。两把蓝钥匙必须同时插入 6A 柜内高压绝缘检测箱钥匙孔内，并将两把蓝钥匙置于"开"位，绝缘检测箱才能启用。

2）检测箱起动后会进行自检，自检结果在显示屏上进行显示。

3）按下"出库检测"按钮，观察显示检测状态和检测数据。

4）检测结束后，显示屏显示检测结果并进行记录。

5）当检测不通过时，则进行故障查找直到排除故障，再重复以上操作。

4. 安全注意事项

1）升弓前对机车高压绝缘状态进行确认。

2）记录高压绝缘测试数据。

3）防止盲目升弓而引起接触网烧损。

2.10.2 防火监测子系统

1. 防火监测子系统的结构组成

如图 2-79 所示，防火监测子系统由防火监控板卡（AF 板卡）和用于火警探测的智能报警设备组成。智能报警设备包括智能感温探测器、智能感烟探测器、感温电缆、火焰探测器，辅助设备包括探测器底座、智能监视模块、智能监视模块盒、感温电缆中间盒和感温电缆终端盒组成。

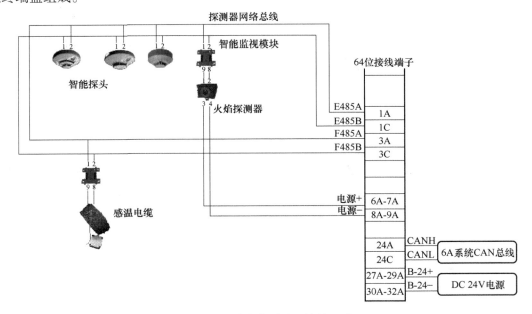

图 2-79 防火监测子系统的组成

2. 防火监测子系统的主要部件

（1）防火监控板卡（AF 板卡）　防火监控板卡前面板具备 1 个 DB9 调试接口、1 个复位按钮和 8 个状态指示灯，可以通过防火监控板卡前面板的 D1~D8 指示灯判断系统工作状态是否正常，如图 2-80 所示。防火监控板卡前面板状态指示灯的定义见表 2-16。

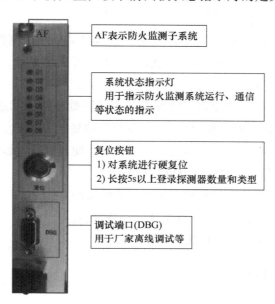

图 2-80　防火监控板卡前面板说明

表 2-16　防火监控板卡前面板状态指示灯的定义

指示灯	名称	颜色	含义	工作状态
D1	电源	绿色	DC 24V 供电	常亮
D2	运行	绿色	运行指示	秒闪
D3	通信	绿色	与 CPP 通信指示	常灭，收发数据时闪烁
D4	自检	黄色	自检指示	常灭，故障时常亮
D5	报警	红色	报警指示	常灭，报警时常亮
D6	RX	绿色	探测器网络数据接收	常灭，接收数据时闪烁
D7	TX	绿色	探测器网络数据发送	常灭，发送数据时闪烁
D8	预留	绿色		

（2）点型光电感温火灾探测器　点型光电感温火灾探测器对保护区域的温度进行探测，当温度上升至 90℃时，防火监控板卡判断探测器并报警。此类型探测器具有以下特点：

1）数字化脉冲宽度传输，抗干扰性能强。
2）双十进制拨码开关。
3）双发光二极管，360°可见。
4）设有磁铁测试，便于现场火警模拟测试。

5）类型识别方法：指示灯对应位置边缘贴有红色标签。

3. 防火监测子系统的调试流程及注意事项

1）6A 系统上电前，先确认各部分连接正确，并将系统调至调试状态。

2）在"系统设置"→"防火信息"内确认探测器地址、位置、与视频联动通道按不同车型设置，并与技术协议内要求一致。

3）登录功能测试：长按复位按钮 5s 以上，板卡自动登录探测器。登录后，在 6A 显示屏"监控数据"→"防火"显示出本机车安装的防火报警系统设备，各设备均在正常监控状态（图标均为黑底绿色图标）。

4）报警功能测试：令任意探测器触发报警，使其处于报警状态，板卡 D5 灯常亮。报警后，防火探头报警锁定（处于报警状态），需要手动复位才能恢复。

5）离线功能测试：将任意探测器自底座上摘下，使其处于离线状态，板卡 D4 灯常亮。离线后，将探测器重新安装，离线故障可自动消除。

6）复位测试包括屏幕软复位和板卡前面板硬件按钮复位。

① 按 6A 显示屏上"防火复位"软按钮，系统复位。

② 按板卡前面板"复位"硬件按钮，系统复位。

2.10.3 视频监控子系统

1. 系统结构和用途

如图 2-81 所示，视频监控子系统机车自动视频监控及记录子系统（Ydvs-01 型）通过安装在车前、车后、车内等部位的多路摄像头，使司机能及时了解机车内外的情况，并对机车的运行状态进行图像记录，能提供多种数据下载方式，对历史视频图像进行回放，视频图像上叠加监测部位、车次、机车号、时间、公里标、速度和火灾报警信息等。所有摄像头通过线缆接至视频图像采集卡，视频图像采集卡通过以太网对视频图像进行处理。

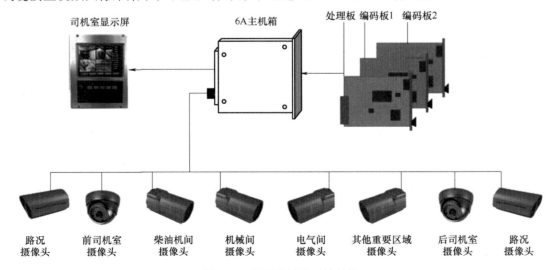

图 2-81 视频监控子系统结构

2. 数据下载

Ydvs-01 型视频处理板卡（AV3 板卡）面板上提供了两个 USB2.0 接口，可连接 U 盘、移动硬盘等存储介质，提供快速无人值守的下载方式（只支持加密 USB 存储介质自动下载）。

1）将已加密的 USB 存储介质连接到视频处理板卡（AV3 板卡）面板的任意一个 USB 接口，若是移动硬盘，可能存在单一 USB 接口电流不足的情况，可用 1 对 2 的移动硬盘 USB 电缆同时连接 AV3 板卡面板的两个 USB 接口。

2）等待数秒，视频处理板卡（AV3 板卡）面板的 D7 指示灯开始闪烁，即开始将数据下载到 USB 存储介质内。

3）数据下载范围可设置下载通道数量、起始时间和下载时间长度，下载时间长度以小时为单位。

4）下载完成后，视频处理板卡（AV3 板卡）面板的 D7 指示灯会自动熄灭，此时可直接拔掉 USB 存储介质，完成一次数据下载。

2.10.4 列车供电监测子系统

1. 列车供电监测子系统的结构及原理

如图 2-82 所示，列车供电监测板卡安装在 6A 系统的主机箱内，列车供电柜采集列车供电系统的各种原始信息后形成设备级诊断信息，为系统诊断提供参考。列车供电控制柜可以向监测子系统提供电压、半电压、电流、初步的故障信息。漏电流检测模块在正负供电干线的接地线上串联一个电流传感器，所有设备的对地漏电流都会流经这一节点，由此可以检测列车供电系统的漏电流值。列车供电监测板卡与列车供电控制板通信，获得列车供电监测系统当前的电压、电流信息，并与中央处理平台提供的信息融合、诊断，产生的诊断信息提供给中央处理平台。列车供电监测板卡通过 485 总线与漏电流检测模块通信，获得系统的漏电流值。列车供电监测板卡通过 CAN 总线与中央处理平台通信。

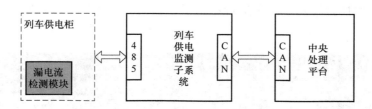

图 2-82 列车供电监测系统的结构

2. 列车供电监测子系统的功能

列车供电监测子系统的功能包括：漏电显示，供电统计，定时保存列车供电柜的运行状态信息，输出电压波动时列车供电柜运行状态信息保存，列车供电柜内部故障监测，列车供电监测只记录不报警。

2.10.5 制动监测子系统

1. 制动监测子系统的主要参数

制动监测子系统的主要参数包括总列车管压力、当前流量、停放缸压力、列车管压力、均衡缸压力、列车辆数、贯通辆数等。这些参数均可通过 6A 显示屏上"监控数据"→"制动"路径查询。

2. 制动监测子系统的检查步骤

1）在 6A 显示屏界面上，单击"监控数据"→"制动"，进入机车空气制动监测界面，如图 2-83 所示。

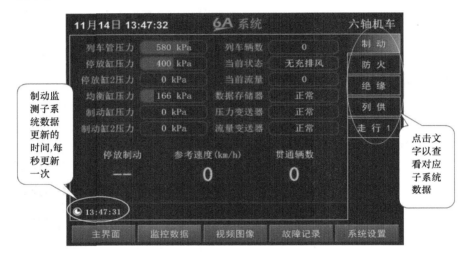

图 2-83 机车空气制动监测界面

2）停放制动非正常施加监测模块。机车速度大于 5km/h、停放缸压力小于 370kPa 时，制动监测界面报告停放制动意外施加（见图 2-84）。机车速度降为 0km/h 时，制动监测界面停放制动意外施加报警解除。机车运行状态下，司机严禁切除停放缸塞门（例如 CCBII 的 B40.06）。

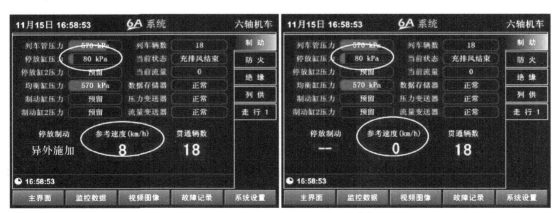

图 2-84 制动监测界面报告停放制动意外施加

3）折角塞门关闭监测模块。可查询到正常充排风过程中列车管的贯通情况，如图 2-85 所示。

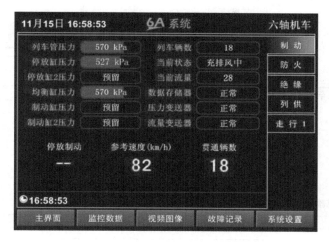

图 2-85　正常充排风时列车管的贯通情况

2.10.6　走行监测子系统

1. 走行监测子系统的工作原理

动力车走形监测子系统采用先进的共振解调检测技术，对动力车走行部关键的轴承、齿轮的状态进行检测和诊断，给出故障的类别，确定部件使用是否安全，实现走行部安全监控和维修的科学管理。其主要用于动力车走行部牵引电动机、轴箱轴承、驱动轴承和传动齿轮等部件的不分解故障诊断，如图 2-86 所示。

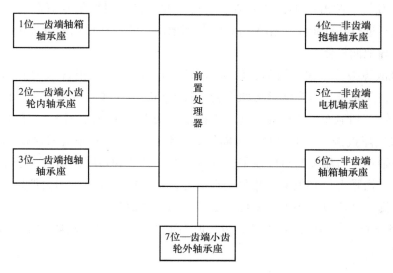

图 2-86　走行部监测探头在驱动单元上的分布

如图 2-87 所示，温度传感器用来测量环境温度，通过线缆直接接至走行部监测板卡 1，每条车轴共安装 6 个复合传感器，通过接线盒接至走行部监测板卡 1，走行部监测板卡 1 安装在 6A 系统的主机箱内，走行部监测板卡通过 CAN 总线与中央处理平台通信。

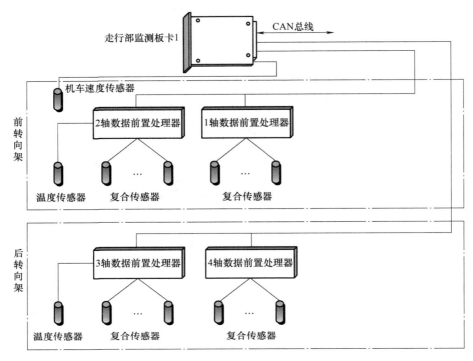

图 2-87　走行部监测信号传输示意图

2. 报警级别

（1）故障预警　冲击检测、诊断结果达到"冲击检测报警限制值标准"的故障预警标准时，子系统不进行在线提示，相关信息转存到地面系统后在地面系统提示，用以引导关注故障部件和指导地面检修。

（2）Ⅰ级故障报警　冲击检测、诊断结果达到"冲击检测报警限制值标准"的Ⅰ级故障报警标准时，子系统进行在线警告级报警，提醒司乘人员关注故障部件，但不影响正常行车，相关信息转存到地面系统后在地面系统提示，用以指导地面检修，应该排除部件故障。

（3）Ⅱ级故障报警　冲击检测、诊断结果达到"冲击检测报警限制值标准"的Ⅱ级故障报警标准，轴承绝对温度超过限制值，或者温升达到或超过限制值时，子系统进行在线严重警告级报警，司乘人员必须采取相关处理措施，甚至中途停车，相关信息转存到地面系统后在地面系统提示，用以指导地面检修，必须排除部件故障。

（4）报警类型　其指明报警类别，包含但不限于轴承报警（故障冲击、温度）、齿轮报警、踏面报警。

2.10.7　案例：6A 视频子系统故障处理方法

故障现象 1：D1（电源）指示灯不亮，6A 主机其余板卡电源指示灯正常。

检查步骤如下：

1）检查本板卡插入主机机箱是否到位。

2）如果本板卡其他指示灯都熄灭，板卡电源故障。

3）关闭主机电源，更换板卡。

故障现象 2：音视频显示终端报摄像头故障。

检查步骤如下：

1）检查所报通道摄像头电源连接器、视频连接器是否松脱。

2）检查 6A 主机接线屏对应的视频连接器和电源连接器是否松脱。

3）检查对应连接电缆是否短路或断路。

4）以上检查内容均正常，则对应通道摄像头故障。

5）关闭主机电源，更换摄像头。

故障现象 3：音视频显示终端报硬盘故障。

检查步骤如下：

1）检查硬盘锁锁口是否在平行于面板方向，若不在平行方向，则需要重新处理。

2）检查 AV3 板卡 D8（硬盘电源）指示灯是否正常。

3）用专用钥匙打开 AV3 板卡上的硬盘锁，拔出硬盘插盒，检查硬盘插盒尾部接口。

4）若上述均正常，则硬盘插盒故障，更换硬盘插盒。

2.11 机车电缆下线制作

2.11.1 下线规范

1）下线前，核实导线的规格型号并进行外观检查，导线外表应平整、均匀，不应有破损、起皱、鼓包及偏心等质量问题。

2）按下线表规定的导线型号和长度下线。若导线长度不够，应松开有关紧固物件，再抽出导线，不应强力抽拉。在下线的拖动过程中，不应伤及导线外绝缘层。

3）应按下线表要求进行下线，截面积小于 $16mm^2$ 的导线，下线长度的误差控制在 $0\sim50mm$；截面积大于或等于 $16mm^2$ 的导线，下线长度的误差控制在 $0\sim30mm$。下线完成后，按下线表中规定的预留长度，做好预留标记。

4）剪线时应先确认好下线长度再进行剪切，导线的剪切面应平整。

5）把下好的导线整理成束，在每根导线两端按顺序套好线号标识，两端的线号标识应一致，套入后线号标识的首位靠近导线的端部，导线标识应扎好，防止其丢失。

6）对于截面积小于 $16mm^2$ 的导线，线号标识位置距离导线端部不大于 300mm；对于截面积大于或等于 $16mm^2$ 的导线，线号标识位置距离导线端部不大于 100mm。

7）对于截面积大于或等于 $16mm^2$ 的导线，若采用热缩线号套管且在下线过程中需要进行吹缩的，吹缩后表面应光滑、不起皱。

8）对于截面积小于 16mm² 的导线，应在距离不大于 1500mm 处进行绑扎，并捆扎成卷。绑扎效果如图 2-88 所示。

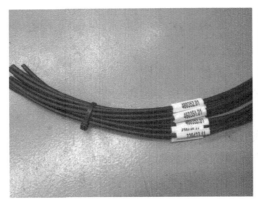 

图 2-88 绑扎效果

2.11.2 下线前准备

下线前作业人员要熟悉文件要求，掌握各种剪线工具及相关工装设备的性能、使用方法和使用范围。对要加工的电缆应核实其规格型号并进行外观检查。电缆线外表应平整、均匀，如发现电缆线外表面有破损、鼓包及偏心等质量问题，应立即停止作业，并及时向质检部门反映解决。

2.11.3 电缆压接

1. 接线端子分类

接线端子压接形状改变应考虑压接筒差异，接线端子主要有管状接头、绝缘套筒接线端子、封闭式裸铜管接线端子、插芯四类。

2. 端子压接形式

压接形式由压接模具的外形决定。对于线芯截面积为 10mm² 及以上电缆端子的压接，压接外形分为坑压型和围压型。

3. 管状接头压接

根据导线的线径选择相应的管状接头，接头表面不应有毛刺、锐边、裂纹或扭曲、明显变形等外观缺陷。压接后，导线线芯应与铜管开口处平齐，若不平齐应剪掉多余的导线线芯。采用带有绝缘层的管状接头压接时，应将导线绝缘层塞进管状接头绝缘层内，不应漏芯；采用不带绝缘层的管状接头压接时，导线绝缘层处线芯裸露不超过所接设备绝缘平面。

4. 绝缘套筒接线端子压接

绝缘套筒接线端子适用于电缆截面积小于 10mm² 的电缆，包括 FOT 电缆、FUT 线环、母预绝缘接头等。绝缘套筒接线端子规格、电缆规格和压接钳钳口规格（档位）应一致，端子本身不应出现裂缝或其他损伤，如有损伤不能使用。压接时，应同时压接护套，压接后压接齿印应距离护套边缘 1~1.5mm。压接绝缘套筒接线端子的前端部，同时保证电缆绝缘层不应伸入接线端子的压接区域内，压接后导线绝缘层应进入压接端子绝缘护套内，端子尾部不应有线芯露出，压接后导线线芯伸出接线头铜管的长度为 1~2mm。

5. 裸铜管接线端子压接

裸铜管接线端子适用于线芯截面积大于或等于 10mm² 的电缆。压接方式一般采用坑压和围压。根据导线的截面积及工艺文件要求，选择相应型号的接线端子，接线端子本身不应有毛刺、锐边、裂纹或扭曲、明显变形等外观缺陷。压接前，将端子套入裸露线芯，应确保电缆剥线部分插接到位后再开始压接。对于有观察孔的电缆，应保证从观察孔观察到线芯且线芯不应穿出观察孔。压接后压接齿印应位于接线端子压接区域的中间位置。压接后不能出现裂纹，圆管接头尾部和电缆护套之间裸露的线芯应使用适当规格的热缩套管进行保护，热缩套管不应超过端子尾端压接面的弧面，热缩套管均匀吹缩后表面光滑、不起皱，然后在接线头远端靠近热缩套管端吹缩线号标识。对于不同截面积的端子，压接后线芯裸露长度及热缩套管长度均应按表 2-17 要求。

表 2-17 不同截面积的端子压接后线芯裸露长度及热缩套管长度

线径（截面积）/mm²	压接后线芯裸露长度/mm	热缩套管长度/mm
10	<2	30~35
16	<2	35~40
35	<2	35~40
50	<2	40~50
70	<2	40~50
95	<3	40~50
120	<3	70~80
150	<3	70~80
185	<3	80~90
240	<3	80~90

6. 插芯压接

插芯压接分为闭式压接筒普通插芯压接和开式压接筒接线端子的压接。插芯压接的通用要求如下：

1）插芯规格、电缆规格和压接钳钳口规格（档位）应一致。

2）压接前后插芯的防脱倒刺完好无缺。

3）保持插芯与导体的清洁。

（1）闭式压接筒普通插芯压接 剪线后应保证线芯端部平齐，剥线时不应断股，将剥好的线芯按原来合股的方向适度拧紧，插入接线端子圆筒部位直至底端，可以在插芯观察孔检查线芯是否插接到位。对于通孔的插芯，将电缆剥皮后伸入插芯压接筒，电缆伸出压接筒 1~2mm。使用风动压接装置（压接钳的工作风压应保证 550~600kPa）进行插芯压接接线端子后端部，不应压在观察孔上，压接点应有四点或四点以上，对于压紧状态可以保持的压接工具，应保持压紧状态 1s 以上，使插芯变形充分。为保证压接性能可靠，剥线长度应根据接线端子规格型号来确定，压接后导线绝缘层与插芯尾部的间隙不应超过 1mm。

（2）开式压接筒接线端子的压接　将按规定要求剥好的线芯按原来合股的方向适度拧紧，插入接线端子压接筒部位，线芯伸出接线端子压接区域的长度在 1~2mm 内。应保证电缆导体与压接筒区域良好接触，确认此区域内电缆按要求剥除了绝缘层、塑料薄膜等其他绝缘材料。

7. 压接后检查

压接后按以下要求对压接件和电缆进行检查：

1）压接件的变形只应是由压接工具压头压出的压痕，而压接件本身不应出现弯曲、扭曲等变形。

2）压接件不应有锈蚀等损伤。

3）压接后的接线端子不应有非预期的锐边、金属剥脱、毛刺、镀层损伤或切口等。

4）导线绝缘层不应有破坏、损伤、烧焦。

5）导线线芯不应有折断、刻痕或基体金属外露。

6）当有观察孔时，从检查孔应能看到导线线芯。

7）不应有不足压接（压接部位导线松动）和过分压接（压接部位导线有因压接形成的断头或有畸形）。

2.11.4　案例：机车下线制作失效

案例剖析：HXD1 型（深度国产化）机车组装过程中发现线号打印不居中，如图 2-89 所示，经普查发现已完成组装的 14 台车均存在同样的问题，其中 4 台车已完成布线工作。此次问题造成约 3 万片线号套管报废，约 20 人进行为期一周的返工，对生产进程造成极其不良影响。

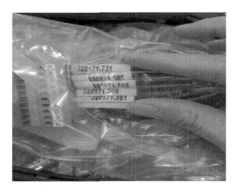
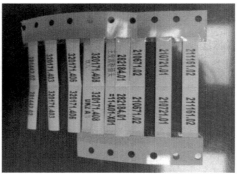

图 2-89　线号打印不居中

对应措施：在作业开工前应先检查线号套管原材料是否合格，打印机能否正常作业，要熟知该工序的工艺质量要求，在线号打印过程中要寸步不离地待在打印机旁，边打印边检查打印出来的线号套管是否有打印偏移、模糊、断针等不合格现象,发现异常应立即停止打印,待异常现象处理完毕再继续打印。

2.12　机车电缆布线制作

2.12.1　布线前准备

1) 作业人员要携带相关工艺文件、专用工具,熟悉相关部件的名称和位置以及布线路径。

2) 布线前,应先清除线槽、线管中的油、水或焊熘等其他杂物,无固定线槽的布线区域应铺设胶皮或其他被允许使用的防护物。

3) 在布线路径中的线槽、线管和金属隔板的孔、口以及出线的边缘处应精整,且先采取防护措施,防止磨线和伤线。

4) 在布线路径中需要通过的扎线杆、板或电缆支架的各棱角处应对电缆进行隔离防护,扎线杆应全部用防护材料进行叠绕。

5) 轨道交通装备车外及底架电气部件所有电缆入口应使用出线环或采用防水措施,其防护等级应符合技术要求。

2.12.2　电缆敷设

1) 按照 GB/T 34571—2017《轨道交通:机车车辆布线规则》的规定,电缆根据 EMC 类别分为 A、B、C 三类,不同种类的电缆应尽量保持单独敷设,尤其是行车安全装置及信号发生器和数据总线线路电缆等。

2) 电缆的弯曲半径应符合 GB/T 34571—2017 规定:当电缆外径不大于 20mm 时,电缆敷设的最小弯曲半径不小于电缆外径的 3 倍;当电缆外径大于 20mm 时,电缆敷设的最小弯曲半径不小于电缆外径的 5 倍。屏蔽电缆敷设的最小弯曲半径不宜小于电缆外径的 10 倍。特殊情况下应满足相关设计技术要求。

3) 布线应远离发热器件。发热温度在 100℃ 以内的器件,电线与之距离应保持在 20mm 以上;发热在 100~300℃ 的器件,电线与之距离应保持在 30mm 以上;发热在 300℃ 以上的器件,电线与之距离应保持在 80mm 以上。如有防火隔热措施,应以隔热部位的最高温度考虑,安全距离达不到此距离时,可以通过隔热方式解决。

4) 穿入线管或密封腔体的电缆,外径面积之和不应超过内孔横截面积的 70%(一根电缆除外)。

5) 根据布线路径复杂程度,不同方向敷设的电缆应对线束进行固定。线槽内布线,不应超过 300mm,用尼龙扎带环绕绑扎固定;外部布线,水平方向不应超过 300mm 并用尼龙扎带环绕绑扎固定,垂直方向不应超过 500mm 并用尼龙扎带环绕绑扎固定。在槽端部进行固定,终端固定点离最近固定点之间的距离应保持 150~200mm,特殊情况下应符合相关设计技术要求。

6）不在管道或槽内敷设的电缆，应用机械固定附件来确保安全可靠，具体内容按照 GB/T 34571—2017 相关规定执行。特殊电缆应按照电缆制造商规定执行。

7）运行中会发生位移的两个支点之间的电缆应有预留量，用以保证轨道机车车辆通过最小半径及发生相对运动时电缆不受到拉力。

8）槽内或外部敷设的线束应理顺、理直，尽量避免缠绕、明显的松散及多余弯曲，并清除杂物。

2.12.3 案例：机车布线失效

案例剖析：某电力机车运行时车顶电压互感器接线盒发生炸裂，经分析，事故原因是接线盒进水导致内部电路短路，最终发生炸裂事故，如图 2-90 所示。

图 2-90 电压互感器烧损

布线时，电压互感器接线盒进线孔使用其自带的电缆旋紧件，而电缆保护软管无法穿入电缆旋紧件，导致接线盒没有得到有效的防水处理，如图 2-91 所示。

 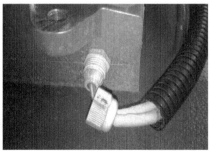

图 2-91 进线孔未达到密封效果

对应措施：拆除接线盒自带的电缆旋紧件，更换密封性能良好且可与电缆保护软管对接的 NVNV 管接头，安装 NVNV 管接头时在其螺纹上涂密封胶，并在管接头尾部到软管之间吹热缩套管。

2.13 机车电缆接线制作

2.13.1 接线前准备

1) 准备相应的接线工具及配件。
2) 清点接线部位导线总数及线号是否与图样或接线工序卡一致,防止误接和错接。
3) 每根导线应有清晰的线号或标识,发现线号不清晰、线号套管规格错误、无线号套管或手写线号应及时补充和更换。

2.13.2 剪线与剥线

1. 剪线

1) 剪线前,应先将导线预布一次,考虑扎线时导线的路径及弯曲要求,以不使接头承受拉力为原则。
2) 若导线长度不够,应松开有关紧固物件,再抽出导线,严禁强力抽拉。
3) 标称截面积小于或等于 $16mm^2$ 的单芯或多芯导线剪切后,在每一端应留有足够的备用长度以便可以进行至少 3 次的重新端接。标称截面积大于 $16mm^2$ 的导线剪切后,在每一端应留有足够的备用长度以便可以进行至少 1 次的重新端接。

2. 剥线

1) 正确使用剥线钳,对于不同规格导线应使用不同的钳口。
2) 剥线时,导线端部绝缘护套层及填充物应剥除干净,不应断股、损伤线芯及绝缘层。
3) 导线剥线后绝缘层应平齐。
4) 屏蔽电缆剥离外层绝缘护套时,屏蔽层不应出现损伤。
5) 剥线长度应根据接线端子的品牌及型号确定,符合工艺文件要求。

2.13.3 接线规范

1. 接线通用要求

1) 接线前准备相应的接线工具及配件。
2) 接线前应清点接线部位导线总数及线号是否和图样或接线工序卡一致,防止误接和错接。
3) 每根导线应有清晰的线号,发现线号不清晰、无线号套管或手写线号应及时补充和更换。
4) 接插件对接时,应确认插头和插座的型号、代码及插针和插孔材料是否一致(颜色是否统一即全部为金色或银色)。
5) 导体接触面如接线头底面、接线板、垫板应平整、无毛刺且表面清洁,接线头导电部件之间不应使用垫圈及任何中间件。

6）导线接头、裸铜带电部件相互之间及对地应有足够的电气间隙和爬电距离，如果空间不能满足规定要求值，则需要对导电体进行绝缘。

7）标称截面积小于或等于 $16mm^2$ 的单芯或多芯导线剪切后，在每一端应留有足够的备用长度以便进行至少 3 次的重新端接。

8）导线标称截面积小于 $16mm^2$ 时，每个接线座上接线不应超过 4 根，同一方向上的接线头不应超过两个；采用插节式端子（如 LT22 型）时，每个接线座上接线不应超过两根。导线标称截面积大于或等于 $16mm^2$ 时，每个接线座上接线不应超过两根。

9）蓄电池组等可能引起电击的带电体，在导线连接前应按 GB/T 21414—2021《轨道交通：机车车辆、电气隐患防护的规定》的相关规定将带电体和外部连接隔离或采取绝缘措施，避免直接接触或引起短路以及其他事故。

10）导体连接应紧固良好，无松动、脱落、螺母滑扣等问题。

11）两接线端子间导线不应剪接。

12）除备用以外的所有导体（包括用作保护性接地的不载流导体）两端均应有终端。无终端的备用导体，在尾部应做绝缘包扎处理。

13）备用导线应固定在相对应的电器设备区间内，保留导线长度以不影响其所处空间和电气性能为原则。

14）作业时不应将异物残留在各电器设备如牵引电动机、蓄电池等内部。

2. 插拔式接线端子接线要求

1）导线插入端子排底部，线芯不应散股。

2）接线完成后，在侧面平视端子排，导线应无露芯，如图 2-92 所示。

3）轻压导线使其朝一侧弯曲，可在端子排圆形插孔内观察到线芯，导线不应有毛刺且绝缘层不应被弹片压住，如图 2-93 所示。接线完成后用手轻拉导线，无松动现象。

图 2-92 端子接线

图 2-93 端子接线无毛刺

4）短接片插入跨接位时，应用力压到底，不应将短接片只插入 1/2，如图 2-94 所示。不应将短接片切开使用。

3. 弹片式接线端子接线要求

1）接线完成后，弹片不应压在导线绝缘层。

2）接线完成后，导线线芯裸露部分不超过所接设备绝缘平面，如图 2-95 所示。

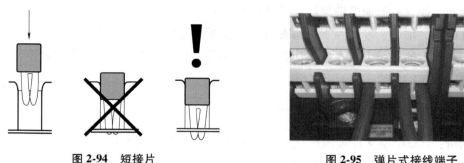

图 2-94　短接片　　　　　　　　图 2-95　弹片式接线端子

3）接线位置弹片采用螺栓紧固时，紧固力矩应符合 TB/T 3246.7—2010《机车车辆及其零部件设计准则：螺栓连接　第 7 部分　安装》的相关规定。

4）标称截面积较小的导线接线时，如果无法被弹片压住，可将导线线芯对折后进行接线。

4. 屏蔽层引出要求

（1）对接冷压方式　端子冷压后，绝缘套筒端子的前端部，线芯露出部分不应超过 1mm。端子接头表面不应有毛刺、锐边、裂纹或扭曲等外观缺陷。引出的屏蔽层应用热缩套管将端子尾部进行吹缩，同时要求套管吹缩后平整、光滑、美观。

（2）焊锡环加热对接方式　焊锡环在进行吹缩时，应均匀吹缩，不应单侧局部吹缩，以免焊锡环局部过热，吹缩温度根据不同厂家的要求执行。在屏蔽层和焊锡环的表面应套一层热缩套管，套管长度跟屏蔽层和焊锡环的总长一致。

（3）屏蔽层端部裸露夹接方式　接线时，压紧片不应压在导线绝缘层部位。

5. 连接器制作要求

（1）普通插芯连接器　剥好的线芯应按原来合股的方向适度拧紧，插入接线端子圆筒部位直至底端，可以在接线端子观察孔检查线芯是否插接到位。在每一根导线插接后，应往回轻拉导线自检，以免缩针现象的发生。

（2）RJ-45 连接器　EIA/TIA-568 规定了两种网络导线接头的连接方法，连接方法如图 2-96 所示。图中上方的折线表示这两根针脚连接的是一对双绞线。

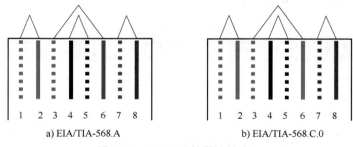

a) EIA/TIA-568.A　　　　　　　　b) EIA/TIA-568.C.0

图 2-96　RJ-45 连接器连接方法

RJ-45 连接器制作完成后，使用网线测试仪或校线器进行通断测试及故障检测。

（3）焊接连接器　每个焊点的重复焊接次数不应超过 3 次。焊接时导线绝缘层端面与焊杯间隙不超过 1mm。从烙铁移开焊点到焊锡完全凝固的过程中，导线线芯和连接器不应有抖动或移动。焊料与焊剂应满足产品设计技术要求，焊点的形状应饱满、有光泽、均匀一致，不应有锡尖、堆锡、导体浮于焊锡表面、焊锡烫伤线芯等不良现象。不应出现虚焊，焊点应牢固，在规定的耐拉力下不应损伤和脱开。每根线的焊接部分应套有绝缘套管，套管长度要大于导电部位的长度。

2.13.4 案例：机车接线失效

案例剖析：HXD1 型（深度国产化）机车出库过程发现 A 节微机显示屏检测不到网压，登车检查发现高压互感器接线盒内 110132.01 电缆脱出，所接 12 根电缆长度大部分为 7~8mm，其中最短为 5.5mm，如 2-97 所示，而所用管状端头型号为 AI1-10RD，长度为 10mm。作业人员在压接管状接头后违规对其进行剪切。

对应措施：高压互感器接线时，管状接头压接后不应剪切管状端子，针对不同品牌及规格的端子排，应确认剥线长度后再进行作业。

图 2-97　电缆压接长度太短

2.14　调试校线耐压作业

2.14.1 校线试验

电力机车校线试验是电力机车例行试验中关键的工序，是电力机车能够正常运行的重要保障。校线工序的试验目的是检查全车接线是否正确。

目前，电力机车校线试验工序要求对电力机车整车进行校线，如复兴号动力集中型动车组动力车校线工序需要对 3000 多个电气线路进行校线，检测其通断状况。在对电力机车进行校线试验时，试验人员需要根据校线工序卡上的校线表逐条进行校对，调试工艺师把机车校线工序卡分为 8 个部分，见表 2-18。

表 2-18　校线工序卡分类

工步号	工步名称	合格标准	工具
1	操纵台部分	参照校线表	数字万用表校线电缆
2	操纵台短接片	参照校线表	
3	司机室除操纵台部分	参照校线表	
4	司机室除操纵台部分	参照校线表	
5	司机室-机械间部分	参照校线表	
6	机械间部分	参照校线表	
7	顶盖部分	参照校线表	
8	底架部分	参照校线表	

1. 传统整车校线方案

传统校线方法主要步骤为:

1) 甲和乙分别持万用表,将 A 表红表笔与 B 表的黑表笔短接(共用)。
2) 丙读首端校线位置号及点位后通知甲,甲进行对应操作。
3) 丙读尾端校线位置号及点位后通知乙,乙进行对应操作。
4) 甲和乙分别用万用表的自由表笔点接线路首端和尾端点位上,听到万用表发出"嘀"声后,甲再用共用表笔接地,此时电阻应该为无穷大。
5) 操作完成后,甲、乙分别示意,该线路校线工作完成。
6) 丙通知甲和乙进行下一线路的检测。

整个校线过程根据表 2-19 校线工序卡逐条校对,如此重复直到校线工序卡上所有线路检测完毕。传统的校线方法效率低,还容易出现传达失误的情况。

表 2-19 校线工序卡(司机室操纵台部分)

序号	线号	位置1	部件1	点位1	位置2	部件2	点位2	备注
1.	450334.01	+111	-M	—	+111.05	=45-A10-X01	5	重联电话接地线
2.	281221.25	+111.01	=28-S186	.4	+111.01	=28-S187	3	停放制动按钮-停放缓解按钮
3.	281221.24	+111.01	=28-S186	.4	+111.01	=28-S186	3	停放制动按钮
4.	281221.26	+111.01	=28-S187	.4	+111.01	=28-S187	3	停放缓解按钮
5.	433733.02	+111.01	=43-H12	X0	+111.03	=81-P01	X2	底架信号系统-门关好指示灯
6.	433732.03	+111.01	=43-H12	X1	+111.01	=43-H12	X2	底架信号系统
7.	280161.91	+111.01	=74-S182	3	+111.03	=74-S183	3	喇叭
8.	280161.05	+111.01	=74-S182	3	+111.24	=92-X111.02	30C	右侧端子排-喇叭
9.	810153.01	+111.01	=81-S12	3	+111.01	=81-S13	2	左门开按钮-左门关按钮
10.	810242.03	+111.01	=81-S13	1	+111.03	=81-S23	2	左门关按钮-右门关按钮
11.	211031.02	+111.02	=21-S02	11	+111.02	=21-S02	21	主断路器扳键
12.	211031.03	+111.02	=21-S02	13	+111.02	=21-S02	21	主断路器扳键
13.	211031.04	+111.02	=21-S02	13	+111.02	=21-S02	23	主断路器扳键
14.	210431.02	+111.02	=21-S03	11	+111.02	=21-S03	21	受电弓扳键
15.	210431.03	+111.02	=21-S03	13	+111.02	=21-S03	21	受电弓扳键
16.	210431.04	+111.02	=21-S03	13	+111.02	=21-S03	23	受电弓扳键

(续)

序号	线号	位置1	部件1	点位1	位置2	部件2	点位2	备注
17.	431521.30	+111.02	=22-S01	11	+111.24	=92-X111.01	8C	右侧端子排-司机控制器
18.	431521.31	+111.02	=22-S01	13	+111.24	=92-X111.01	9C	右侧端子排-司机控制器
19.	220202.01	+111.02	=22-S01	24	+111.24	=92-X111.03	28B	右侧端子排-司机控制器
20.	241121.10	+111.02	=22-S01-X1	1	+111.24	=92-X111.02	14C	右侧端子排-方向手柄
21.	220132.01	+111.02	=22-S01-X1	12	+111.24	=92-X111.02	71B	右侧端子排-方向手柄
22.	220141.01	+111.02	=22-S01-X1	15	+111.24	=92-X111.03	17B	右侧端子排-方向手柄

2. 存在的问题

1）劳动强度大且容易出错。由于电力机车整车校线内容多，校线表长达100页，容易使得操作者眼睛疲劳，导致看错位或看漏行，造成测量结果错误，导致重复测量的返工劳动。

2）易受环境影响。校线过程中，工艺文件完全靠人工读取，沟通时易受外界环境噪声干扰。

3）效率低下。由于需要第3人读工艺文件后分别通知操作的甲、乙2人，等待时间较长，工作效率低。

为此，通过对整车校线过程进行研究，设计了一套既能提高工作效率，又能提高准确性的校线方案，解决了机车整车校线难度大的问题。

3. 校线新方案

校线新方案考虑设计一种校线仪器，通过优化现有校线内容，编程后封装到校线仪器内，减少操作的复杂程度，且能够直接对操作步骤及结果进行显示，取消第3人传达的过程。校线仪器自带接地判断功能，减少每段线路重复判断接地的步骤。

（1）功能特点

1）主、从机采用点对点无线通信，距离大于50m。

2）手持式结构搭配3.5in彩色显示屏，且主、从机同步显示线序、状态、测试结果。

3）采用可充电电池，连续使用时间8h。

4）可通过USB导入线序表格或导出测试数据。

5）测试结果可声光提醒，并可无线WiFi数据传输。

6）支持重启后续测，车型、车号录入。

7）具有休眠待机功能，延长电池续航时间。

（2）设计思路　采用 STM32F429 单片机为主控芯片进行数据处理与控制，SI4332 无线模块负责主、从机间数据通信。

主控芯片发送编码数据通过 SI4332 无线模块点对点无线传输，从机通过 SI4332 无线模块接收到该编码数据交给主控芯片解码然后打包测试结果发回主机。实现主、从机数据交换的同时将测试结果通过显示屏同步显示并进行声光提醒，如图 2-98 所示。

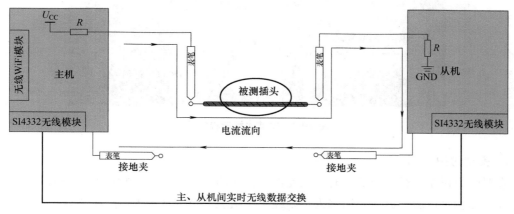

图 2-98　便携式智能校线仪原理示意图

（3）测试原理　当打开主、从机电源时，主、从机将自动配对。同时主、从机显示屏同步显示"正在配对中，请稍后……"，约 2s 可完成配对。配对完成后由主机进行相关参数的录入（包含车型、车号、测试员姓名/工号），从机不具备任何操作权限，全部操作由主机完成。

（4）实施方案　开始测试时，主机（根据屏幕显示的线序图）发出高电位信号，经过表笔与电缆接触后传输到从机。从机识别到此高电平后，立即将数据通过 SI4332 无线模块发送给主机的同时双方显示屏显示测试结果。

（5）声、光、振动提醒　主、从机都设有声、光提醒功能。红色 LED 灯亮表示短路，且插头中间连线开路，同时蜂鸣器长鸣；绿色 LED 灯亮表示测试通过同时蜂鸣器"滴"下；红色、绿色 LED 灯同时亮表示被测线路与机车外壳短路，中间连线正常，同时蜂鸣器断续长鸣；红色、绿色 LED 交替闪烁为断开测试，此时蜂鸣器不提示。

方案针对校线工艺中的校线和接地检测两大步骤进行设计，将工艺文件和检测接地两部分内容集成到校线仪器中，检测点位在校线仪器的屏幕上显示，检测时将主、从机的表笔分别接触该线路首端点位和尾端点位，校线仪器确认线路导通且没有接地后，发出"嘀"的声音，同时在显示屏上显示，如图 2-99 所示。

2.14.2　耐压试验

1. 试验依据

电力机车耐压试验的依据是电力机车原理图以及电力机车例行试验大纲。

图 2-99 便携式智能校线仪

2. 安全防护

在对电力机车进行耐压试验时，只允许两人或两人以上具有试验作业资格的试验人员进行作业，非相关试验、试运和回修人员未经生产组织人员或试验人员许可不得上车。试验中严格实行呼叫应答，一人操控设备的要求。现场作业注意做好场地、机车、人员防护和防尘工作。

3. 试验准备

1）动力车处于单节静置状态，没有接触网或接触网无电。

2）受电弓降下，主断路器断开，控制蓄电池电源关闭。

3）库内供电断开。

4）车体可靠接地。

注意事项：检查各电压等级电路的绝缘时，不在检查范围的电路的电缆应接地。被测试电路中的开关、接触器及继电器将处于闭合或短接状态，尽量使被测电路成为一个完整的电路；由于某些原因不能得到完整电路时，耐压试验可以分段进行，原则上不对电气部件进行耐压试验，避免重复耐压试验；对于已经通过耐压试验的屏柜和电气设备如牵引变流器、辅助逆变器、牵引电动机、辅助设备、电子控制柜、空调系统等，当对整列车进行耐压试验时，将从被测电路上隔离。

4. 柔性母排绝缘距离检查

检查各母排之间及母排对地的绝缘距离，应不小于 32mm。

5. 车顶高压设备的绝缘试验

1）将高压电缆总成的 T 型插头从主变压器上的 A 端子上拆下，把变压器 T 型接头盲堵安装上，放置好并保证在试验过程中不对其他设备放电。

2）拆下车顶避雷器，网侧柜避雷器的连接软连线。

3）拆下高压电压互感器高压端的连接软连线。

4）拆除车顶两个高压电缆总成的高压套管和车顶母排的软连线，断开受电弓与网侧柜电气连接。

5）拆下一次侧电流互感器，短接一次侧电流互感器的 1S1 和 1S2、2S1 和 2S2。

注意：电流互感器二次绕组耐压时必须短接！

6）将主断路器两极短接，接地开关断开（工作位）。

7）用 2.5kV 绝缘测试仪测量车顶及相连接设备的绝缘电阻，电阻值不得小于 100MΩ。

8）对车顶受电弓及相连设备做工频耐压试验，要求试验电压在 5s 内连续上升到 64kV（电压有效值），保持时间为（60±5）s，将电压逐步降到 0，在此过程中不得出现击穿和闪络现象。

9）用 2.5kV 绝缘测试仪测量车顶及相连接设备的绝缘电阻，电阻值不得小于 100MΩ。

6. 网侧柜高压设备及高压电缆总成的绝缘试验

1）用 2.5kV 绝缘测试仪测量网侧柜内设备及相连高压电缆总成的绝缘电阻，电阻值不得小于 100MΩ。

2）对网侧柜内设备及相连高压电缆总成做工频耐压试验，要求试验电压在 5s 内连续上升到 55kV（电压有效值），保持时间为（60±5）s，将电压逐步降到 0，在此过程中不得出现击穿和闪络现象。

3）连接好高压电缆总成的高压套管和车顶母排的软连线。

4）用 2.5kV 绝缘测试仪测量网侧柜内设备及相连高压电缆总成的绝缘电阻，电阻值不得小于 100MΩ。

7. 牵引电动机功率电缆的绝缘试验

1）将牵引电动机的功率电缆及主变流器到辅助变压器一次侧的连接电缆在连接到设备的地方断开连接，用额外的电缆把这些电缆连接到一起，包扎放置好并保证试验过程中不对其他设备放电。

2）用 2.5kV 绝缘测试仪测量牵引电动机的功率电缆及主变流器到辅助变压器一次侧的连接电缆的绝缘电阻，电阻值不得小于 5MΩ。

3）对牵引电动机的功率电缆及主变流器到辅助变压器一次侧的连接电缆做工频耐压试验，要求试验电压在 5s 内连续上升到 7.7kV（电压有效值），保持时间为（60±5）s，将电压逐步降到 0，在此过程中不得出现击穿和闪络现象。

4）用 2.5kV 绝缘测试仪测量牵引电动机的功率电缆及主变流器到辅助变压器一次侧的连接电缆的绝缘电阻，阻值不得小于 5MΩ。

8. 辅助电路电缆及主变压器到列车供电柜连接电缆的绝缘试验

1）将辅助变压器柜二次侧到低压柜的功率电缆，低压柜到各辅助设备的电缆，冷却塔、牵引风机、水泵、主变流器风机、主压缩机、油泵、辅助滤波柜风机、列车供电柜风机、司机室加热、空调、蓄电池充电机、辅助供电柜、库用插座的电缆在屏柜、端子排以及与设备的连接处断开连接，用额外的工具把这些电缆连接到一起，包扎放置好并保证在试验过程中不对其他设备放电。

2）用 500V 绝缘测试仪测量该等级回路电缆的绝缘电阻，电阻值不得小于 5MΩ。

3）对该等级回路电缆做工频耐压试验，要求试验电压在5s内连续上升到3626V（电压有效值），保持时间为（60±5）s，将电压逐步降到0，在此过程中不得出现击穿和闪络现象。

4）用500V绝缘测试仪测量该等级回路电缆的绝缘电阻，电阻值不得小于5MΩ。

5）将列车供电柜到插座的功率电缆、库用动车的电缆在屏柜、端子排以及与设备的连接处断开连接，用额外的工具把这些电缆连接到一起，包扎放置好并保证在试验过程中不对其他设备放电。

6）用500V绝缘测试仪测量该等级回路电缆的绝缘电阻，电阻值不得小于5MΩ。

7）对该等级回路电缆做工频耐压试验，要求试验电压在5s内连续上升到4094V（电压有效值），保持时间为（60±5）s，将电压逐步降到0，在此过程中不得出现击穿和闪络现象。

8）用500V绝缘测试仪测量该等级回路电缆的绝缘电阻，电阻值不得小于5MΩ。

9）将主变压器到列车供电柜的功率电缆，在屏柜、端子排以及与设备的连接处断开连接，用额外的工具把这些电缆连接到一起，包扎放置好并保证在试验过程中不对其他设备放电。

10）用500V绝缘测试仪测量该等级回路电缆的绝缘电阻，电阻值不得小于5MΩ。

11）对该等级回路电缆做工频耐压试验，要求试验电压在5s内连续上升到4854V（电压有效值），保持时间为（60±5）s，将电压逐步降到0，在此过程中不得出现击穿和闪络现象。

12）用500V绝缘测试仪测量该等级回路电缆的绝缘电阻，电阻值不得小于5MΩ。

13）列车供电系统主回路对控制回路使用1000V绝缘测试仪测量（测试仪两极分别连接列车供电系统的控制回路、主回路），电阻值不得小于10MΩ。

9. 230V辅助电路电缆的绝缘试验

1）将230V辅助电路电缆在与设备、屏柜、器件、端子排、连接器以及与它们的连接处断开连接，用额外的工具把这些电缆连接到一起，包扎放置好并保证在试验过程中不对其他设备放电。

2）用500V绝缘测试仪测量该回路电缆的绝缘电阻，电阻值不得小于5MΩ。

3）对该回路电缆做工频耐压试验，要求试验电压5s内连续上升到2064V（电压有效值），保持时间为（60±5）s，将电压逐步降到0，在此过程中不得出现击穿和闪络现象。

4）用500V绝缘测试仪测量该回路电缆的绝缘电阻，电阻值不得小于5MΩ。

10. 控制电路电缆的绝缘试验

1）将司机室操纵台及司机室左柜、右柜移至耐压区域。把所有连接器拆除。拆除司机室IO采集机箱上相连的所有连接器，司机室操纵台所有仪表照明电缆及连接器或电缆在与设备、屏柜、器件、端子排、连接器以及与它们的连接处断开连接，用额外的工具把这些电缆连接到一起，包扎放置好并保证在试验过程中不对其他设备放电。

2）用试验电压为直流500V的绝缘测试仪测量该回路控制电路电缆的绝缘电阻。

3）对该控制电路电缆做工频耐压试验，要求试验电压在5s内连续上升到2064V（电压有效值），保持时间为（60±5）s，将电压逐步降到0，在此过程中不得出现击穿和闪络现象。

4）用试验电压为直流 500V 的绝缘测试仪测量该控制电路电缆的绝缘电阻。

5）确保中央线槽、机车各设备、控制电缆至各室及区域布线完成,将所有连接器或电缆在与设备、屏柜、器件、端子排、连接器以及与它们的连接处断开连接,用额外的工具把这些电缆连接到一起,包扎放置好并保证在试验过程中不对其他设备放电。

注意:屏蔽电缆的屏蔽层不需要做绝缘试验。

11. 信号传输电缆的绝缘试验

把信号(速度、温度、电压、电流等)传输电缆从相应的连接器中拔出,用 500V 电压等级的绝缘测试仪检查电缆各线芯之间及对地之间的电阻,电阻值不得小于 1MΩ。

12. 恢复电气及机械连接

拆下所有的 MVB 插头,打开插头确认 4 根跳线已经断开,两束线的颜色按红白黑黄黄黑白红排列。盖上盖子的插头不要连接到设备上,使用网络校线仪对 MVB 电缆进行测量,将测量数值记录下来。

注意:只能测量长度超过 4.3m 以上的电缆的阻抗,阻抗的误差在 108~109Ω。

2.15 安全用电

2.15.1 电力机车静态试验安全知识

1. 安全标识

为了确保人员安全,避免事故和动力车及某些部件损坏,必须遵守表 2-20 的标识。

表 2-20 安全标识

标识符号	含义	标识符号	含义
 高压危险	高压危险标识,表示存在高压,操作和维修人员应严格遵守安全操作规程	 (电击符号)	电击警示标识,操作和维修人员在未断电的情况下严禁靠近、接触相应产品
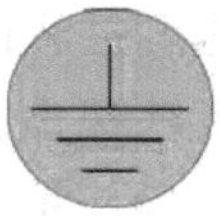 (接地符号)	安全接地标识	 (救援顶符号)	救援顶标识
 (吊车符号)	吊车标识	 (顶车符号)	顶车标识

2. 人身安全注意事项

1)装有心脏起搏器的人禁止进入已起动的动力车。

2）禁止人员在已起动的动力车、内燃动力机械间内停留超过1h。

3）运行期间，动力车内有危险的旋转部件和带电部件，如果在未经允许、操作不正确或维修不够的情况下拆除必要的外盖，这些部件可能导致死亡、严重伤害或部件损坏。

4）接触高压意味着可能发生死亡或严重的人身伤害事故！在对高压设备进行任何工作时，必须通过相应的接地开关将动力车接地！

5）牵引变流器内有大容量电容器，即使动力车已经降落受电弓，这些电容器仍可能在较长时间内带有危险的高压。在对牵引系统进行维护工作前，必须保证牵引系统处于安全状态。

6）如果系统的部件（包括辅助系统电源和蓄电池电源）带电，必须始终佩戴合适的绝缘手套，穿好绝缘鞋。

7）当动力车处于有电的接触网下，受电弓升起时，尽量避免接触带高压的任何屏柜！

8）不要拆除任何辅助电气设备的（保护）外盖！

9）不要触摸任何高压设备。

3. 应急处理注意事项

1）在处理动力车故障时，应保证人身、设备和行车安全。

2）车顶电器设备故障时，严禁盲目闭合主断路器。

3）动力车发生故障时，应避免堵塞区间，短时间内处理无效时，立即请求救援。

4）动力车发生故障后，司乘人员在汇报时应准确提供故障时间、故障代码及故障描述。

5）动力车司机显示屏有故障信息时应及时查看，确保动力车有新故障发生时能及时发现、及时处理。

6）熟悉动力车设备布置，熟练运用各种复位、隔离方法。

7）处理故障时，注意监控蓄电池电量的消耗。

4. 高压联锁

电力动力车专门设置了高压联锁功能。制动柜上设置了一把蓝钥匙，用来控制受电弓的气路。受电弓气路在开通位，蓝钥匙无法拔出，要取出蓝钥匙，首先要保证受电弓在降弓位、主断路器在断开位。旋转蓝钥匙至横位，受电弓气路被切断，拔下蓝钥匙并插入网侧柜下部的高压接地开关，旋转蓝钥匙并将接地开关转换到接地位，此时蓝钥匙无法拔出，可将黄钥匙取出，插入钥匙箱后绿钥匙可被取出。此时，绿钥匙可以打开车顶门、网侧柜门、变流柜门、列车供电柜门。需要特别注意的是，为了确保动力车操作人员及检修人员的安全，严禁在接触网通电状态下打开车顶门。

注意事项如下：

1）本台动力车的高压联锁钥匙只能用于本车，禁止使用其他动力车的钥匙来操作本台动力车的高压联锁。

2）如果使用其他动力车的钥匙来操作本台动力车的高压联锁，有可能发生触电危险或导致接触网跳开，严重时会导致接触网断线。

3) 本车升弓或接入高压前,动力车操作人员需检查和确认绿钥匙所能开启的各个柜门均处于正常锁闭状态,避免高压触电风险。

2.15.2 电力机车动态试验安全知识

1. 电力机车动态调试手册

1) 动态调试时每台车上需正、副司机各 1 人,试验人员 1 人。每次动态调试需检查、验收人员至少各 1 人,交车调度人员 1 人。

2) 试验人员应依据被试机车对应的工艺文件负责机车调试前状态的确认和动态调试项目的检查。

3) 电力机车动态调试应按照机车动态调试工艺文件要求,在机车完成调整试验的全部项目后,经检查人员确认达到动态调试状态后才可动态调试。

4) 动态调试班在接到车间下达的动态调试命令后,由参加本次动态调试的正、副司机提前 1h 对机车进行出库前检查,检查的项目和方法按被试车型的动调工艺文件要求进行。

5) 正、副司机在检查中发现的不良之处确实危及行车安全时,必须向交车调度员汇报并请求处理。如果未能得到处理,司机有权拒绝动态调试。

6) 司机检查确认无危及行车安全隐患后,应告知交车调度员,交车调度员通知铁运部用内燃机车将被试机车牵引上动态调试线。

7) 两台无外重联功能的机车联挂动态调试前应由司机联好紧急制动重联线,两台带有外重联功能的机车联挂动态调试前应由试验人员联好外重联电缆。

8) 机车动态调试前司机必须再次对制动机进行检查并要求试验人员进行主、辅电路接地保护试验。

9) 机车动态调试前司机应低速(小于 25km/h)巡道不少于一次。

10) 司机每次进行换向操作时副司机应进行确认。

11) 进入动态调试线后,司机应按照被试机车的试验工序卡规定的试验方法和试验项目进行试验。特别提出:在运行过程中机车运行速度不得超过线路限速,机车不得升双弓,动态调试人员不得操作道岔,动态调试机车不得擅自开出动态调试线,在动态调试过程中不得关掉监控装置(在检查试验机车备用速度时除外)。

12) 在动态调试过程中副司机应经正司机同意后进行走廊巡视(每次动态调试不得少于 5 次),巡视后应将巡视结果告知正司机。在巡视过程中严禁手触带电体,未经正司机许可不得进入各室处理故障,如遇紧急情况应立即采取果断措施防止事故扩大,同时向正司机说明原因,求得妥善解决。

13) 机车进入动态调试线后除司机以外,任何人不得在机车上进行任何操作;如果要进行相应的回修或调试,一定要经过交车调度员同意。

14) 机车在负荷和速度试验连续进行中,如果出现故障需停电检查(停电检查则由交车调度员负责请求变电站停电,并拿到"停电"牌后方可进行)时需告知参试人员。停电使动态调试中断超过 5min 以上时应重新动态调试。

15)如果在动态调试过程中出现问题,由交车员与检验人员共同协商处理,若涉及运行安全重大问题时,应及时向主管领导汇报。

2. 动态调试作业工序的安全措施

1)试验场地应为专用调试区域,并有明显的安全标识。

2)线路应有照明设施且满足夜间动态调试要求。

3)试验线路应有距离和限速等指示牌,指示牌显示清晰无破损。

4)试验线路应全封闭,良好无缺失。

5)暴雨、暴雪、大雾、冰冻等严重影响司机视线或行车安全,能见度在200m以内的情况下严禁进行动态调试。

3. 动态调试作业十不准

动态调试(动调)作业十不准包括:线路限速不明确不动调,线路状态不明确不动调,道岔方向未确认不动调,未持证上岗不动调,人员分工不明确不动调,车辆状态未检查不动调,信号不明确不动调,个人状态不良不动调,防冒进系统未投入使用不动调,严禁司机、瞭望人员携带手机或在车上睡觉。

第 3 章
经典故障案例分析

3.1 HXD1C 型机车插头缩针引起 TCU1 一次侧接地故障分析

1. 故障现象

1) 机车运行途中突发主断路器断开,微机显示屏显示 TCU1 一次侧接地。先用微机复位处理,故障无法消除,再进行大复位,给出牵引力动车后,该故障再次出现。

2) 机车回段后,闭合机车蓄电池后故障消除,可以正常升弓、合主断路器、给出牵引力,反复试验都无接地故障,如图 3-1 所示。

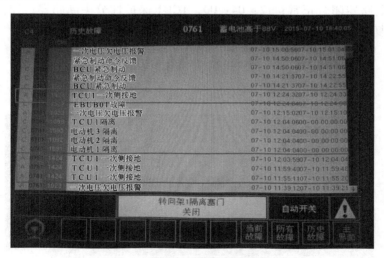

图 3-1 微机显示屏历史故障界面

2. 故障分析

1) 检查主变流器 1 内部及负载,均不接地。

2) 检查牵引变流器柜体下部二次电流互感器接线紧固、无松动,插头插接良好,卡子安装紧固。

3）机车严重故障数据如图 3-2 所示。11：55：09，TCU1 一次侧接地、TCU1 保护性分主断；11：55：38，TCU1 一次侧接地、TCU1 保护性分开主断路器；12：03：58，TCU1 一次侧接地、TCU1 保护性分主断；12：04：03，电动机 1 隔离、电动机 2 隔离、电动机 3 隔离。

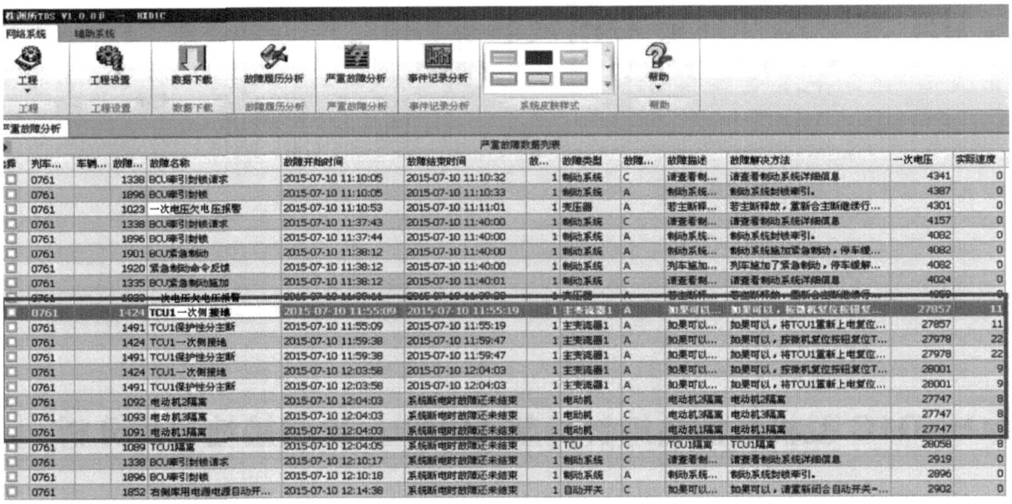

图 3-2 机车严重故障记录

4）事件记录波形如图 3-3 所示。11：55：09，TCU1 保护性分开主断路器；11：55：13，乘务员进行了微机复位；11：55：25，乘务员闭合主断路器，主断路器闭合正常；11：59：41，TCU1 保护性分开主断路器；11：59：47，乘务员进行了微机复位；12：00：04，乘务员闭合主断路器，主断路器闭合正常；12：04：00，TCU1 保护性分主断路器；12：04：02，乘务员进行了微机复位；12：07：25，闭合主断路器正常。

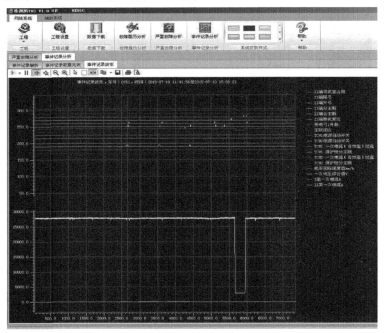

图 3-3 事件记录波形

5）事件记录数据列表如图 3-4 和图 3-5 所示。12：10：49，乘务员断开蓄电池输出开关进行大复位；12：14：22，重新上电。12：24：29，再次发生 TCU1 一次侧接地、TCU1 保护性分开主断路器。

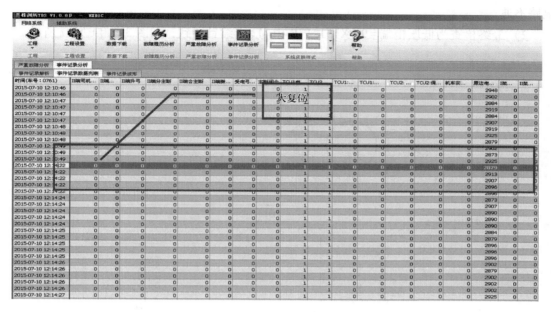

图 3-4　事件记录数据列表 1

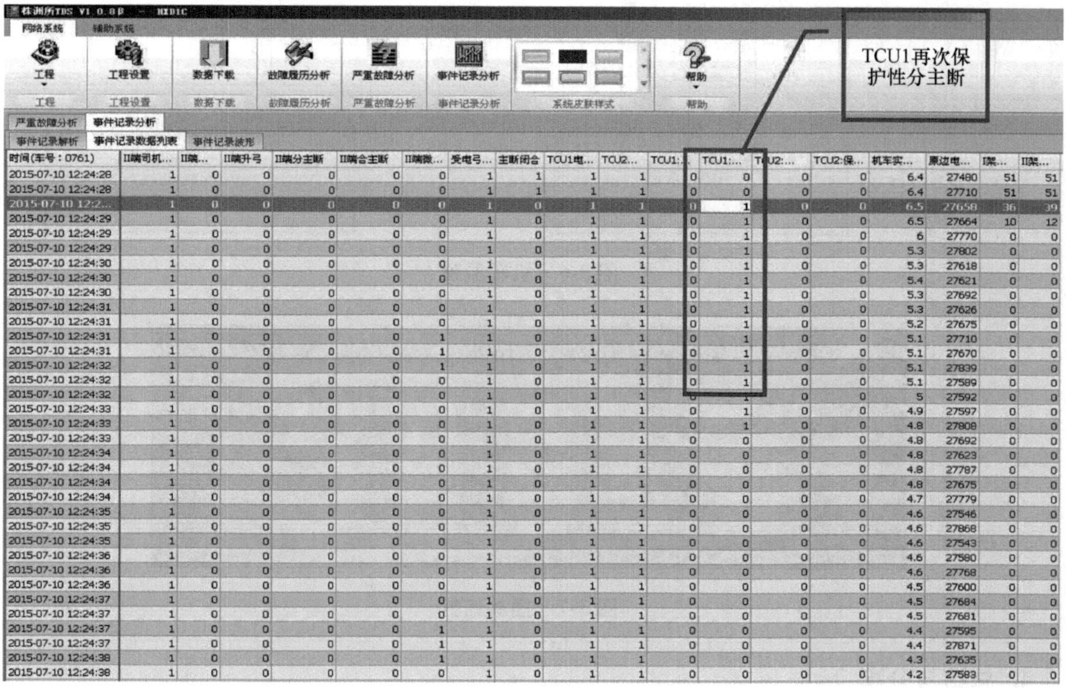

图 3-5　事件记录数据列表 2

3. 故障处理

1）机车回段后在库内多次进行高压试验，故障再未出现，检查发现在 TCU 端 X1 插头的 40、41 点（二次电流互感器的电阻值）为无穷大，二次电流互感器至 TCU 之间电流检测电路不通。

2）最终检查为低压柜端 =91-X151.17B 中 M1 点缩针所致，如图 3-6 和图 3-7 所示。

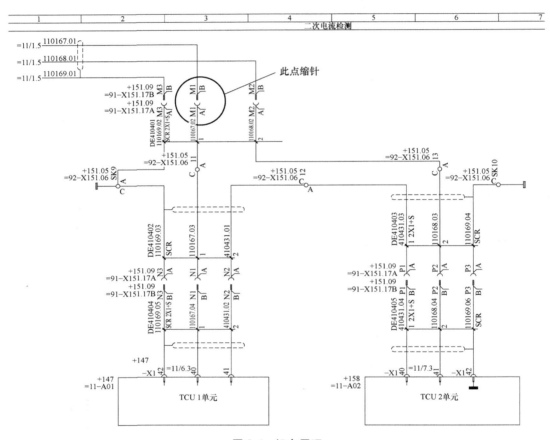

图 3-6 机车原理

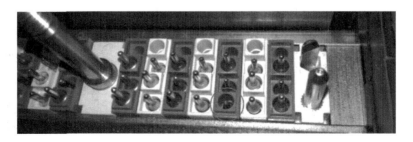

图 3-7 插头缩针

4. 总结与分享

1）由于机车回段后在库内多次高压试验都正常，这种工况与机车在线路实际运用时工况唯一的区别是牵引负载不同、机车的输出电流有差异。

2）根据机车的控制说明，TCU 检测机车的一次电流与接地电流的差值若大于 50A，则控制系统默认机车一次电路存在接地现象，实施保护性分开主断路器命令。

3）在库内负载小的工况下，一次电流或二次电流达不到 50A 的动作门槛值，但在运行线路上负载大的工况下，电流值很容易超过动作门槛值，所以沿着这个思路，很快排查出故障点。

4）故障点看似是一个插头上小小的一根插针缩针，但这个插针缩下去仅 2~3mm，却造成了主断路器分断、机车机破（机车在出库后的运行过程中发生机械或电气故障而被迫停车的一种非人为事故）、停车救援的严重事故，也使维护人员花费大量时间排查该故障。可见机车上的每一根电缆都有它的重要性和唯一性，不能有任何质量隐患。

3.2 HXD1 型机车因撒砂问题导致机车空转严重故障分析

1. 故障现象

HXD1 型机车担当牵引任务，编组 49 辆（4435t）。正常运行开车，运行途中因空转造成机车牵引力发挥不足，列车被迫停车，停车后司机进行复位处理，无效后请求救援。

2. 故障分析

1）机车发生空转、打滑会影响黏着导致牵引功率发挥不足。为在轮轨黏着状况不佳的情况下，提高车轮与钢轨间的黏着系数，改善机车的牵引制动性能，需要撒砂器支路进行下砂，提高钢轨与轮对踏面的摩擦力。撒砂器发生的故障一般为下砂量不够或不下砂。

2）下载数据，通过数据波形的分析，在机车出现空转后乘务员先间隙性踩撒砂，脚踏间隔约 20s，机车牵引力有波动，当时牵引力发挥还可以保持速度，但后期乘务员采用长踩，间隔约 2min，牵引力发挥较低，速度也下降得很快，如图 3-8、图 3-9 所示。

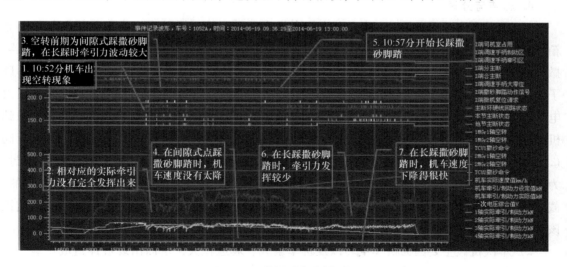

图 3-8　A 节操作车事件数据

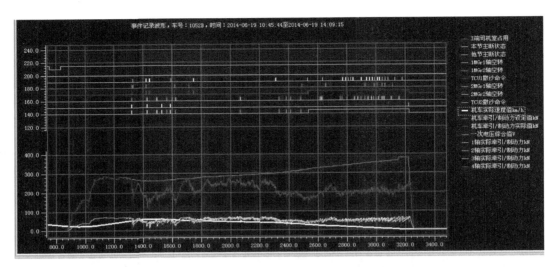

图 3-9 非操作节事件数据查看非操作节的数据基本与操作节一致

3）机车停车后，乘务员采取了复位，但由于机车处于长大坡道，牵引吨位大，黏着不好，机车无法起动，需要救援。

3. 故障处理

1）检查出砂量，发现多位出砂量不达标。
2）对撒砂控制模块进行检查，发现模块的控制塞门和风压都正常。
3）对撒砂器风路进行检查，发现前后方向电控阀动作均正常，砂箱进风管正常。
4）检查砂箱及撒砂管，发现砂箱密封良好，砂箱内有较多块状物体，出砂管被块状异物堵塞。
5）更换砂箱内砂子，疏通出砂管。

4. 总结与分享

1）撒砂原理：HXD1 型大功率电力机车设有撒砂系统。撒砂系统由撒砂控制模块、砂箱、撒砂器等部件及连接管路组成。每个转向架设有 4 个砂箱，每个砂箱装有一个撒砂器。撒砂控制功能靠空气管路柜中撒砂控制模块实现，撒砂控制模块及原理如图 3-10 所示。砂子存储在砂箱中，根据机车的行驶方向，砂子将输送到机车运行方向的第一、三轮对上，由电磁阀（.05 或 .06）控制压缩空气流入撒砂装置，一定量的砂子经过加热，通过砂管撒到机车运行方向的第一、三对车轮前面的轨道上。单位时间的砂量由撒砂器控制。减压阀（.03）设定值为 5.0bar，调整该值能对撒砂量进行微调。为保证正常撒砂，砂箱需密封。为了避免砂子结成块，会有压缩空气通过电磁阀（.04）流入砂箱以达到干燥砂子的目的。截断塞门（.02）可在故障时隔离撒砂装置，截断塞门带有一个电开关，通过电开关可监控该塞门状态。减压阀（.03）的设定值可在维护时通过检测口（.07）检验。

2）本次机破主要因为机车空转以及机车重载、坡道较大，从而出现坡停造成机破。为什么前期间隙式脚踩和后期长时间脚踩区别这么大呢？

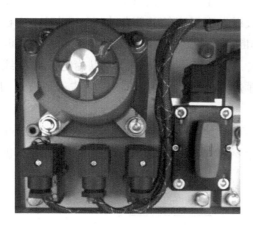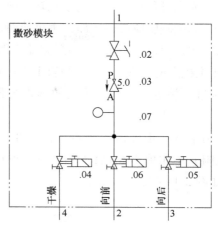

图 3-10 撒砂控制模块及原理

因为在前期，机车仍保持一定的运行速度，当机车发生空转时，乘务员采用间隙式脚踩撒砂，少量的砂子增加了黏着，消除了机车空转，但随着时间的增长，机车速度开始下降，乘务员没有将牵引级位减小，后期采用长时间脚踩撒砂来提高黏着，而且通过电磁阀（.04）流入砂箱的压缩空气还未达到干燥砂子的时间，就被撒砂风管往下砂口排砂，机车砂箱内的砂子结成块状，堵塞出砂管，形成了更加严重的空转，所以导致机车停车。

3) 后续遇到类似情况，应先采用间隙式撒砂消除空转，逐步减小牵引级位，保持机车稳定运行后，再逐步施加撒砂和提高黏着来增加牵引力。

3.3 HXD1 型机车过分相后主断路器闭合不上故障分析

1. 故障现象

HXD1 型机车检修后上线运行中，司机反馈机车上行途中每次经过分相预告位置（G1）时机车立刻自动分断主断路器，微机显示屏显示"过分相，手动闭合主断"，直到过完整个分相区都无法自动闭合主断路器，复位自动过分相主机后故障消除，再次过分相区时故障重现，且机车在下行途中无自动过分相故障出现。

2. 故障分析

1) 由于 HXD1 型机车往返运行使用不同操作节进行机车操作，下行途中无自动过分相故障出现，说明该操作节机车正常，因此故障锁定为上行操作节。

2) 机车回库，查看微机显示屏历史故障记录，其中记录有很多次过分相故障，下载上行途中的机车主控节微机数据分析，发现机车主控端和行驶方向位置选择均正常，但在每次过分相时首先收到的是强迫信号，并且在同一时间主断路器立即执行了断开动作，微机也接收到过分相故障信号（E38_12 高电平）。

3) 检查故障节机车低压柜内过分相控制盒，发现没有亮故障灯，所有插头插接正常。

4) 在库内进行试验,方向手柄转向前状态,主机前面板对应的"前"灯亮,用磁铁快速划过 T2 车载磁感应线圈底面,主机前面板以上都对应的"T1"灯亮,同时,主机前面板以上都对应的"强迫"灯亮,主断路器立即断开。在刷过 T1 车载磁感应线圈底面时发现自动过分相主机上的"预告"信号灯闪亮一次,主断路器无动作。可以确定磁感应线圈信号能传输到过分相主机,但其接收的预告与强迫信号与对应的车载磁感应线圈 T1、T2 位置相反。

5) 为了进一步确认故障点,拆开 T1、T2 的插头并用万用表测量插头的 1 点和 2 点(线圈电阻)电阻值为 600Ω 左右,符合设计要求(550~670Ω)。再根据机车电路进行校线检查,如图 3-11 所示。

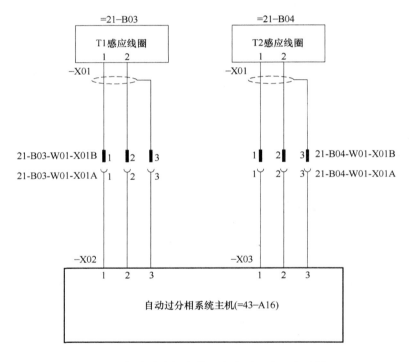

图 3-11 自动过分相车载感应线圈至主机电路简图

6) 当校 T1 感应线圈(21-B03)插座 21-B03-W01-X01A 的 1~3 点至过分相主机插头-X02 的 1~3 点时不导通,T2 感应线圈(21-B04)插座 21-B04-W01-X01A 的 1~3 点至过分相主机插头-X03 的 1~3 点时不导通,互换自动过分相主机处-X02 和-X03 插头后再次校线,21-B03-W01-X01A 插座与-X03 插头互通,21-B04-W01-X01A 插座与-X02 插头互通。

7) 由此确定是过分相主机上的 X2(-X02) 与 X3(-X03) 插头插反了,如图 3-12 所示。

3. 故障处理

将自动过分相主机上的-X02 和-X03 插头互换插好后,再次进行过分相模拟试验,机车试验正常。

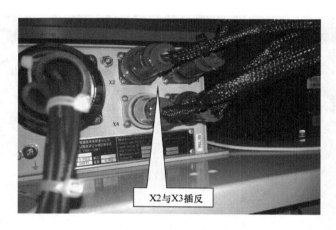

图 3-12 自动过分相主机插座接线图

4. 总结与分享

1）由于自动过分相主机上的-X02 和-X03 插头插反，导致机车在过分相时车载磁感应线圈 T2 接收到的"预告"信号 G1 发送到了主机定义的 T1 信号接收端口（-X02），而车载磁感应线圈 T1 接收到的"强断"信号 G2 发送到了主机定义的 T2 信号接收端口（-X03）。

2）机车在过分相第一时间由 T2 接收到的"预告"信号被自动过分相主机判断为"强断"信号，机车在预告位置 G1 时立即断开主断路器，而在强迫位置 G2 的信号被送至主机定义的预告信号接收端口，造成自动过分相主机判断信号接收异常。

3）主机向 VCM（车辆控制模块）发出故障信号后，机车控制系统将不会释放主断路器的闭合信号，此时需要人为将主断路器扳键开关置分断位，解锁主断路器，机车主断路器才能用手动完成闭合。

3.4 HXD1 型机车 110V 接地故障频繁发生故障分析

1. 故障现象

HXD1 型机车正常运行过程中，频繁发生 110V 接地故障，持续时间非常短，通常在 1s 左右，故障记录覆盖整个故障记录界面，如图 3-13 所示。

2. 原因分析

1）机车控制电路接地，出现频繁、时间短且重发率高，基本都属于活接地。

2）机车控制电路活接地通常由线路毛刺接地、110V 设备故障、接插件进水、电缆破损接地等引起。

3. 故障处理

1）上车检查发现，B 节头灯整流器自带线中的多余线未进行绝缘处理，并与头灯安装支架的接地编织线接触，头灯安装支架的接地编织线还与头灯整流器外壳接触，且接触位置

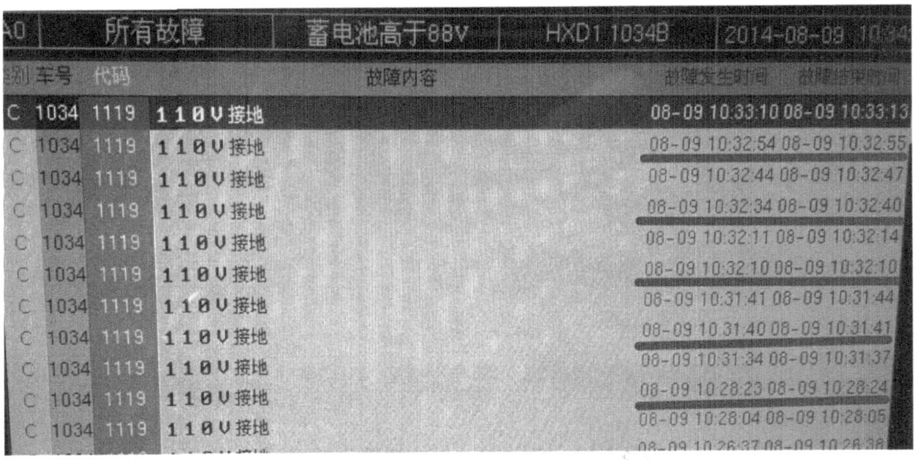

图 3-13 机车显示屏 110V 接地故障显示界面

有明显放电现象和电弧痕迹，同时发现头灯整流器的外壳对地电压大于 60V，如图 3-14、图 3-15 所示。

图 3-14 接地线与自带线、整流器外壳接触产生摩擦

图 3-15 整流器外壳与接地线间有电压

2）将头灯整流器自带线中的多余线进行绝缘处理，将头灯安装支架的接地编织线套上绝缘护套管，消除接触摩擦。

3）更换外壳绝缘不良的头灯整流器。

4. 总结与分享

1）由于机车110V电路采用无源接地，机车上的电源是独立的，机车上所使用设备的"＋""－"线应该都不接地，设备的外壳更不应该与任意一根电源接通或者虚接。

2）排查机车活接地的故障，首先要确定机车接地位置，如果是重联机车，要通过分开重联电缆，如果是单节机车，则通过断开蓄电池来分辨是负载还是蓄电池供电回路，接着通过模拟发生活接地时的工况和环境来确定机车接地位置。

3）随着机车使用年限的增长，机车上的设备状态有可能不稳定，引起各种机车故障，要加以排除。

3.5 线路破损导致HXD1C型机车自动施加停放制动故障分析

1. 故障现象

机车运行中自动施加停放制动，回段后分析数据发现在没有停放制动施加请求的情况下有停放制动命令，初步怀疑控制系统出现问题，更换控制停放制动命令输出的DXM33模块。再次上线运用，故障再次发生。机车回段后又再次分析数据，与第一次数据相同，没有停放制动施加请求的情况下有停放制动命令，更换控制模块VCM2后由添乘人员观察。牵引机车出站后再次发生自动停放制动，添乘人员立即下载数据分析，这次发现数据中有了停放制动施加请求，也就是说停放施加按钮开关线路上有命令信号，添乘人员利用停车时间将两端的按钮开关线路甩开运行，机车故障没有再次发生。

2. 故障分析

1）检查机车停放按钮和相关接插件虚接、串电等情况，均没有找到相关故障点，分别甩开Ⅰ、Ⅱ端停放按钮信号线运行，回库后查看数据，确认该请求信号来自Ⅱ端。

2）再次确认Ⅱ端停放按钮没有问题，然后检查地板下线路是否串电，在掀开Ⅱ端第一块机械间地板时发现有两根线被司机室地板支撑架压住并都已破皮，如图3-16所示。

图3-16 电缆在地板下被压伤、破皮

这两根电缆破皮，其中一根线在运行途中长期有电，在机车振动过程中破皮处完全与地板接触，通过地板将110V电源传到停放制动施加请求的线上导致无故施加停放制动。

3. 故障处理

1) 更换被地板压坏的两根电缆。

2) 全面排查全车地板是否还有压损电缆的情况。

4. 总结与分享

1) 停放制动在没有给出施加操作的情况下，自动施加，初步怀疑是制动系统故障或者控制电路故障。

2) 由于在库内静态试验时未重现故障，制动系统故障的可能性降低。通过更换控制模块后动态运行中又出现此故障，在甩开电路后机车正常，便可判断线路故障可能性较大。

3) 在检查了按钮功能和接线正常后，便可定位到线路串电情况，所以在线路排查中找出故障点。

4) 电缆没有规范布置，被一小块盖板压破造成串电，导致多次排查才发现故障点，幸好没引起火灾等较大事故，因此机车在制造或修理过程中，一定要检查线路的防护情况，避免此类事故再次发生。

3.6 HXD1型机车因接插件缩针导致制动故障分析

1. 故障现象

机车运行中因机车制动机故障（正常制动）停车后乘务员对机车进行大复位无效后，将该车电控制动切换成后备制动维持运行。

2. 故障分析

1) 检查IPM（制动中央单元处理器）各连接插头均紧固，安装螺栓均齐全、紧固、无异常。

2) 查看机车微机系统历史故障数据记录情况，机车于11月18日发生"IPMCN故障"（即制动系统通信中断故障），如图3-17所示。

图3-17 机车微机记录的"IPMCN故障"信息

3）将机车恢复电控制动模式，但机车微机显示屏仍显示后备空气制动模式投入，电控制动仍处于失效状态，如图 3-18 所示。

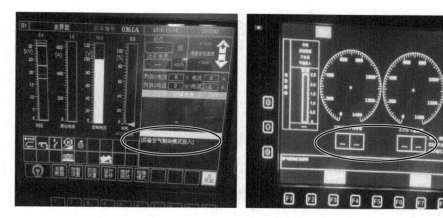

图 3-18　机车仍显示电控制动处于失效状态

4）查看制动系统显示屏历史故障情况，制动系统于 11 月 18 日 12：02：12 显示"090-IPMCN 失效"故障信息，如图 3-19 所示。

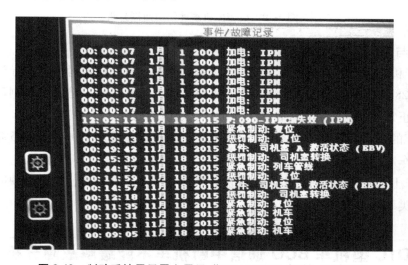

图 3-19　制动系统显示屏上显示"090-IPMCN 失效"故障信息

5）通过机车微机事件记录数据分析，11 月 18 日机车微机系统发出电控制动中断信号，如图 3-20 所示。

6）对机车故障进一步查找，发现Ⅰ端司机室副操纵台内部的 91-X111.07B 插座内 B3 插针止退倒刺已断裂缩针，造成断电，引起电控制动信号中断。

3. 故障处理

1）重新更换插针，试验机车正常。

2）全面排查全车连接器内是否还有插针止退倒刺断裂情况。

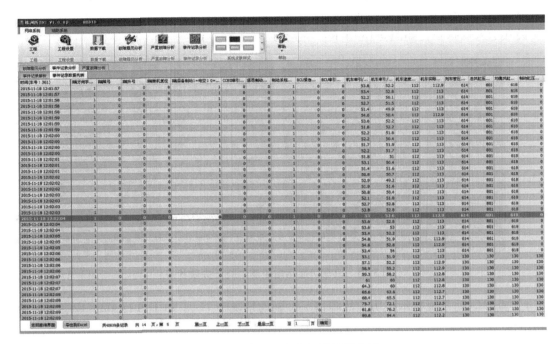

图 3-20　机车微机事件记录数据分析

4. 总结与分享

1）由于机车接插件的插针在安装时止退倒刺断裂，机车高速运行振动导致该点位完全脱离，致使 28-K32 中间继电器无法吸合，使制动系统 IPM 断电，造成机车制动系统电控制动模式无法正常工作，微机系统自动判断机车制动系统故障。

2）机车的制动系统具有冗余设计，当电控制动模式故障后，可通过后备制动投入的方式，维持机车制动功能。

3）机车上部件制作时一定要标准作业，严格按工艺文件执行，损坏或缺陷物料不得使用，避免此类事故再次发生。

3.7　HXD1C 型机车 BCU 通信中断机车不能缓解故障分析

1. 故障现象

HXD1C0870 机车出现换端后大闸不能缓解，微机显示屏机车总线闪红，断电复位故障不能消除。查看微机显示屏网络界面 MVB 网络 A 线全红，MVB 网络 A 线故障，BCU 通信中断，如图 3-21 所示。

2. 故障分析

1）检查 MVB 网络上的 BCU 网络通信连接状态，确认连接无异常。

2）检查 BCU 自身是否通信故障，因 BCU 通信中断，先将 BCU 从网络中甩掉观察网络是否恢复正常。

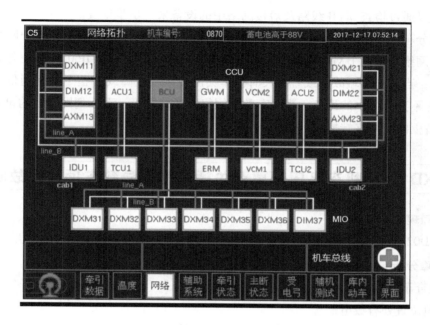

图 3-21　网络界面 MVB 网络 A 线全红

3）将 M-IPM 模块上的 J7、J8 插头拔下直接短接在一起，网络 A 线故障消失，网络 A/B 线都变绿，如图 3-22 所示。

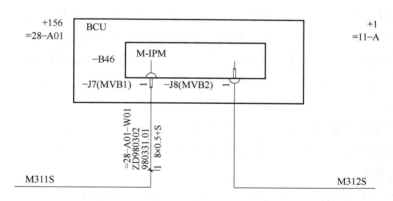

图 3-22　制动控制模块上的网络连接

3. 故障处理

1）更换 BCU 的 M-IPM 模块，紧固 J7、J8 网络插头的通信连接。

2）试验机车，网络通信正常，BCU 功能正常。

4. 总结与分享

1）网络拓扑出现通信故障，通常有几种原因：MVB/WTB 本身故障，网络插头/插座连接松动或缩针，整个网络中的设备通信或者板卡故障。

2）可以通过检查 MVB 线路及短接网络中的设备来一步步排查。

3）部分车型网络拓扑中第一个和最后一个设备通过网络终端插头让整个网络构成回路（用西门子网络系统的 HXD1 型机车 IDU 微机显示屏和 BCU 的 M-IPM 模块上各有一个网络终端插头），当网络终端故障或者缺失时机车会出现网线故障或者整个网络通信故障，微机显示屏上看不到网络中的设备。当机车整个网络都通信故障，看不到网络中的设备时，可以先检查设备上的网络终端插头。

3.8 HXD1D 型机车高压隔离开关插头插反导致车顶放炮故障分析

1. 故障现象

HXD1D0284 机车检修完进行高压试验，升弓后出现车顶放炮段内弓网跳开。

2. 故障分析

1）检查车内状况，发现网压柜内高压隔离开关 2（=11-Q04）处于断开位，高压隔离开关 2 接地位置处有放电痕迹。

2）检查车顶状况，发现Ⅱ端受电弓炭滑板有放电痕迹。

3）了解现场得知，由于升弓时Ⅰ端受电弓出现故障，高压隔离开关 1（=11-Q03）保护动作，自动隔离。再次操作升弓，当Ⅱ端受电弓升起并接触到弓网时，车顶放炮弓网跳开。

4）查看故障记录，受电弓 1 故障后，系统要求高压隔离开关 1 断开，微机显示屏上也显示高压隔离开关 1 断开，符合正常流程。仔细检查发现高压柜内却是高压隔离开关 2 断开，因为高压隔离开关 1、2 插头在检修完后被插反了，造成受电弓 2 升起后直接通过高压隔离开关 2 接地，如图 3-23 所示。

3. 故障处理

1）修复处理高压隔离开关 2、Ⅱ端受电弓炭滑板。

2）确认动作正常后，恢复对应的高压隔离开关 1、2 插头。

4. 总结与分享

1）HXD1D 型机车的高压隔离开关安装在网侧柜内，高压隔离开关与相对应的受电弓是单独匹配的，用以隔离故障受电弓。

2）当受电弓故障后，系统就自动将高压隔离开关转换至断开位置，且处于接地状态。

3）两个高压隔离开关插头插反后，当系统动作、高压隔离开关 1 隔离Ⅰ端受电弓时，实际上高压隔离开关 2 动作，使Ⅱ端受电弓连线处于接地状态。随后切换受电弓，升起Ⅱ端受电弓，造成弓网短路跳开。

4）机车上的每一个连接器都是有独立作用的，两个型号、名称都相同的连接器功能各有不同，疏忽大意后将造成严重后果。

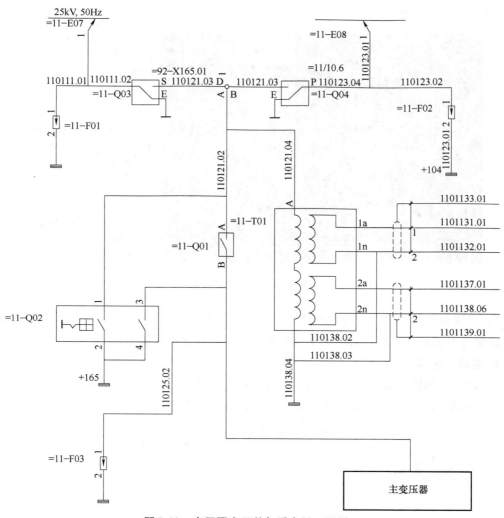

图 3-23　高压隔离开关与受电弓匹配原理

3.9 HXD1 型神十二轴机车过分相后主断路器不闭合故障分析

1. 故障现象

机车过分相后 A 节主断路器不闭合，复位后正常。回段试验发现有时只能闭合一节车的主断路器。

2. 故障分析

1）通过微机显示屏查看机车节点状态发现当时两节车节点不统一。

2）当受电弓升起时，如果两节车的节点不是统一的 3300，那么未达到 3300 的一节车主断路器不能闭合，如图 3-24 所示。

3. 故障处理

1）断电、复位，重新操作机车，操作节奏不宜过快，保持两节车 CCU 节点一致。

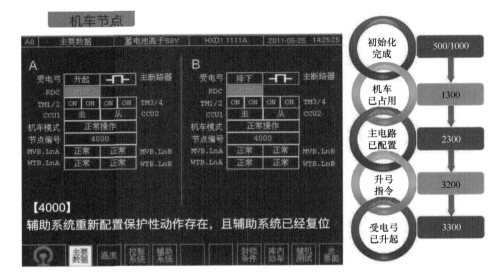

图 3-24 机车节点代码

2) 后续对该机车网络程序进行优化,令机车初始化未完成不识别电钥匙信号,主电路未完成配置不识别升弓信号,以减少司机操作过快造成的机车故障。

4. 总结与分享

1) 神十二轴机车设计为 3 节车,但目前没有能同时负荷三节车功率的主断路器,所以该车型每节车都有一个主断路器来控制高压侧,如图 3-25 所示。

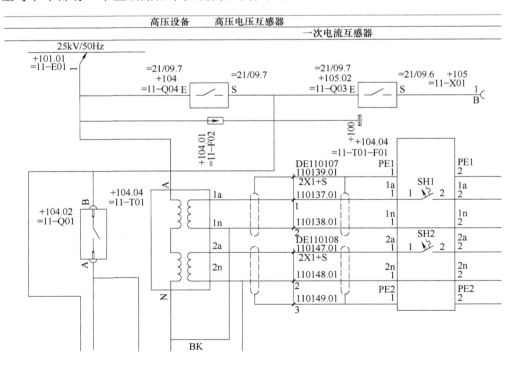

图 3-25 神十二轴机车高压隔离开关配置情况

2) 神十二轴改八轴机车运行需同时闭合两节车的主断路器，该机车 A、B 节各配有两个高压隔离开关，一个负责隔离受电弓，一个负责隔离 C 节车。所以，该机车合蓄电池后需要较长时间匹配 4 个高压隔离开关状态，不能立即操作升弓，强行立即操作有可能造成机车控制不同步，节点数不一致。

3) 机车尤其是重联机车在操作过程中，应在微机显示屏上观察非操作节机车状态，不要操之过急。

3.10 HXD1 型神十二轴机车自动降弓故障分析

1. 故障现象

机车运行途中出现自动跳主断路器降弓，微机显示屏上报自动降弓故障，并伴随 CTU 故障、MVB 的 A/B 线故障、B 节 CTU 故障。

2. 故障分析

1) 机车回段后查看数据记录，发生自动降弓故障时伴随有 CTU 故障、MVB 的 A/B 线故障、B 节 CTU 故障、反复重启、向网络发送乱码，导致 CCU 主从切换频繁，造成本节网络紊乱，其他节网络信息丢失，受电弓自动降弓。

2) 切断 CTU 电源，暂时短接 CTU 的 MVB，试验正常，由此判断由于 CTU 故障造成 MVB 网络故障，如图 3-26 所示。

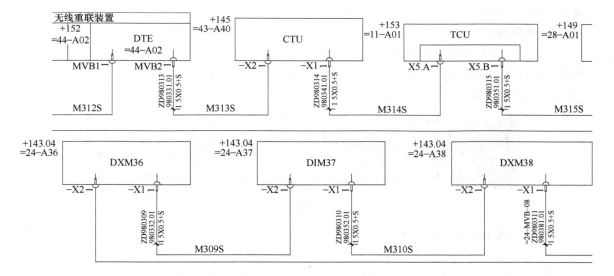

图 3-26 神十二轴机车 CTU 在网络中配置图

3) CTU 是一个类似于 6A 系统的机车运行状态监测系统，前期为了方便采集机车网络数据，CTU 主机通过网卡板直接串联在机车网络中。当 CTU 故障时容易造成机车网络紊乱，使受电弓自动降弓。

3. 故障处理

1）更换故障 CTU 设备。

2）后期机车已做改造，增加一个以太网模块，需要取机车运行数据的第三方设备都可以通过这个以太网模块连入机车网络，而不用直接串联到 MVB 网络中。

4. 总结与分享

1）机车在线路上出现故障后，系统会响应执行相关牵引封锁、断主断路器、降弓等一系列指令。这时乘务及检修人员除观察机车收到的响应指令外，还需要查看故障显示屏是否还有其他故障信息。

2）结合所有的故障信息，进行机车故障的分析。

3）如遇网络异常、网络设备故障等，应采取旁路故障设备，短接网络通信线的方式验证设备故障或网络线故障。

4）不直接参与控制机车的第三方设备，建议不接入机车 MVB/WTB 网络。

3.11 HXD1 型机车牵引电动机断相故障分析

1. 故障现象

HXD1 型机车运行途中，机车主断路器跳开，微机显示屏报"TCU2 保护性分主断、TCU2 保护性牵引封锁、TCU2 四象限 2 输入过电流、TCU2 四象限 2 元件总故障、TCU2 四象限 2B 相下管故障"等故障信息，切除故障轴维持运行。

2. 故障分析

1）查阅 A 车微机显示屏故障记录，有"TCU2 保护性分主断""TCU2 保护性牵引封锁""TCU2 四象限 2 输入过电流""TCU2 四象限 2 元件总故障""TCU2 四象限 2B 相下管故障"等故障信息，如图 3-27 所示。

图 3-27 机车微机显示屏故障记录

2）检查变流柜控制插件箱，无异常。

3）检查电流传感器是否有反馈，在模拟输入 B 板中测量 2A（U 相）和 2B（V 相）逆变输出电流反馈信号（AC 1500A/DC 9V），若某相电流无反馈，检查对应相电流传感器及相关线路。若在模拟输入 B 板测到电动机电流反馈，检查模拟输入 B 板、电动机信号及 MCC 板。

4）确认机车是否伴有某管子故障，若有管子故障则进行排查，确认是否为某管子未导通，导致判断为电动机断相，若无管子故障，则检查 U 相、V 相电流传感器反馈信号。

5）下载 A 车 TCU2-MCC 数据（A 车 M4），发现 TCU2 第 4 牵引电动机 A 相电流出现异常，如图 3-28 所示。

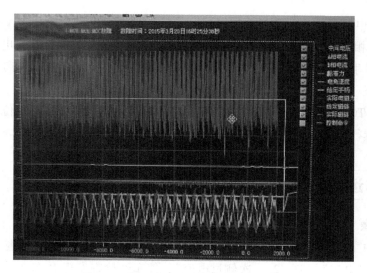

图 3-28 第 4 牵引电动机电流波形记录

6)测量电动机三相绕组是否有开路现象或阻值不平衡,使用微电阻测试仪检测 A 车第 4 牵引电动机相间阻值,U-V 相:77.77mΩ,V-W 相:37.01mΩ,U-W 相:78.35mΩ,通过检测数据对比分析确定 A 车第 4 牵引电动机 U 相存在故障。

3. 故障处理

1)更换第 4 牵引电动机,高压验证机车正常。
2)检查机车其余电动机,防止类似故障发生。
3)检查变流柜内控制插件、电流、电压传感器、IGBT 等无有异常及其接线状况。

4. 总结与分享

1)TCU 检测原理如图 3-29 所示。

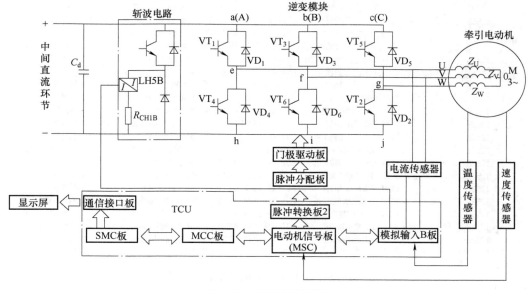

图 3-29 TCU 检测原理

2）TCU 上电后，首次起动逆变器时，一旦检测到牵引电动机断相，A 相或 B 相电流为零，或 A 相+B 相电流等于零。TCU 发出分主断路器、封锁变流器、跳充电及短接接触器进行保护。乘务员手动按压“微机复位”按钮复位，复位 3 次无效自动隔离相应轴；故障消除后，可以按压“隔离解锁”按键解除隔离（手柄需要回零）。

3）运行中 TCU 检测到牵引电动机断相，如果可以按微机复位按钮复位 TCU，重新闭合主断路器，继续行车时如果故障仍出现，则隔离该轴。

3.12 机车运行过程中一次侧过电流故障分析

1. 故障现象

机车运行中主断路器突然跳开，微机显示屏显示“主变流器 2”，查看故障界面显示“TCU1_一次侧过电流”“TCU2_一次侧过电流”，停车经检查发现 B 车变压器 U 端法兰处漏油，法兰座两处裂纹，机车被救援无火回送入库。

2. 故障分析

1）下载事件记录数据，数据显示 18：43：49 网络上报“TCU1＿一次侧过电流”“TCU1_保护性分主断”“TCU1_保护性牵引封锁”“TCU2_一次侧过电流”“TCU2_ 保护性分主断”“TCU2_ 保护性牵引封锁”，如图 3-30 所示。

严重故障数据列表

选择	列车...	车辆名称	故障...	故障名称	故障开始时间	故障结束时间	故障发生...	故障类型	故
	1253B		1045	一次电压偏低一级...	2014-08-14 17:53:53	2014-08-14 17:53:59	1	接触网或...	B
	1253B		1113	主断硬件回路断开	2014-08-14 17:53:53	2014-08-14 17:53:59	1	主断硬件...	B
	1253B		1118	无人警惕装置动作	2014-08-14 18:14:21	2014-08-14 18:14:22	1	警惕装置	C
	1253B		1118	无人警惕装置动作	2014-08-14 18:23:45	2014-08-14 18:23:47	1	警惕装置	C
	1253B		1045	一次电压偏低一级...	2014-08-14 18:26:21	2014-08-14 18:26:27	1	接触网或...	B
	1253B		1113	主断硬件回路断开	2014-08-14 18:26:21	2014-08-14 18:26:27	1	主断硬件...	B
	1253B		3049	TCU1_一次侧过电流	2014-08-14 18:43:49	2014-08-14 18:44:45	1	主变流器1	C
	1253B		3137	TCU1_保护性分主断	2014-08-14 18:43:49	2014-08-14 18:44:45	1	主变流器1	C
	1253B		3136	TCU1_保护性牵引...	2014-08-14 18:43:49	2014-08-14 18:44:45	1	主变流器1	C
	1253B		4049	TCU2_一次侧过电流	2014-08-14 18:43:49	2014-08-14 18:44:45	1	主变流器2	C
	1253B		4137	TCU2_保护性分主断	2014-08-14 18:43:49	2014-08-14 18:44:45	1	主变流器2	C
	1253B		4136	TCU2_保护性牵...	2014-08-14 18:4...	2014-08-14 18:4...	1	主变流器2	C
	1253B		1100	它车网关通信故障	2014-08-14 19:34:26	系统断电时故障还未...	1	机车总线	C
	1253B		1121	受电弓气路隔离塞...	2014-08-15 00:41:19	系统断电时故障还未...	1	隔离塞门	C
	1253B		1125	停放制动隔离塞门...	2014-08-15 00:41:19	系统断电时故障还未...	1	隔离塞门	C
	1253B		1104	列车操作端冲突	2014-08-15 00:41:19	2014-08-15 00:41:25	1	司控器	A
	1253B		1153	总风压力偏低，牵...	2014-08-15 00:41:19	系统断电时故障还未...	1	制动系统	B
	1253B		1154	BCU牵引封锁请求	2014-08-15 00:41:19	2014-08-15 00:49:14	1	制动系统	B
	1253B		1121	受电弓气路隔离塞...	2014-08-15 00:41:19	系统断电时故障还未...	1	隔离塞门	C
	1253B		1125	停放制动隔离塞门...	2014-08-15 00:41:19	系统断电时故障还未...	1	隔离塞门	C
	1253B		1104	列车操作端冲突	2014-08-15 00:41:19	2014-08-15 00:41:25	1	司控器	A
	1253B		1153	总风压力偏低，牵...	2014-08-15 00:41:19	系统断电时故障还未...	1	制动系统	B
	1253B		1154	BCU牵引封锁请求	2014-08-15 00:41:19	2014-08-15 00:49:14	1	制动系统	B
	1253B		1072	压力继电器保护	2014-08-15 00:41:24	系统断电时故障还未...	1	布赫	A
	1253B		1072	压力继电器保护	2014-08-15 00:41:24	系统断电时故障还未...	1	布赫	A

图 3-30　事件记录数据严重故障记录

2) 通过事件记录数据分析，显示 18：43：49 主断路器断开，主断路器断开前后一次电压约为 27kV、I 架一次电流由 1A 变为 0，变压器油温 40℃，均属正常现象，如图 3-31 所示。

时间(车号：1253B)	本节主断…	他节主断…	一次电压	I架一次…	I架一次…	I架变压…	II架一次…	II架一次…	II架变压…
2014-08-14 18:43:47	0	1	27371	1	27104	40	1	27562	140
2014-08-14 18:43:48	0	1	27334	1	27133	40	1	27594	140
2014-08-14 18:43:48	0	1	27368	1	27110	40	1	27566	140
2014-08-14 18:43:48	0	1	27369	1	27176	40	1	27612	140
2014-08-14 18:43:48	0	1	27335	1	27116	40	1	27633	139
2014-08-14 18:43:49	0	1	27368	1	27125	40	1	27561	139
2014-08-14 18:43:49	0	0	23657	0	27583	40	0	28218	140
2014-08-14 18:43:49	0	0	27317	0	27139	40	0	27597	140
2014-08-14 18:43:50	0	0	27362	0	27127	40	0	27522	140
2014-08-14 18:43:50	0	0	27365	0	27180	40	0	27625	140
2014-08-14 18:43:50	0	0	27356	0	27137	40	0	27599	140
2014-08-14 18:43:51	0	0	27391	0	27189	40	0	27645	140
2014-08-14 18:4…	0	0	27369	0	27103	40	1	27678	140
2014-08-14 18:43:51	0	0	27315	0	27090	40	1	27602	140
2014-08-14 18:43:51	0	0	27380	0	27161	40	1	27594	140
2014-08-14 18:43:52	0	0	27346	0	27116	40	1	27564	140
2014-08-14 18:43:52	0	0	27396	0	27189	40	1	27675	140
2014-08-14 18:43:52	0	0	27373	0	27076	40	1	27567	140
2014-08-14 18:43:53	0	0	27352	0	27053	40	1	27522	140
2014-08-14 18:43:53	0	0	27357	0	27112	40	1	27657	140
2014-08-14 18:43:53	0	0	27351	0	27072	40	1	27523	140
2014-08-14 18:43:54	0	0	27359	0	27146	40	1	27611	140
2014-08-14 18:43:54	0	0	27370	0	27160	40	1	27617	140
2014-08-14 18:43:54	0	0	27345	0	27098	40	1	27669	140
2014-08-14 18:43:54	0	0	27355	0	27155	40	1	27584	140
2014-08-14 18:43:55	0	0	27366	0	27169	40	1	27612	140

图 3-31 事件记录数据

3) 检查发现主变压器 A 端子与 T 型头连接处炸裂漏油，如图 3-32 所示。

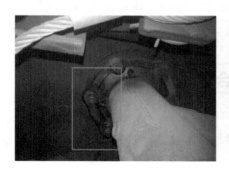 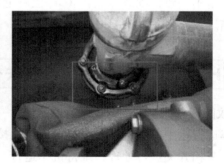

图 3-32 变压器 A 端子炸裂漏油

4) 由于变压器 A 端子炸裂，引起机车一次侧回路接地。

3. 故障处理

1) 更换变压器。
2) 检查 25kV 一次侧的高压电缆总成，应无过热现象。
3) 检查一次侧的电流互感器外观及接线是否良好。
4) 检查压力释放阀、压力继电器，功能正常、未动作。

4. 总结与分享

1）机车一次电流具有两个保护值，当一次电流有效值大于320A时，主断路器立即跳开；当一次电流瞬时值大于600A时，主断路器立即跳开。显示屏上显示TCU保护性分主断、一次电流过电流等故障信息。故障消失后，司机按"微机复位"按钮后主断路器可闭合，机车正常工作。

2）主断路器闭合0.5s后，TCU检测到一次电流有效值大于320A并超过2.5s，进行软件保护；TCU检测到主断路器已合上的信号后，并且检测到一次电流瞬时值大于600A，进行硬件保护。

3）可以通过下载数据分析确认两架TCU检测的值是否一致。若一致，故障点应在公共部分，可检查两架一次侧电流检测板传感器内阻是否开路（正常情况下在2Ω以下），检查一次侧电流互感器及相关连接线；检查一次侧是否真实接地。若不一致，故障点应在上报故障架的一次侧检测电路上，检查故障架一次侧电流检测板输出端是否开路，检查TCU一次侧电流检测通道。

4）当机车运行途中出现一次侧过电流时，可以先切除报故障架TCU，看另一架是否也会报故障。若另一架也报该故障，检查一次侧电流互感器及相关线路；若另一架不报该故障，则可判断为非真实一次侧过电流，故障点应为一次侧电流检测电路部分。

5）TCU一次侧电流检测通道检查可对调OUT1、OUT2信号线排查，若此时电流偏差现象转移，检查电流检测板故障；若电流偏差现象未转移，检查模拟输入A、网侧信号、LCC板及插件箱。甩开OUT1信号线并短接至OUT2点排查（注意：此时检测的电流只有实际电流的一半），若此时一次电流和二次电流一致，则故障点在电流检测板中；若一次电流和二次电流还是不一致，则故障点在TCU检测电路中，应检查模拟输入A、网侧信号、LCC板及插件箱。

3.13 HXD1D型机车主压缩机卡合打风故障分析

1. 故障现象

机车运行途中，微机显示屏报压缩机1接触器卡合，压缩机1打风故障，乘务人员断开压缩机1三相开关进行处理，维持机车运行。

2. 故障分析

1）下载数据分析发现，CCU网络发出分断接触器=34-K23指令，输出A31_03断开，但=34-K23接触器反馈信号E31_16一直为高电平信号，且显示压缩机1接触器一直闭合，如图3-33所示。

2）进入显示屏I/O接口界面，观察输出信号A31_03为低电平，且DXM31模块面板中A31_03指示灯状态为灭灯，说明输出控制指令信号正常。

3）观察=34 K10状态反馈信号E31_16一直为高电平，且观察DXM31模块面板中的E31_16指示灯状态为常亮，说明该输入信号一直得电或者模块内有串电。

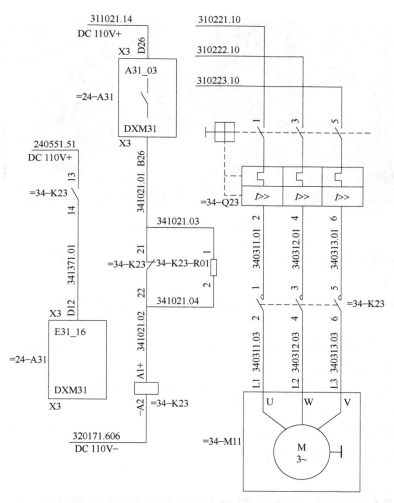

图 3-33 压缩机起动电路控制原理

4）甩开=24-A31-X3 接头，用万用表测量 X3 接头中 D12 与 Z16 之间是否有 110V 电压，有 110V 电压，则需检查接触器，若无电压，则为 DXM31 模块内部串电，需要更换 DXM31 模块。

5）检查=34-K23 接触器，发现接触器为闭合状态，使用万用表测量接触器中 A1 与 A2 之间是否有 110V 电源，若无电压，是接触器真实卡合。再次测量接触器辅助联锁 13、14 点之间电阻值为零，判定接触器卡合造成辅助联锁故障。拆解接触器发现内部主触点有烧损粘连现象，而且机械部分卡死，其反馈信号 13、14 点始终闭合，如图 3-34 所示。

3. 故障处理

1）更换 34-K23 接触器，并检查型号是否符合标准。

2）检查相关线路连接情况，避免因接线松动造成接触器过电流烧损。

4. 总结与分享

1）如果网络报接触器卡合故障，通常是在控制系统输出断开命令后，没有收到接触器断开的反馈信号。

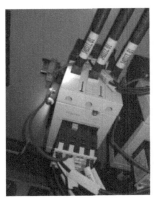  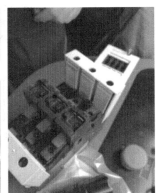

图 3-34 接触器烧损卡合

2）如果网络报接触器卡分故障，通常是在控制系统输出断开命令后，没有收到接触器闭合的反馈信号。

3）控制系统没有收到闭合/分断反馈信号，通常与反馈信号的电路、输入输出模块的状态有关联。

4）若模块的状态为高（低）电平，与断开（闭合）对应，那么误报的可能性较大，需更新网络程序后再进行试验。

5）若模块的状态为高（低）电平，与断开（闭合）不相对应，就需要按照模块节点的电平进行排查。

6）接触器出现烧损卡合、触头烧结，通常与接线松动、负载过大、触点容量不够、触点接触面过小及其他特性不佳等有关联。

3.14 HXD1 型机车主变压器水泵三相开关跳开故障分析

1. 故障现象

机车在正线运行中，B 节主变压器水泵三相开关=34-Q12 自动断开，司机切除单节并维持运行，回段后处理。

2. 故障分析

1）机车回段后进行高压试验，主断路器闭合后，B 节机车故障显示屏很快提示 TCU 水压差欠电压报警、TCU 保护性牵引封锁、TCU 隔离、水泵三相开关 34-Q12 自动开关断开等故障，如图 3-35 所示。

2）检查 B 节主变压器水泵三相开关 34-Q12 的整定值，约为 16A，符合整定值范围，排除自动开关整定值低的可能。

3）用仪表测量水泵三相电阻值及对地绝缘，均在正常范围，排除水泵本身故障。

4）单独在水泵三相开关 34-Q12 输出端上测量，三相 AC 440V 电源正常，排除开关与电源故障。

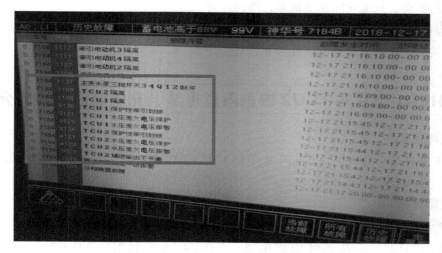

图 3-35　机车故障显示屏故障提示

5）对照机车原理图可知，水泵三相电源线从三相开关输出经过低压柜=92-X143.01 端子，然后到冷却塔接线盒。经过测量，三相开关输出端至冷却塔水泵接线处存在一路不通的情况，在检查=92-X143.01 端子时，发现水泵接线的端子防松卡松脱、端子松动，拔掉端子检查发现 40、41 点有放电痕迹，如图 3-36 所示。

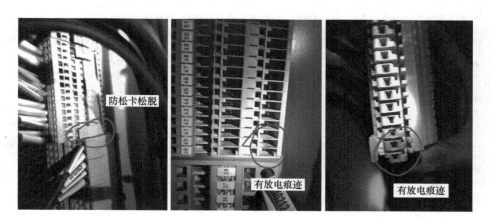

图 3-36　端子松动、接线点位有放电痕迹

6）故障原因为端子连接不牢，水泵工作在断相工况下，造成开关断开。

3. 故障处理

1）更换新的接线端子。

2）检查其余端子是否有类似现象。

4. 总结与分享

1）水泵开关跳开会导致机车主断路器跳开，牵引封锁，影响行车安全。

2）处理流程为先检查水泵自动开关整定值是否正常，再重新闭合开关，继续运行。如果无法重新闭合，只能切除该节机车，维持运行。

3) 运行中的机车若出现辅机三相开关跳开，通常都与供电线路、开关损坏、辅机故障等有较大关联，排查故障可从这几方面进行。

3.15 HXD1 型机车 TCU2 四象限过电流、充电超时故障的分析

1. 故障现象

HXD1 型机车在高压整备试验时 B 节机车 TCU2 出现"四象限一、二过电流，一次侧峰值过电流，充电超时"等故障。

2. 故障分析

1) 下载数据发现机车于 17：35：26 出现"TCU2_四象限一过电流""TCU2_四象限二过电流""TCU2_一次侧峰值过电流""TCU2_充电超时""TCU2_保护性分主断""TCU2_保护性牵引封锁"故障，故障持续 4s 后消除，17：50：49 故障再次出现，如图 3-37 所示。

选择	列车编号	车辆名称	故障代码	故障名称	故障开始时间	故障结束时间	故障发生次数	故障类型
□	1637	B	1107	1架2轴电机隔离	2018-05-16 17:34:10	2018-05-16 17:34:33	1	电机
□	1637	B	1108	辅逆1隔离	2018-05-16 17:34:10	2018-05-16 17:34:33	1	辅逆
□	1637	B	4130	TCU2_充电超时	2018-05-16 17:35:26	2018-05-16 17:35:30	1	主变流器2
□	1637	B	4137	TCU2_保护性分主断	2018-05-16 17:35:27	2018-05-16 17:35:31	1	主变流器2
□	1637	B	4136	TCU2_保护性牵引封锁	2018-05-16 17:35:27	2018-05-16 17:35:31	1	主变流器2
□	1637	B	1110	2架2轴电机隔离	2018-05-16 17:35:30	系统断电时故障还未结束		辅逆
□	1637	B	1111	2架1轴电机隔离	2018-05-16 17:35:30	系统断电时故障还未结束	1	电机
□	1637	B	1112	辅逆2隔离	2018-05-16 17:35:30	系统断电时故障还未结束		
□	1637	B	1109	TCU2隔离	2018-05-16 17:35:31	系统断电时故障还未结束	1	TCU
□	1637	B	1104	列车操作端冲突	2018-05-16 17:42:00	2018-05-16 17:42:08	1	司控器
□	1637	B	65280		2018-05-16 17:42:41	2018-05-16 17:42:41	1	
□	1637	B	4130	TCU2_充电超时	2018-05-16 17:50:49	2018-05-16 17:50:53	1	主变流器2
□	1637	B	4137	TCU2_保护性分主断	2018-05-16 17:50:49	2018-05-16 17:50:54	1	主变流器2
□	1637	B	4136	TCU2_保护性牵引封锁	2018-05-16 17:50:50	2018-05-16 17:50:54	1	主变流器2
□	1637	B	1110	2架2轴电机隔离	2018-05-16 17:50:53	系统断电时故障还未结束		辅逆
□	1637	B	1111	2架1轴电机隔离	2018-05-16 17:50:53	系统断电时故障还未结束	1	电机
□	1637	B	1112	辅逆2隔离	2018-05-16 17:50:53	系统断电时故障还未结束		
□	1637	B	1109	TCU2隔离	2018-05-16 17:50:54	系统断电时故障还未结束	1	TCU

图 3-37 机车严重故障数据

2) 从波形分析，故障时刻，由于接地检测启动四象限一，启动后第一个周波四象限即四象限一过电流，分析 TCU 发出的四象限脉冲状态并无异常，四象限电流持续几个周期，直至主断路器断开才消失，此时 TCU 发至模块的脉冲由于四象限过电流故障已经封锁，由此说明正常的保护已经失效，IGBT 关断已经失效，如图 3-38 所示。

3) 该起充电超时从波形上分析，预充电过程 B 节 TCU2 采集的中间电压几乎为 0，波形为典型的中间直流回路故障波形，此时四象限一模块应该未工作，1s 后控制程序因未检测到中间回路电压，报出充电超时故障，如图 3-39 所示。

4) 故障原因为 B 节 TCU2 四象限一模块驱动回路问题，导致变流器模块未工作，引起充电超时。

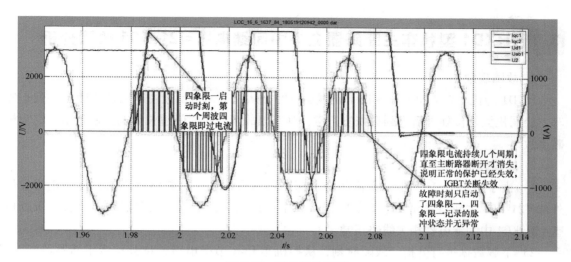

图 3-38 四象限波形图

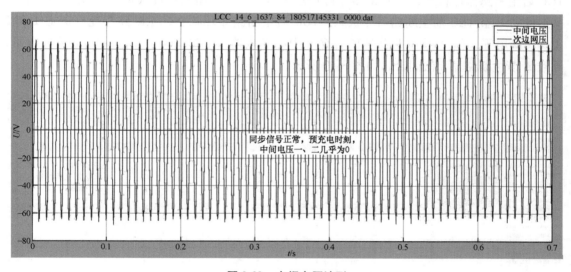

图 3-39 中间电压波形

3. 故障处理

更换故障变流器模块驱动板。

4. 总结与分享

1）导致充电超时的原因有支撑电容故障、二次谐振电容故障、斩波管短路、中间直流回路故障、变流柜输入侧高压电路开路、中间电压传感器故障、模块母排连接处放电等。

2）以上故障在例行高压试验时，均可直接检验出。检查发现该车出厂试验记录良好，到段后主变柜状态良好，故可排除以上故障。

3）由于故障发生在机车大复位之后，但机车上线运行正常，且检查主回路各相参数都正常，因此故障原因为变流器模块未投入导致充电超时。

3.16 HXD1 型机车主断路器允许中间继电器 =21-K04 故障分析

1. 故障现象

HXD1 型机车在双机重联工况下正线运行时，从控节司机反馈主断路器不闭合。列车停车，经司机大复位处理后，列车恢复正常，列车因故障停车时间过长影响正常到站，定为机破事故。

2. 故障分析

1）由于机车 CCU 发出了允许闭合主断路器信号，TCU 主断路器环状态反馈正常，但外部 =21-K04 主断路器允许中间继电器状态未反馈闭合，导致主断路器未能闭合，所以检查 =21-K04 中间继电器相关线路正常。

2）下载数据进行分析，故障时刻，从控机车升 A 节受电弓，过分相后主断路器断开，机车速度为 42km/h；22：10：10 过分相后主断路器指令消除后，TCU 前主断路器环状态、TCU 后主断路器环状态、主断路器允许通道 1 和 2、主断路器环硬线回路状态均变为高电平，此时 B 节 TCU 前主断路器环状态、TCU 后主断路器环状态、主断路器允许通道 1 和 2 也保持高电平，但 A 节主断路器闭合允许中间继电器（=21-K04）状态一直保持低电平，导致 A 节主断路器无法闭合，如图 3-40 所示。

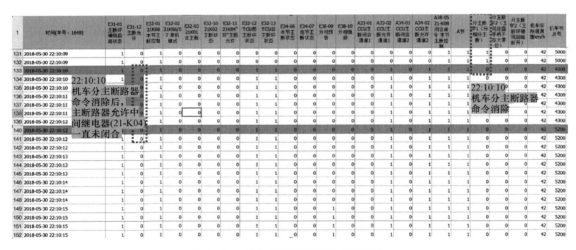

图 3-40 过分相后主断路器无法闭合

3）22：10：22 从控机车主断路器无法闭合后，主控机车司机手动分开主断路器一次，分开主断路器后，主断路器允许中间继电器（=21-K04）状态保持为低电平，导致后续司机操作闭合主断路器时，主断路器再次无法闭合，如图 3-41 所示。

4）22：36：39 列车停车进行大复位操作，随后主断路器允许中间继电器（=21-K04）状态变为高电平，主断路器可以闭合，如图 3-42 所示。

5）主断路器允许中间继电器（=21-K04）状态异常，导致主断路器无法闭合。

图 3-41 手动分主断路器

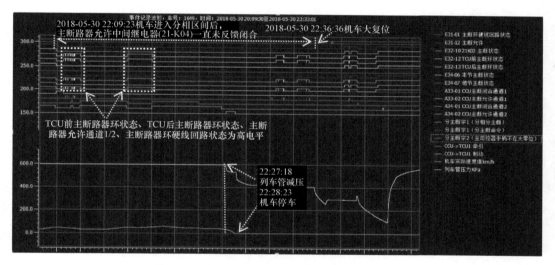

图 3-42 复位后主断路器允许中间继电器正常

3. 故障处理

1) 更换主断路器允许中间继电器（=21-K04）。

2) 检查相关线路连接，应无异常。

4. 总结与分享

1) 机车通过分相区间后，检查网络 CCU 控制指令是否正常，确定硬件还是软件控制主断路器允许中间继电器（=21-K04）状态一直为低电平，导致主断路器无法闭合。

2) 遇到该故障后，尝试用手动分断主断路器来解锁网络的锁定指令。

3) 如网络 CCU 控制指令正常，但主断路器允许中间继电器（=21-K04）状态仍为低电平，导致主断路器无法闭合，应检查主断路器允许中间继电器（=21-K04）相关线路，并尝试更换该主断路器允许中间继电器。

第3篇

试题指南篇

第4章
机车电工技能指南

4.1 初级工试题

4.1.1 选择题

1. 1T（特）=（　　）Gs（高斯）。
   A. 10　　　　　　　B. 10^2
   C. 10^4　　　　　　D. 10^6

2. 机车用蓄电池组采用（　　）方式。
   A. 串联　　　　　　B. 并联
   C. 串并联　　　　　D. 均正确

3. 电阻值分别为20Ω和60Ω的电阻并联，总电阻值为（　　）Ω。
   A. 15　　　　　　　B. 20
   C. 60　　　　　　　D. 80

4. 当有人触电时，应首先（　　）。
   A. 切断电源
   B. 拉出触电者
   C. 对触电者人工呼吸
   D. 送医院

5. 常用的电度表属于（　　）仪表。
   A. 磁电式　　　　　B. 电磁式
   C. 电动式　　　　　D. 感应式

6. 数字万用表红表笔为（　　），黑表笔为（　　）。
   A. 正 正　　　　　B. 负 负
   C. 负 正　　　　　D. 正 负

7. 交流电（　　）正负极之分。
   A. 无　　　　　　　B. 有
   C. 可有可无　　　　D. 不确定

8. 表示无功功率单位的是（　　）。
   A. V·A（伏安）　　B. W（瓦）
   C. var（乏）　　　　D. J（焦）

9. 电量的单位是（　　）。
   A. C（库）　　　　　B. A（安）
   C. S（西）　　　　　D. H（亨）

10. 1pF=（　　）。
    A. 10^{-3} F　　　　B. 10^{-6} F
    C. 10^{-9} F　　　　D. 10^{-12} F

11. 5千克力=（　　）。
    A. 49N　　　　　　B. 20N
    C. 10N　　　　　　D. 5N

12. 长度的国际单位制单位是（　　）。
    A. m（米）　　　　B. dm（分米）
    C. cm（厘米）　　　D. mm（毫米）

13. 速度的国际单位制单位是（　　）。
    A. km/h　　　　　B. m/s
    C. m/min　　　　　D. km/s

14. 电流的常用单位是（　　）。

A. W（瓦[特]）
B. A（安[培]）
C. J（焦[耳]）
D. 以上都不对

15. 和谐型电力机车控制蓄电池组采用（　　）方式。
A. 串并联　　　　　　B. 并联
C. 串联　　　　　　　D. 上述都不对

16. 恢复高压电压互感器接线时，用扭力扳手进行过扭时需要听到（　　）声"喀"的声音。
A. 2　　　　　　　　B. 1
C. 3　　　　　　　　D. 4

17. 当总风缸压力低于 750kPa 时，HXD1B/HXD1C 型机车将（　　）。
A. 起动近端主压缩机
B. 起动远端主压缩机
C. 两端压缩机都起动
D. 两端压缩机都不起动

18. 和谐型机车电能表显示 E1 的意思是（　　）。
A. 电压
B. 电流
C. 机车消耗的电能
D. 回馈电网电能

19. 线号标注时，若线号数字沿径向书写，线号字顶应（　　）。
A. 远离端子　　　　　B. 靠近端子
C. 与端子垂直　　　　D. 任意

20. Fluke 112 万用表上规定的最大安全输入电压为（　　），校线耐压试验中最常用的是万用表的通断档和欧姆挡两个挡位。
A. 600V　　　　　　B. 1000V
C. 36V　　　　　　　D. 380V

21. 为了减小磁滞损耗，可使用导磁性能（　　）的材料。
A. 好　　　　　　　　B. 差
C. 随意　　　　　　　D. 极差

22. 由磁路的欧姆定律，磁阻和其磁导率（　　）。
A. 成正比　　　　　　B. 成反比
C. 无关　　　　　　　D. 成其他关系

23. 在磁铁外部，磁感线的方向是（　　）。
A. 从 N 极到 S 极　　B. 从 S 极到 N 极
C. 从 S 极出发　　　　D. 到 N 极结束

24. 在磁铁内部，磁感线的方向是（　　）。
A. 从 N 极到 S 极　　B. 从 S 极到 N 极
C. 从 N 极出发　　　　D. 到 S 极结束

25. 用左手定则判定通电导体在磁场中的（　　）。
A. 运动情况　　　　　B. 受力情况
C. 受力大小　　　　　D. 运动快慢

26. 同步牵引发电机是将机械能变为（　　）。
A. 直流电　　　　　　B. 单相交流电
C. 三相交流电　　　　D. 脉动直流电

27. 机车常用照明用电源为（　　）。
A. 交流 110V　　　　B. 直流 110V
C. 交流 220V　　　　D. 交流 25kV

28. 和谐型电力机车控制蓄电池输出电压为（　　）。
A. 直流 110V±2V
B. 交流 220V±2V
C. 交流 110V±2V
D. 交流 380V±2V

29. 通常电力机车用蓄电池的正极标志应用色标（　　）或永久性符号标出。
A. 红　　　　　　　　B. 黄
C. 黑　　　　　　　　D. 其他

30. 机车蓄电池提供的是（　　）。
A. 交流电
B. 直流电
C. 交、直流电均可
D. 以上均对

31. 电力机车用受电弓保证（　　）从接触网传送到机车车辆电气系统。
A. 电流　　　　　　　B. 电压
C. 电磁　　　　　　　D. 其他

32. 电力机车受电弓滑板沿着接触线滑动而传送（　　）。

A. 电能　　　　　　B. 动能

C. 电磁能　　　　　D. 其他

33. HXD1 型电力机车的牵引电动机为（　　）。

A. 交流电动机

B. 直流电动机

C. 交、直流电动机

D. 直流测速发电机

34. 晶体管放大电路中，利用的是集电极电流与基极电流成（　　）。

A. 正比　　　　　　B. 反比

C. 无关　　　　　　D. 成其他关系

35. LC 滤波电路中，L 的作用是利用其（　　）性。

A. 通高频阻低频　　B. 通低频阻高频

C. 无作用　　　　　D. 上述都不对

36. RC 滤波电路中，C 的作用是利用其（　　）性。

A. 通高频阻低频　　B. 通低频阻高频

C. 无作用　　　　　D. 上述都不对

37. 稳压二极管是利用其（　　）性。

A. 单向导电性　　　B. 反向击穿特性

C. 结电容　　　　　D. 以上都对

38. 二极管整流电路中，是利用二极管的（　　）。

A. 单向导电性　　　B. 反向击穿特性

C. 结电容　　　　　D. 以上都对

39. 一导线电阻为 R，将其对折后其电阻将为原电阻的（　　）。

A. 1/4　　　　　　 B. 1/2

C. 1　　　　　　　 D. 2

40. 欧姆定律是：电流的大小与电阻两端的电压成正比，而与电阻值成（　　）。

A. 正比　　　　　　B. 反比

C. 无关　　　　　　D. 成其他关系

41. 铜的电阻率比铝的电阻率（　　）。

A. 高　　　　　　　B. 低

C. 相等　　　　　　D. 无关

42. 发生电气火灾时，应使用（　　）进行灭火。

A. 水

B. 泡沫灭火器

C. 四氯化碳灭火器

D. 酸或碱性灭火器

43. 在机车上工作时，凡许可触及的电气仪表和器具外罩（　　）。

A. 必须接地　　　　B. 不可接地

C. 无要求　　　　　D. 视具体情况而定

44. 进行电气修理作业时，必须（　　）作业。

A. 带电　　　　　　B. 断电

C. 带电或断电　　　D. 任意

45. 电流表的内阻越大，则其测量误差越（　　）。

A. 大　　　　　　　B. 小

C. 无关　　　　　　D. 不一定

46. 电压表的内阻越大，则其测量误差越（　　）。

A. 大　　　　　　　B. 小

C. 无关　　　　　　D. 不一定

47. 仪器的标准等级越高，则该仪表的测量误差越（　　）。

A. 大　　　　　　　B. 小

C. 无关　　　　　　D. 不一定

48. 电磁式仪表可测量（　　）。

A. 交流电　　　　　B. 直流电

C. 交、直流电均可　D. 其他

49. 单相交流电的电压有效值为 220V，则其峰值为（　　）。

A. 156V　　　　　　B. 220V

C. 311V　　　　　　D. 380V

50. 在一个串联电路中，各处的导线粗细不同，则通过各导线的电流（　　）。

A. 相等

B. 不相等

C. 视导线粗细而定

D. 无关

4.1.2　判断题

1. 发生电气火灾时，应立即使用水将火扑灭。（　　）

2. 为了夹紧工件，可用套筒加长手柄或锤击手柄的方法来紧固虎钳。（   ）
3. 发生触电事故时，可立即将触电者用手拉开。（   ）
4. 电气作业时，必须断开电源。（   ）
5. 电压表测交流电压时必须红表笔接相线，黑表笔接中性线。（   ）
6. 电压表测电压时必须串入被测电路中。（   ）
7. 电流表测电流时必须串入被测电路中。（   ）
8. 正弦交流电是指电流按正弦规律变化。（   ）
9. 直流电指电流的大小和方向均不随时间改变。（   ）
10. 功率的国际单位是 W（瓦）。（   ）
11. 功率的国际单位是度。（   ）
12. 速度的国际单位是 km/h（千米/时）。（   ）
13. 动力电缆制作完焊锡环后不需进行绝缘电阻值的测试。（   ）
14. $1pF = 10^{-6} F$。（   ）
15. 电量的单位是 A（安）。（   ）
16. 1 度电 = 1 千焦。（   ）
17. r/min 是转速的单位。（   ）
18. H 是电感的单位。（   ）
19. μF 是电容量单位。（   ）
20. TZX-2，$95mm^2$ 指的是截面积为 $95mm^2$ 的镀锡铜编织线。（   ）
21. 一母排型号为 TMY8×50，指的是该母排宽度为 50mm、厚度为 8mm。（   ）
22. 不能导电的物体称为绝缘体。（   ）
23. 线缆的寿命与线缆的使用和保护有关。（   ）
24. 下线使用的装备不需要定期检查，修理更换。（   ）
25. 在下线的拖动过程中，地面不能伤及电缆外绝缘层。（   ）
26. 电缆过铁、与车体接磨的位置需做相应保护。（   ）
27. 两接线端子间导线允许剪接。（   ）
28. 容易导电的物体称为导体。（   ）
29. 钻孔时对于小直径钻头可用高转速。（   ）
30. 液压传动是借助于液体来传递能量和运动的。（   ）
31. 线号标注时，当线号数字沿电线轴向书写时，个位数应远离端子。（   ）
32. 为了焊接的快速性，在焊接插头、插座时应采用大功率电烙铁。（   ）
33. 插头、插座焊接时应使用酸性焊剂。（   ）
34. 导磁性能好的材料其磁滞损耗低。（   ）
35. 涡流会引起铁心发热。（   ）
36. 不同的材料磁导率不同。（   ）
37. 电磁力可用右手定则来判定。（   ）
38. 和谐型电力机车按设备布置一般可分为司机室、高压室、辅助室。（   ）
39. 通常电力机车辅助电源为三相交流 380V/50Hz。（   ）
40. 机车照明用电采用 220V/50Hz 单相工频交流电。（   ）
41. 根据线号即可判定其电路分类。（   ）
42. 和谐型机车司机用按键开关均为非自复按键。（   ）
43. 机车高压电器和低压电器之间有电的直接联系。（   ）
44. 电流互感器在交、直流电路中通用。（   ）
45. 电流互感器是利用电磁感应原理制成的。（   ）
46. 交流继电器也可用于直流电路中。（   ）
47. 晶体管是由两个 PN 结构成的。（   ）
48. 在串联电容中，电容量较小的电容器所承受的电压高。（   ）
49. 在并联电阻中，电阻值较大的电阻承受的电压高。（   ）
50. 金属导体电阻值与其外加电压无关。（   ）

4.2 中级工试题

4.2.1 选择题

1. 把垂直穿过磁场中某一截面的磁感线条数叫作（　　）。
   A. 磁通或磁通量　　B. 磁感应强度
   C. 磁导率　　　　　D. 磁场强度

2. 手持电动工具使用时的安全电压为（　　）。
   A. 9V　　　　　　　B. 12V
   C. 24V　　　　　　 D. 36V

3. 和谐型机车采用交流传动的目的是为了提高（　　）。
   A. 电动机电压　　　B. 电动机电流
   C. 电动机功率　　　D. 机车功率因数

4. HXD1型电力机车恒频辅助回路电压为（　　）。
   A. AC 380V　　　　 B. DC 440V
   C. DC 380V　　　　 D. AC 440V

5. 一个二极管的正反向电阻都较小，则该二极管可能（　　）。
   A. 正向导通　　　　B. 反向击穿
   C. 正向断路　　　　D. 不能确定

6. 晶闸管有（　　）个PN结。
   A. 1　　　　　　　 B. 2
   C. 3　　　　　　　 D. 4

7. 机车动车可检查（　　）的转向。
   A. 空压机　　　　　B. 冷却风机
   C. 劈相机　　　　　D. 牵引电动机

8. 两根平行导线通过同向电流时，导体之间相互（　　）。
   A. 排斥　　　　　　B. 产生磁场
   C. 产生涡流　　　　D. 吸引

9. 电阻值随外加电压或电流的大小而改变的电阻叫作（　　）。
   A. 固定电阻　　　　B. 可变电阻
   C. 线性电阻　　　　D. 非线性电阻

10. 电阻值不随外加电压或电流的大小而改变的电阻叫作（　　）。
    A. 固定电阻　　　　B. 可变电阻
    C. 线性电阻　　　　D. 非线性电阻

11. 正弦交流电的有效值等于最大值的（　　）。
    A. 1/3　　　　　　 B. 1/2
    C. 2　　　　　　　 D. 0.7

12. 交流电的三大要素是指最大值、频率、（　　）。
    A. 相位　　　　　　B. 角度
    C. 初相位　　　　　D. 电压

13. 直流电动机的感应电动势 $E = C_e \Phi n$，这里 Φ 指（　　）。
    A. 主磁通
    B. 漏磁通
    C. 气隙中的合成磁通
    D. 由电枢磁势产生的磁通

14. 开尔文电桥可用来测量电阻值在（　　）的绕组电阻。
    A. 1Ω以上　　　　　B. 5Ω以上
    C. 5~10Ω　　　　　 D. 10Ω以下

15. 在（　　），磁感线由S极指向N极。
    A. 磁场外部　　　　B. 磁体内部
    C. 磁场两端　　　　D. 磁场一端到另一端

16. 电阻器反映导体对电流起阻碍作用的大小，简称（　　）。
    A. 电动势　　　　　B. 功率
    C. 电阻率　　　　　D. 电阻

17. 机车原理图中KT指的是（　　）。
    A. 电流继电器　　　B. 电压继电器
    C. 时间继电器　　　D. 欠电压继电器

18. 机车原理图中KM指机车的（　　）。
    A. 主断路器　　　　B. 时间继电器
    C. 压力继电器　　　D. 接触器

19. 机车原理图中QF指的是（　　）。
    A. 受电弓　　　　　B. 主断路器
    C. 接触器　　　　　D. 继电器

20. 蓄电池并联则（　　）。

A. 容量不变，电压升高
B. 容量不变，电压不变
C. 容量增加，电压不变
D. 容量增加，电压增加

21. 蓄电池串联则（　　）。
A. 容量不变，电压升高
B. 容量不变，电压不变
C. 容量增加，电压不变
D. 容量增加，电压增加

22. （　　）的工频电流通过人体时，会有不舒服的感觉。
A. 0.1mA　　　　B. 1mA
C. 2mA　　　　　D. 4mA

23. 穿入线管的电缆，外径面积之和不应超过线管内孔横截面积的（　　）。
A. 65%　　　　　B. 70%
C. 80%　　　　　D. 85%

24. 每个螺栓接线座（端子）上接线数不超过（　　）根。
A. 3　　　　　　B. 4
C. 5　　　　　　D. 2

25. 和谐型牵引电动机的冷却方式是（　　）。
A. 强迫风冷　　　B. 油冷
C. 水冷　　　　　D. 自然风冷

26. 机车6A系统即（　　）。
A. 机车事故检测记录系统
B. 机车行车安全监控系统
C. 机车车载安全防护系统

27. 由晶体管组成的共发射极、共基极、共集电极三种放大电路中，电压放大倍数最小的是（　　）。
A. 共发射极电路
B. 共集电极电路
C. 共基级电路
D. 共基极和共集电极电路

28. 在由二极管组成的单相桥式整流电路中，若一只二极管断路，则（　　）。
A. 与之相邻的另一只二极管将被损坏
B. 电路仍能输出单相半波信号

C. 其他二极管相继损坏
D. 上述都不对

29. 为了保证晶闸管能准确、可靠地被触发，要求触发脉冲的前沿要（　　）。
A. 小　　　　　　B. 陡
C. 平缓　　　　　D. 无要求

30. 要使正向导通的普通晶闸管关断，只要（　　）即可。
A. 断开门极
B. 给门极加反向电压
C. 使通过晶闸管的电流小于维持电流
D. 给门极加正向电压

31. 晶体管的电流放大倍数随温度升高而（　　）。
A. 增大　　　　　B. 减小
C. 不变　　　　　D. 无规律变化

32. 晶体管工作在放大区时，集电结处于（　　）。
A. 正向偏置　　　B. 反向偏置
C. 正偏或反偏　　D. 不能确定

33. 晶体管工作在放大区时，发射结处于（　　）。
A. 正向偏置　　　B. 反向偏置
C. 正偏或反偏　　D. 不能确定

34. 单结晶体管的型号为BT3X，若X的序号越大，表示其耗散功率越（　　）。
A. 大　　　　　　B. 小
C. 无关　　　　　D. 以上均不对

35. 晶闸管一旦导通，若在门极加反压，则该晶闸管将（　　）。
A. 继续导通　　　B. 马上关断
C. 不能确定　　　D. 缓慢关断

36. 一晶闸管型号为3CT200/600指它的额定电压为（　　）。
A. 200V　　　　　B. 2000V
C. 600V　　　　　D. 6000V

37. 螺栓式晶闸管的螺栓是晶闸管的（　　）。
A. 阴极　　　　　B. 阳极
C. 门极　　　　　D. 任意

38. 硅整流二极管的额定电流是指（　　）。
A. 额定正向平均电流
B. 反向不重复平均电流
C. 反向重复平均电流
D. 维持电流

39. 硅整流二极管的额定电压是指（　　）。
A. 正向平均电压
B. 反向不重复峰值电压
C. 反向重复峰值电压
D. 以上答案均不对

40. 晶闸管的额定电流是指（　　）。
A. 额定正向平均电流
B. 反向不重复平均电流
C. 反向重复平均电流
D. 以上答案均不对

41. 晶闸管的额定电压是指（　　）。
A. 正向平均电压
B. 反向不重复峰值电压
C. 反向重复峰值电压
D. 以上答案均不对

42. 主变压器网压的恒功范围是（　　）。
A. 17.5～31kV
B. 22.5～29kV
C. 19～31kV
D. 31～60kV

43. 母线和母线连接处、母线和电器端子连接处的连接长度应（　　）。
A. 接近铜排的宽度
B. 等于铜排的宽度
C. 不小于铜排的宽度
D. 不大于铜排的宽度

44. 下列电器不能带电转换的是（　　）。
A. 转换开关　　　B. 线路接触器
C. 辅机接触器　　D. 励磁接触器

45. 机车布线接线用接头分（　　）。
A. 3种　　　　　B. 2种
C. 5种　　　　　D. 4种

46. 机车线号标记应采用（　　）。
A. 靠边法　　　　B. 个位数法
C. 直视法　　　　D. 机械制图法

47. 机车主电路中与主回路直接电连接的电路布线必须用（　　）线号。
A. 黄底　　　　　B. 红底
C. 白底　　　　　D. 蓝底

48. 机车各辅机在起动时要（　　）。
A. 顺序起动　　　B. 同时起动
C. 任意起动　　　D. 不能确定

49. 电力机车一次侧过电流保护是由高压电流互感器和（　　）组成的。
A. 5A 电流继电器
B. 大电流继电器
C. 高压电压继电器
D. 低压电压继电器

50. 电力机车控制电路的耐压为（　　）而无闪络击穿发生。
A. 60kV　　　　B. 2kV
C. 1.4kV　　　　D. 600V

4.2.2　判断题

1. 25kV 电缆布线时，高压危险标记需粘贴在 T 型头旁的车体上。（　　）

2. 直流机车的牵引电动机为直流电机，交流机车的牵引电动机为交流电机。（　　）

3. HXD1B/HXD1C 停车制动功能完全缓解时，其测试点 B40.09 压力为（550±15）kPa。（　　）

4. HXD1D 型电力机车 CIO 模块的无冗余功能。（　　）

5. 机车调试时，可以先做库内动车试验后做制动系统试验。（　　）

6. HXD1 型机车制动手柄 EBV 打至紧急位，机车此时速度小于 5km/h，机车自动撒砂。（　　）

7. HXD1C 对控制电路电缆的绝缘试验做耐压试验，耐压等级为 1500V；打耐压后对控制电缆进行绝缘检测，检测电压为 500V，绝缘电阻要求 5MΩ。（　　）

8. HXD1B/HXD1C 撒砂试验时，砂箱盖应盖好。（　　）

9. 工艺规程应该规定产品的工艺线路和所用的设备和工艺装备。（　　）

10. HXD1B/HXD1C 在压力测试前 DPI705 数字压力表的示数应为 0。（　　）

11. HXD1B/HXD1C 无火回送时，总风管不必连接。（　　）

12. HXD1C 机车正常工作时，机车上的两组 CCU 都在主机工作状态。（　　）

13. 设计工艺文件的依据是产品的图样和技术要求，以及有关的工艺标准。（　　）

14. HXD1B/HXD1C 无火回送时，列车管必须连接。（　　）

15. 工艺规程的编制应该有超前意识。（　　）

16. DPI705 数字压力表可以自动测量管路系统 1min 的泄漏量。（　　）

17. HXD1B/HXD1C 做无火回送时平均管中的风可以不用排。（　　）

18. 工装设计任务书是设计专用工装的主要依据。（　　）

19. HXD1B/HXD1C 可以在 CCBII 得电状态下对无火。（　　）

20. 工装设计要保证工艺基准与设计基准的统一。（　　）

21. 时速 160km/h 的动力集中动车组动力车主变压器与谐振电抗器共用油箱。（　　）

22. HXD1B/HXD1C 做无火回送时对机车总风压力没要求。（　　）

23. "工艺规程"的目的是为了更好地保证产品质量和生产率的要求，以实现"优质、低产、低消耗"。（　　）

24. 机车在无火回送状态下严禁升弓和使用明火及易燃用具。（　　）

25. 部分电路欧姆定律反映了在含电源的一段电路中，电流与这段电路两端的电压及电阻的关系。（　　）

26. 在电源内部电动势方向由正极指向负极，即从低电位指向高电位。（　　）

27. 蓄电池充电是将电能转化为化学能。（　　）

28. 两个或两个以上的电阻首尾依次相连，中间无分支的连接方式叫电阻的串联。（　　）

29. 当晶体管的发射结和集电结都处于正偏状态时，晶体管一定工作在饱和区。（　　）

30. 单结晶体管有截止区、负阻区、饱和区三个区。（　　）

31. 企业文化的功能包括娱乐功能。（　　）

32. 环境污染的形式主要有大气污染、水污染、噪声污染等。（　　）

33. 机车主电路、辅电路、控制电路之间无任何电的联系。（　　）

34. 自动开关可用于频繁地接通和断开的电路。（　　）

35. 接地继电器须采用人工手动恢复。（　　）

36. 时速 160km/h 动力集中动车组动力车主变压器是用来将网压降为低压电的装置。（　　）

37. 电力机车高压试验是用以检查机车耐压的。（　　）

38. 电压的方向规定由高电位点指向低电位点。（　　）

39. 一般规定正电荷移动的方向为电流的方向。（　　）

40. 同步电动机的频率和极数一定，则转速一定。（　　）

41. 直流电动机正常工作时不允许产生换向火花。（　　）

42. 一变压器的容量为 100kV·A，容量指的是有功功率。（　　）

43. 不同电路应使用不同电压等级的绝缘电阻表来测量其绝缘电阻。（　　）

44. 稳压二极管是二极管的一种，它在电路中的使用方法和普通二极管一样。（　　）

45. 电机绝缘的使用寿命是符合一定标准的，与使用及保管情况没有什么关系。（　　）

46. 主变压器油样化验结果乙炔值超过 5ppm 时应扣车更换主变压器。（　　）

47. 在同一基本尺寸下，公差等级越高，标准公差越小。（　　）

48. 在磁场外部，磁感线由 N 极指向 S 极；在磁场内部，磁感线由 S 极指向 N 极。（　　）

49. 为了防止发生人身触电事故和设备短路或接地故障，带电体之间、带电体与地面之间、带电体与其他设施之间、工作人员与带电体之间必须保持的最小空气间隙，称为安全距离。
（　　）

50. 牵引电动机接线盒盖没有扭力值要求，扳紧就行。（　　）

4.3 高级工试题

4.3.1 选择题

1. HXD1D 型电力机车共有（　　）个牵引逆变器。
   A. 1　　　　　　　B. 2
   C. 3　　　　　　　D. 4

2. 不属于主电路设备的是（　　）。
   A. 牵引电动机　　　B. 牵引整流柜
   C. 制动电阻柜　　　D. 司机控制器

3. 逆变器是将直流电转化为（　　）。
   A. 直流电
   B. 交流电
   C. 其他形式的能量
   D. 以上均不对

4. 直流斩波器是将固定电压的直流电转换成电压可变的（　　）。
   A. 直流电
   B. 交流电（单相）
   C. 三相交流电
   D. 其他形式的电能

5. 下列控制方案中不适于交流机车调速的是（　　）。
   A. 转差频率控制　　B. 矢量控制技术
   C. 直接力矩控制　　D. 变极调速控制

6. 机车采用四象限变流器的最大优点是（　　）。
   A. 易于控制　　　　B. 功率因数高
   C. 所用元件少　　　D. 功率较大

7. 电桥是用于测量（　　）的仪器。
   A. 电阻　　　　　　B. 电压
   C. 电流　　　　　　D. 绝缘电阻

8. 带感性负载的可控整流电路加入续流二极管后，晶闸管的导通角比没有二极管前减小了，此时电路的功率因数将（　　）。
   A. 增大　　　　　　B. 减小
   C. 并不变化　　　　D. 不能确定

9. 绝缘电阻表有"L""E""G"三个接线柱，其中 G（　　）必须用。
   A. 在每次测量时
   B. 在要求测量精度较高时
   C. 当被测绝缘电阻表面不干净时，为测量电阻
   D. 以上均不对

10. 用电压表测电压时所产生的测量误差，其大小取决于（　　）。
    A. 准确度等级
    B. 准确度等级和选用的量程
    C. 所选用的量程
    D. 电压表的质量

11. 某 RLC 并联电路中的总阻抗呈感性，现在保持感性负载不变的前提下提高电源频率，则该电路的功率因数将（　　）。
    A. 增大　　　　　　B. 减小
    C. 保持不变　　　　D. 无法判定

12. 使用补偿线圈的低功率因数表的正确接线方法是（　　）。
    A. 电压线圈接后
    B. 电压线圈接前
    C. 电压线圈前后接均可
    D. 以上均不对

13. 测量电阻值约为 0.05Ω 的电阻应使用（　　）。
    A. 直流惠斯通电桥
    B. 直流开尔文电桥
    C. 万用表
    D. 交流电桥

14. 正弦交流电压任意时刻的电角度被称为该正弦量的（　　）。

A. 初相位 B. 相位
C. 相位角 D. 以上均不对

15. 线圈产生感生电动势的大小正比于通过线圈的（　　）。
A. 磁通量
B. 磁通量的变化率
C. 磁通量的大小
D. 与磁通无关

16. 直流电动机起动时在电枢电路串入附加电阻的目的是（　　）。
A. 限制起动电流 B. 增大起动力矩
C. 增大起动电流 D. 减小起动力矩

17. 接触器银或银合金触点的积垢应用（　　）清除干净。
A. 小刀
B. 细锉
C. 砂布
D. 汽油或四氯化碳溶剂

18. 接触器触点重新更换后应调整（　　）。
A. 压力、开距、超程
B. 压力
C. 压力、开距
D. 超程

19. 电动力灭弧装置一般适用于（　　）作灭弧用。
A. 交流接触器
B. 直流接触器
C. 交、直流接触器均可
D. 以上均不对

20. 一直流电磁接触器的型号为 CZ5-22-10/22，则其有（　　）个常开辅助触点。
A. 0 B. 2
C. 4 D. 5

21. 变压器的额定功率，是指在铭牌上所规定的额定状态下变压器的（　　）。
A. 输入有功功率
B. 输出有功功率
C. 输入视在功率
D. 输出视在功率

22. 异步电动机的起动性能主要是指起动电流和起动（　　）两方面。
A. 力矩 B. 电压
C. 功率因数 D. 效率

23. 若三相异步电动机的转差率为 $s=0$，则它正处于（　　）区。
A. 起动 B. 运行
C. 同步 D. 发电制动

24. 标注尺寸时既要考虑设计要求又要考虑工艺要求，对零件的使用性能和装配程度有影响的尺寸，要求从（　　）出发进行标注。
A. 设计基准 B. 工艺基准
C. 施工方便 D. 其他因素

25. 同步电动机的转子转速和定子旋转磁场的转速两者的关系是（　　）。
A. 相等
B. 相差一定转速差
C. 转子转速小于定子旋转磁场转速
D. 转子转速大于定子旋转磁场转速

26. 为了使电流表测电流时的内阻准确，电流表的内阻应尽量（　　）。
A. 大 B. 小
C. 接近被测电路 D. 无关系

27. 下列保护器件中，不可用作短路保护的是（　　）。
A. 热继电器
B. 自动断路器
C. 熔断器加断相保护
D. 以上均不对

28. 从设备本身和人身安全考虑，运行中电压互感器的二次侧（　　）。
A. 不允许开路 B. 允许开路
C. 不允许短路 D. 允许短路

29. 运行中电流互感器的二次侧（　　）。
A. 不允许开路 B. 允许开路
C. 不允许短路 D. 任意

30. 直流电动机能耗制动是利用（　　）配合实现的。
A. 直流电源 B. 电阻

C. 交流电源　　　　　D. 晶闸管

31. 串励电动机（　　）在空载或轻载时起动及运转。

A. 可以　　　　　　　B. 只能
C. 不允许　　　　　　D. 任意

32. 在整流电路负载两端并联一个电容器，其输出波形脉动大小将随负载电阻值增加而（　　）。

A. 增大　　　　　　　B. 减小
C. 不变　　　　　　　D. 先增大后减小

33. 直流电动机电枢绕组经过拆卸修理后，重新包扎的绝缘应选用（　　）的绝缘材料。

A. 和原来同一个等级
B. 比原来高一个等级
C. 比原来低一个等级
D. 与原来相同

34. 直流伺服电动机在自动控制系统中用作（　　）。

A. 放大元件
B. 测量元件
C. 执行元件
D. 放大、测量和执行机构

35. 当导体沿磁感线运动时，导体中产生的感应电动势为（　　）。

A. 最大　　　　　　　B. 0
C. 最小　　　　　　　D. 视具体而定

36. 三相对称电动势的矢量和为（　　）。

A. 0　　　　　　　　 B. U_L
C. $3U_L$　　　　　　D. $3U$

37. 三相交流电是由三个频率相同、电势振幅相等、相位互差（　　）的交流电路组成的电力系统。

A. 0°　　　　　　　　B. 90°
C. 120°　　　　　　　D. 180°

38. 电路从一个稳态变化到另一个稳态，电路中所发生的现象叫作（　　）现象。

A. 过渡　　　　　　　B. 失稳
C. 暂态　　　　　　　D. 换路

39. 交流传动电力机车，采用交流异步电动机作为牵引电动机，它的优点是（　　）。

A. 恒功调速范围宽
B. 功率因数高
C. 向前、向后转换方便
D. 以上都对

40. 当导体垂直于磁感线运动时，导体中产生的感应电动势为（　　）。

A. 最大　　　　　　　B. 0
C. 最小　　　　　　　D. 不定

41. 在由二极管组成的单相桥式整流电路中，若一只二极管断路，则（　　）。

A. 与之相邻的另一只二极管烧坏
B. 电路仍能输出单相半波信号
C. 其他三只二极管相继损坏
D. 电路仍能输出全波信号。

42. 主断路器属于高压断路器的一种，按其（　　）可分为油断路器、空气断路器、六氟化硫断路器和真空断路器。

A. 灭弧介质　　　　　B. 灭弧方式
C. 导电介质　　　　　D. 导电方式

43. 电力机车司机控制器通过控制机车（　　）中的电器，间接控制机车主电路的电气设备。

A. 控制电路　　　　　B. 主电路
C. 辅助电路　　　　　D. 受电弓

44. 避雷器是一种限制（　　）的保护装置，通常由火花间隙和非线性电阻组成。

A. 过电压　　　　　　B. 过电流
C. 过载　　　　　　　D. 过热

45. 避雷器的过电压越（　　），火花间隙击穿越快，从而限制了加于被保护物上的过电压。

A. 高　　　　　　　　B. 低
C. 平稳　　　　　　　D. 以上都不

46. 电动机的运行过程中，存在输入功率、输出功率和各种耗损，它们之间应满足（　　）定律。

A. 能量守恒　　　　　B. 欧姆定律
C. 基尔霍夫定律　　　D. 以上都不对

47. 根据GB/T 45001—2020《职业健康安全管

理体系：要求及使用指南》，员工应参与和了解的协商和沟通活动有（　　）。

A. 商讨影响他们职业健康安全的任何变化
B. 批准职业安全健康方针
C. 适当参与危险源辨识、风险评价和确定控制措施
D. 不需参加

48. GB 2893—2008《安全色》中规定的 4 种安全色是（　　）。

A. 红、蓝、黑、绿
B. 红、青、黄、绿
C. 红、青、黑、绿
D. 红、蓝、黄、绿

49. 传感器是借助于（　　）元件接收一种形式的信息，并按一定的规律将它转换成另一种信息的装置。

A. 检测　　　　B. 电容
C. 电阻　　　　D. 电感

50. 对产生严重职业病危害的作业岗位，应当在其醒目位置设置（　　）标识和中文警示说明。

A. 警示　　　　B. 提醒
C. 许可　　　　D. 禁止

4.3.2　判断题

1. 电力机车主变压器油泵采用三相异步电动机，当相序接错时也能正常工作。（　　）
2. 主变压器输出功率不变时，网压降低一次电流也会降低。（　　）
3. HXD1 型机车如果压力继电器二级报警出现 1 次，HVB 应被锁定。（　　）
4. HXD1 型机车牵引电动机的温度由 CCU 检测。（　　）
5. HXD1 型机车只有当主断路器断开和受电弓降下，改变受电弓模式才是有效的。（　　）
6. 机车模式选择开关在"正常操作"位置可以进行辅机测试。（　　）
7. 真空主断路器在分闸均需要压缩空气驱动。（　　）
8. 安全色黄色传递注意、警告的信息。（　　）

9. 真空主断路器在分闸和合闸均需要压缩空气驱动。（　　）
10. HXD1 型机车如果停放制动没有缓解，机车能够给出牵引力。（　　）
11. 机车的耐压绝缘不符合要求是属于重缺陷。（　　）
12. HXD1 型机车通过 CCU 检测网压大小。（　　）
13. 加工质量的波动是完全可以避免的。（　　）
14. 如果受电弓已经升起 15min，但没有检测到网压或者主断路器没有合上，CCU 应控制受电弓自动降下。（　　）
15. HXD1 型铁八机车正常运行时闭合两个主断路器。（　　）
16. 机车起紧急制动列车管压力降到 0kPa。（　　）
17. HXD1D 型机车为重载货运机车。（　　）
18. r/min 是转速的单位。（　　）
19. HXD1 型铁八机车为高速客运机车。（　　）
20. 大部分产品质量特性难于直接定量反映。（　　）
21. 机车接触网电压采用直流 25kV。（　　）
22. 处理机车故障时可以不用断主断路器、降弓，直接进低压柜检查线路。（　　）
23. HXD1 型机车蓄电池提供牵引用电。（　　）
24. 如果一个变压器上有两个油泵，则两个油泵应分开起动。（　　）
25. HXD1 机车型控制风缸压力不足，辅助压缩机需手动打风。（　　）
26. HXD1 型机车蓄电池充电机由变频辅助逆变器提供电源。（　　）
27. HXD1D 型电力机车没有列车供电柜。（　　）
28. 复兴号高原内电双源动车组电力车电力车双弓状态下，默认整列向前运行方向的第二主断路器闭合。（　　）

29. 复兴号高原内电双源动车组单独制动手柄具有单缓功能,当使用单缓功能时,编组中所有动力车因自动制动手柄产生的动力制动可以被缓解。（　）

30. 停放制动是通过弹簧制动来实现的。（　）

31. 在制动系统中,从外部有两种途径触发紧急制动,一种是使紧急电控阀得电,另一种是使紧急输入继电器得电。（　）

32. 和谐型电力机车紧急制动不会导致牵引封锁。（　）

33. 和谐型电力机车在静止、速度低于3km/h或者方向手柄在"零"位时,无人警惕装置不动作。（　）

34. 机车惩罚制动总是导致牵引封锁。（　）

35. 短路稳态电流是包括周期分量和非周期分量的短路电流。（　）

36. 使用指针式万用表检测晶闸管,不可使用 $R \times 10k\Omega$ 档,以防表内电压过高而使门极损坏。（　）

37. 真空断路器的真空开关可长期使用。（　）

38. 例行试验的内容一般有一般检查、动作值测定两项。（　）

39. 电器试验可分为型式试验和例行试验两种。（　）

40. 机车产品单件耐压应与整车耐压一致。（　）

41. 例行试验是为了保证每台产品的质量而在产品总装后进行的试验。（　）

42. 机车蓄电池对地绝缘电阻不可用绝缘电阻表来测量。（　）

43. 机车蓄电池在运用中是不需要充电的。（　）

44. 机车蓄电池组在空载时电压应保持在110V以上。（　）

45. 二进制就是逻辑变量。（　）

46. 霍尔元件是利用霍尔效应制成的半导体磁电转换器件。（　）

47. 热敏电阻的温度系数多为负值。（　）

48. 由晶体管组成的共集电极放大器的电流放大倍数和电压放大倍数均大于1。（　）

49. 将由模拟信号变成数字信号的装置叫作D/A转换器。（　）

50. 在线性电路中,可以利用叠加原理计算电流、电压和功率。（　）

4.4 技师试题

4.4.1 填空题

1. 稳压二极管的稳压是利用稳压二极管的（　　　）。

2. 绝缘材料的耐热等级按其正常条件下允许的最高工作温度可分为Y、A、E、B、F、H、C七级,其中（　　　）级工作极限温度最高。

3. 整流滤波电路中滤波电路相当于一个（　　　）电路。

4. RC 充电电路的时间常数的计算公式为（　　　）。

5. RL 充电电路的时间常数的计算公式为（　　　）。

6. 晶体管串联稳压电路是将晶体管作为一个（　　　）串联在负载回路中。

7. 电力机车的主变压器绕组由高压绕组、牵引绕组和（　　　）绕组等组成。

8. 时速160km的动力集中电动车组受电弓模式为（　　　）位,全列受电弓状态依据占用节默认后弓。

9. 机车异步交流电动机是三相（　　　）异步电动机。

10. 电传动机车直流牵引电动机的起动方式为（　　　）。

11. 变压器在空载运行时,若电源电压稍高于其一次额定电压,则其空载电流将会随之（　　　）。

12. 直流电动机的制动方法有电阻制动、

（　　　　）和反接制动等三种。

13. 电传动机车中直流牵引电动机的转向是通过改变直流牵引电动机（　　　　）的电流方向来实现的。

14. 和谐机车耐压试验时，低压控制、辅助回路对地耐压工频交流电持续（　　　　）。

15. 绝缘材料的绝缘强度是指（　　　　）厚绝缘材料所能耐受的电压千伏值。

16. 绝缘材料按形态可分为气体绝缘材料、（　　　　）和固体绝缘材料等。

17. 晶体管做开关用时其工作在（　　　　）。

18. 自耦变压器区别于一般变压器的特点是除了有磁的联系外，还有（　　　　）。

19. 机车用线号来表示该线的电路情况，小号线号表示（　　　　）。

20. 单结晶体管可分为截止区、（　　　　）和饱和区。

21. 交流电动机包括同步电动机和（　　　　）。

22. IGBT 的中文全称是（　　　　）。

23. 晶体管放大电路中晶体管处在（　　　　）。

24. 振动电路采用的是（　　　　）反馈。

25. 普通晶闸管整流元件导通的条件是加正向电压和（　　　　）。

26. 若使普通晶闸管关断则可加反向电压或使其电流（　　　　）。

27. 三相桥式整流电路的脉动系数比单项整流电路的（　　　　）。

28. 直流开尔文电桥是用来测量（　　　　）的比较仪器。

29. 时速 160km 动力集中电动车组动力车控制蓄电池电压低于（　　　　）自动降弓。

30. 直流牵引电动机的换向绕组的作用是（　　　　）。

31. 时速 160km 动力集中电动车组单节动力车的主断硬线环由压力继电器、高压接地开关、（　　　　）、司机紧急按钮、受电弓截止阀等 5 个器件辅助触点串联组成。

32. 机车如果网压低于（　　　　）超过 1s，主断路器将被分断。

33. 三相笼型感应电动机的起动有直接起动和（　　　　）。

34. 三相异步感应式电动机的减压起动有串联电阻起动、（　　　　）、自耦减压起动和延边三角形起动四种。

35. 直流串励电动机具有（　　　　）特性。

36. 牵引电动机采用（　　　　）结构的电刷。

37. 蓄电池绝缘电阻不得低于（　　　　）MΩ。

38. 三相感应电压在运行中通常采用过载保护和（　　　　）。

39. 转换开关无电转换是靠司机手柄在（　　　　）可进行转换来保证的。

40. 时速 160km 动力集中电动车组正常网压应在（　　　　）的范围内。

41. HXD1 型机车如果网压高于 31.5kV 超过（　　　　）s，主断路器将被分断。

42. 和谐型机车上 TCU 表示牵引变流流柜，ACU 表示（　　　　）。

43. HXD1 型电力机车控制蓄电池充机由（　　　　）（填"定频""变频"）辅助逆变器提供电源。

44. HXD1 型电力机车主变压器有（　　　　）个油温传感器。

45. 在电池放电过程中，电解液的密度将逐渐（　　　　）。

46. CCU 应在辅助变流器完成起动（　　　　）s 后才开始油流监测。

47. 蓄电池的充电方式有：初充电、普通充电、补充充电、均衡充电、（　　　　）、快速充电等。

48. 机车采用多级整流的目的是为了提高机车的（　　　　）。

49. 机车空气制动系统将由 3 个部分组成：（　　　　）、单独自动、停放制动。

50. 常用的灭弧装置有磁纵缝灭弧装置和（　　　　），以及这两种装置结合而派生的灭弧装置等。

4.4.2 选择题

1. 某正弦交流电的解析式为 $u=380\sin(314t+60°)$ V，此交流电的频率是（　　）。
A. 314Hz　　　　B. 380Hz
C. 50Hz　　　　D. 100Hz

2. 某正弦交流电压为 $u=311\sin(100\pi t-\pi/3)$ V，它的电压有效值为（　　）。
A. 311V　　　　B. 100V
C. 220V　　　　D. 380V

3. 在三相四线制供电系统中，相电压与线电压的关系是：线电压为相电压的（　　）倍。
A. $\sqrt{2}$　　　　B. $\sqrt{3}$
C. 1/2　　　　D. 1/3

4. 将三相对称负载在同一电源上作星形联结时，负载取用的功率是作三角形联结时的（　　）倍。
A. 3　　　　B. 1
C. 1/2　　　　D. 1/3

5. 当电源电压和负载的有功功率一定时，功率因数越低，电源提供的电流就（　　）。
A. 越大　　　　B. 越小
C. 恒定不变　　D. 不确定

6. 视在功率的单位是（　　）。
A. 瓦（W）　　　B. 焦（J）
C. 伏安（V·A）　D. 乏（var）

7. 视在功率也称为表观功率，它是表示电源（　　）大小的物理量。
A. 容量　　　　B. 利用率
C. 表观功率　　D. 能量

8. 交流电路中，无功功率的"无功"含义是（　　）。
A. 无用　　　　B. 消耗
C. 交换　　　　D. 损失

9. 交流电源频率越高，电感线圈对电流阻碍（　　）。
A. 越大　　　　B. 越小
C. 恒定不变　　D. 不能确定

10. 交流电源频率越高，通过电容的电流（　　）。
A. 越大　　　　B. 越小
C. 恒定不变　　D. 不能确定

11. 对于直流电来说，电感线圈可视为（　　）。
A. 开路　　　　B. 短路
C. 通路　　　　D. 不确定

12. 对直流电来说，电容相当于（　　）。
A. 开路　　　　B. 短路
C. 通路　　　　D. 不确定

13. 在 RL 串联电路中，不正确的功率因数表达式是（　　）。
A. $\cos\Phi=R/Z$　　B. $\cos\Phi=U_R/U$
C. $\cos\Phi=U_L/U$　　D. $\cos\Phi=P/S$

14. 提高功率因数的目的之一是（　　）。
A. 节约用电，增加电动机输出功率
B. 减小无功功率，提高电源利用率
C. 降低电气设备损坏率
D. 提高电动机效率

15. 提高功率因数，不正确的方法是（　　）。
A. 在感性负载两端并联电容器
B. 视负载大小合理选用电动机
C. 电路中增加电阻性负载
D. 尽量不让电动机空转

16. 三相四线制供电线路中，有关中性线叙述正确的是（　　）。
A. 中性线的开关不宜断开
B. 供电线路的中性线应安装熔断器
C. 不管负载对称与否，中性线上都不会有电流
D. 当三相负载不对称时，中性线能保证各相负载电压对称

17. 磁感线上任意一点的切线方向，就是该点的（　　）。
A. 磁场方向　　B. 受力方向
C. 磁力方向　　D. 不能确定

18. 用左手定则可以判断通电导体在磁场中的（　　）。

　　A. 受力方向　　　　B. 受力大小
　　C. 运动方向　　　　D. 运动速度

19. 在均匀磁场中，通电线圈的平面与磁感线平行时，线圈受到的转矩（　　）。

　　A. 最小　　　　　　B. 最大
　　C. 为零　　　　　　D. 不能确定

20. 在均匀磁场中，通电线圈的平面与磁感线垂直时，线圈受到的转矩（　　）。

　　A. 最小　　　　　　B. 最大
　　C. 为零　　　　　　D. 不能确定

21. 电感量一定的线圈，产生的自感电动势大，说明该线圈中通过电流的（　　）。

　　A. 数值大　　　　　B. 变化量大
　　C. 时间长　　　　　D. 变化率大

22. 感生电流的磁场方向永远和（　　）相反。

　　A. 原磁场方向
　　B. 原电流方向
　　C. 原磁通变化趋势
　　D. 感生电流方向

23. 两个线圈的一对异名端相连，作为一个线圈使用时，可以提高电感量，这种连接方式称（　　）。

　　A. 顺串　　　　　　B. 反串
　　C. 正串　　　　　　D. 逆串

24. 两个线圈的一对同名端相连，作为一个线圈使用时，整个线圈无电感量，这种连接方式称（　　）。

　　A. 顺串　　　　　　B. 反串
　　C. 正串　　　　　　D. 逆串

25. 硅钢片、坡莫合金、铁淦氧均为（　　）材料。

　　A. 软磁　　　　　　B. 硬磁
　　C. 矩磁　　　　　　D. 反磁

26. 钴钢、碳钢、铝镍钴合金均为（　　）材料。

　　A. 软磁　　　　　　B. 硬磁

　　C. 矩磁　　　　　　D. 反磁

27. 由磁路欧姆定律可知，通过改变电焊变压器磁路中（　　）长短，可以调节交流电焊机工作电流的大小。

　　A. 磁通　　　　　　B. 磁通势
　　C. 空气隙　　　　　D. 漏磁

28. 阅读电气控制电路图，应首先阅读（　　）。

　　A. 控制电路　　　　B. 动力电路
　　C. 保护电路　　　　D. 信号电路

29. 电气控制电路图中，各组成电路的功能和作用在（　　）的方格中标明。

　　A. 图下部　　　　　B. 图左侧
　　C. 图右侧　　　　　D. 图上部

30. 电气控制电路一般是由（　　）执行对电动机的控制。

　　A. 按钮　　　　　　B. 接触器
　　C. 熔断器　　　　　D. 热继电器

31. 工业生产中适于使用准确度为（　　）级的测量仪表。

　　A. 0.5~2.5　　　　　B. 1.0~2.5
　　C. 1.0~5.0　　　　　D. 1.5~5.0

32. 钳形电流表的准确度一般在（　　）级。

　　A. 0.5 和 1.0　　　　B. 1.0 和 1.5
　　C. 1.5 和 2.5　　　　D. 2.5 和 5.0

33. 在对受电弓进行拉力测试时，用弹簧秤缓慢将受电弓从 2m 拉低到 0.5m 的最大压力应为（　　）。

　　A. 65N　　　　　　B. 75N
　　C. 85N　　　　　　D. 55N

34. 在对受电弓进行拉力测试时，用弹簧秤缓慢将受电弓从 0.5m 放高到 2m 的最小压力应为（　　）。

　　A. 55N　　　　　　B. 75N
　　C. 85N　　　　　　D. 65N

35. 在对受电弓进行拉力测试时，用弹簧秤将受电弓移至大约 1m 高度并保持压力应为（　　）。

　　A. （65±5）N　　　B. （75±5）N
　　C. （85±5）N　　　D. （70±5）N

36. HXD1 型电力机车受电弓升弓时间和降弓时间分别是（　　）。

　　A. 升弓时间应为 6~10s、降弓时间应≤6s

　　B. 升弓时间应为 6~8s、降弓时间应≤5s

　　C. 升弓时间应为 6~9s、降弓时间应≥5s

　　D. 升弓时间应为 6~10s、降弓时间应≥6s

37. 总风缸压力低于（　　）时，给升弓指令辅助压缩机自动投入工作。

　　A. （650±20）kPa　　B. （450±20）kPa

　　C. （600±20）kPa　　D. （420±20）kPa

38. 使用万用表可以直接测量（　　）。

　　A. 标准电池

　　B. 晶体管极性

　　C. 微安表头

　　D. 检流计

39. HXD1 型电力机车 TCU 正常水压值应该为（　　）。（1bar＝10^5Pa）

　　A. 2.3bar<p<3.3bar　　B. 2.2bar<p<3.2bar

　　C. 2.0bar<p<3.0bar　　D. 2.5bar<p<3.3bar

40. 复兴号动力集动车组动力车压缩机开关在"自动"位时下列说法错误的是（　　）。

　　A. 总风缸压力小于（750±20）kPa 时，远端压缩机开始工作（主压缩机2）

　　B. 当总风缸压力大于（900±20）kPa 时，近端压缩机停止工作（主压缩机2）

　　C. 总风缸压力小于（750±20）kPa 时，近端压缩机开始工作（主压缩机1）

　　D. 总风缸压力小于（680±20）kPa 时，两台空气压缩机应都起动

41. 列车管定压 500kPa 时，机车无人警惕常用制动列车管最大减压到（　　）kPa。

　　A. 340~350　　B. 420~430

　　C. 410~430　　D. 340~360

42. 列车管定压 600kPa 时，机车无人警惕常用制动列车管最大减压到（　　）kPa。

　　A. 410~430　　B. 420~430

　　C. 340~350　　D. 340~360

43. 复兴号动力集动车组动力车净电流保护为（　　）。

　　A. 15A　　B. 10A

　　C. 30A　　D. 50A

44. 复兴号动力集动车组动力车接地保护为（　　）。

　　A. 15A　　B. 10A

　　C. 50A　　D. 30A

45. 绝缘材料的耐热等级为 A 级，最高允许工作温度为（　　）。

　　A. 105℃　　B. 120℃

　　C. 130℃　　D. 155℃

46. 绝缘材料的耐热等级为 B 级，最高允许工作温度为（　　）。

　　A. 105℃　　B. 120℃

　　C. 130℃　　D. 155℃

47. 导致绝缘材料老化的因素很多，主要原因是（　　）

　　A. 低温寒冷　　B. 高温过热

　　C. 阴暗潮湿　　D. 电压过高

48. 线缆压接时，截面积为 16~95mm² 的，接线头端部和绝缘层之间间隙小于（　　）。

　　A. 1mm　　B. 3mm

　　C. 5mm　　D. 2mm

49. 复兴号动力集动车组动力车库内动车试验机车最大速度为（　　）。

　　A. 15km/h　　B. 3km/h

　　C. 5km/h　　D. 2km/h

50. 电线在不超过它的最高工作温度的条件下，允许长期通过的最大电流称（　　）。

　　A. 允许载流量　　B. 允许电流密度

　　C. 工作电流　　D. 电流

4.4.3　判断题

1. 只有同频率的正弦交流电才可以采用矢量图进行有效值和相位差的计算。　　（　　）

2. 电源提供的总功率越大，表示负载取用的有功功率越大。　　（　　）

3. 在电感性负载两端并联适当的电容后，可使电路的总电流减小，提高电路的功率因数。
　　（　　）

4. 在三相四线制电路中，三相负载越接近对称，中性线电流越小。（　　）

5. 提高电路的功率因数，就可延长电气设备的使用寿命。（　　）

6. 无功功率就是"无用"功率。（　　）

7. 电源的线电压与三相负载的连接方式无关，而线电流却与三相负载的连接方式有关。（　　）

8. 三相负载作星形联结时，无论负载对称与否，线电流必定等于相电流。（　　）

9. 把应作星形联结的电动机接成三角形，电动机不会烧毁。（　　）

10. 三相负载的相电流是电源相线上的电流。（　　）

11. 星形联结和三角形联结的三相对称负载的功率都可用同一公式计算。（　　）

12. 为了减小涡流，电动机和电器的铁心采用涂有绝缘漆的硅钢片叠装而成。（　　）

13. 感生电流的方向永远和感生电动势的方向一致。（　　）

14. 自感电流的方向总是与外电流的方向相反。（　　）

15. 产生感生电流的唯一条件是导体切割磁感线运动或线圈中的磁通发生变化。（　　）

16. 要测试低压回路是否有电，除用验电器测试外，也可用万用表放在欧姆挡上测量，看指针是否摆动，若摆动则说明有电。（　　）

17. 用万用表的欧姆挡可以直接测出客车用铅酸蓄电池内阻的大小。（　　）

18. 噪声的干扰会造成数字万用表测量不准确和显示不稳定。（　　）

19. 使用数字万用表测量电压、电流时，不必考虑连接的极性问题。（　　）

20. 准确度在1.0~5.0级的测量仪表适用于一般工业生产。（　　）

21. 钳形电流表可以在测量过程中直接切换量程。（　　）

22. 功率因数表可动部分的位置既不随负载电流变化，也不随电压变化，只由负载电路的功率因数来决定。（　　）

23. 使用绝缘电阻表测量绝缘电阻过程中，如果指针指向"0"，表明被测绝缘已经失效，应立即停止转动摇把，防止烧坏绝缘电阻表。（　　）

24. 铜、铝、铁三种导线中，铜导线电阻最小，导电性能最好。（　　）

25. 导电线芯需具有导电性能好、机械强度大、防腐性能高等特性。（　　）

26. 客车配线对导线绝缘层材料的要求是不仅电气绝缘及热传导性能良好，而且还应具有耐酸、碱、油性和不延燃性。（　　）

27. 常见的许多漏电现象多数是由于导线绝缘老化、性能下降所致。（　　）

28. 硅钢片属于硬磁材料。（　　）

29. 晶体管逆变器的变压器和镇流器采用铁淦氧材料作为铁心，其特点是铁心一经磁化，永不退磁。（　　）

30. 感应子发电机属于同步交流发电机的一种。（　　）

31. 电力机车车下配线均采用以车辆的金属部分作为负线的单线制，它可以节省铜线，简化配线工艺。（　　）

32. 车下配线敷设于贯穿在车底架下的钢管中，以提高其机械强度和保护绝缘性能。（　　）

33. 厂修机车更换电线时，干线接头不得超过1个，支线接头不得超过2个。（　　）

34. 发电机的串联运行，称为并车。（　　）

35. 接触器本身无过电流保护性能。（　　）

36. 三相异步电动机的起动电流比正常工作电流大4~7倍。（　　）

37. 三相笼型异步电动机起动时造成电网电压降不超过额定电压的20%~30%，就可以采用直接起动。（　　）

38. 三相异步电动机采用Y-△起动，起动电流与起动转矩都减少2/3。（　　）

39. Y-△起动只适用于正常运行时绕组为△联结的三相异步电动机。

40. 交流接触器衔铁和铁心用硅钢片冲制后铆接而成，主要目的是减小磁滞与涡流损耗。（　　）

41. 交流接触器短路环的作用是防止交流电磁吸力周期变化而引起铁心的振动和噪声。（　）

42. 对于微机控制系统的模拟量（如电压、电流）必须经过辅变换器变换及滤波后，再经过模数（A/D）转换，才能进入计算机。（　）

43. 热继电器主要用于电动机的过电流保护。（　）

44. 使用热继电器时应将热驱动器件的电阻丝并联在电动机的主电路中。（　）

45. 热继电器动作时间与通过电流的关系为定时限特性，即通过电流越大，动作时间越快。（　）

46. 一般热继电器的整定电流值为（0.95~1.05）I_e。（　）

47. 继电器与接触器工作原理基本相同，主要区别是触点系统不同，故应用也不同。（　）

48. 中间继电器只能作转换控制信号的中间元件使用，不能用来直接通断电路。（　）

49. 热继电器的整定电流若略大于电动机的额定电流，则电动机不能正常起动。（　）

50. 空载运行的变压器，其功率因数很低。（　）

4.4.4　简答题

1. 试述钳形电流表的工作原理。
2. 什么是三相交流电？
3. 电器的定义和低压电器的划分是什么？
4. 接触器的用途是什么？
5. 刀开关在安装和接线时应注意什么？
6. 熔断器有哪几种类型？
7. 机车转换开关的作用是什么？
8. 如何提高功率因数？
9. 为什么三相四线制的中性线上不允许安装熔断器和开关？
10. 如何计算三相对称负载的有功功率？
11. 在单相半控桥和三相半控桥中，触发脉冲的移相范围是多少？晶闸管的最大导通角分别是多少？
12. 某电容器的耐压为220V，可否接在220V的交流电源上使用，为什么？
13. 电容滤波与电感滤波电路各有什么优缺点，分别适用于什么场合？
14. 什么叫反馈？什么叫正反馈？什么叫负反馈？

4.4.5　计算题

1. 某三相对称负载接在线电压为380V的三相电源中，若每相负载电阻 $R=10\Omega$，试求负载分别接成星形和三角形时的线电流和相电压。

2. 一台功率为5.5kW的三相电动机，联结成三角形，线电压为380V，功率因数为0.8，求线电流和相电流。

3. 整流变压器的二次电压是100V，对单相半波、三相桥式各种形式的整流电路，所输出的直流电压及整流电路中的每只二极管承受的最大反向峰值电压分别是多少？

4. 已知某三相异步电动机的铭牌数据为17kW、380V、32.5A、50Hz，$\cos\varphi=0.88$，△接法，求其额定效率。

5. 有一个晶体管，当 $I_b=20\mu A$ 时，$I_c=1mA$，将 I_b 增加到 $40\mu A$ 时，$I_c=2mA$，试求它的交流电流放大系数 β。

6. 一个220V/50W的电烙铁，接在交流电压为 $u=311\sin314t V$ 的电源上，求：（1）通过电烙铁的电流和电烙铁的电阻；（2）将这电烙铁加在110V的交流电源上，它消耗的功率是多少？

7. 已知机车主压缩机电动机的额定功率 $P_e=13kW$，起动电流为额定电流的4倍，试求直接起动时所需的电源容量 P_H 为多少？

8. 已知某异步电动机磁极对数 $p=3$，转差率 $s=5\%$，电源频率 $f=50Hz$，试求该电动机转速。

9. 已知三相异步电动机的额定功率为55kW，电源频率为50Hz，磁极数为2，额定转速为2960r/min，试求其转差率及额定转矩为多少？

10. 已知某直流电动机铭牌数据如下：额定功率 $P_e=75kW$，额定电压 $U_e=120V$，额定转速 $N_e=1500r/min$，额定效率 $\eta=90\%$，试求该电动机的额定电流。

4.4.6 论述题

1. 什么是串励电动机的软特性？其有什么优缺点？
2. 在实用中如何按照整流元件的额定电流正确选用整流元件？
3. 简述磁放大器的工作原理。
4. 使用绝缘电阻表时应注意哪些事项？
5. 整流元件的过电压是如何产生的？如何进行过电压保护？
6. 简述蓄电池对地绝缘的检测方法。
7. 试述改变直流电动机转向的方法。
8. 如何使用钳形电流表？
9. 电磁继电器、接触器中电磁力的大小与哪些因素有关？
10. 简述高原双源动力集中动车组内燃模式切换至电力模式的操作步骤。

4.5 高级技师试题

4.5.1 填空题

1. 由交流电源、用电器、连接导线和开关等组成的电路称为（　　　）。
2. 由三根相线和一根中性线所组成的供电网络，称为（　　　）电网。
3. 弹簧垫圈上开出斜口目的是（　　　）。
4. 机车走廊巡视的主要内容是眼看、（　　　）、鼻嗅。
5. 三相四线制电网中，线电压是指（　　　）间的电压。
6. 晶体管串联稳压电路时将晶体管作为一个（　　）串联在负载回路中。
7. 电力机车的主变压器绕组由高压绕组、牵引绕组和（　　　）绕组等组成。
8. 移动机车时，一定要确认车下无作业人员，然后先（　　），后动车。
9. 机车异步交流电动机是三相（　　　）异步电动机。
10. 电传动机车直流牵引电动机的起动方式为（　　　）。
11. 当加在二极管两端的反向电压大于某一值后，二极管将被（　　　）。
12. 二极管的主要参数有（　　　）和最高反向工作电压。
13. 稳压二极管工作于反向击穿区，在该区内，稳压二极管的电流在很大范围内变化，（　　　）却基本不变。
14. 当晶体管的发射结正偏，集电结反偏时，晶体管处于（　　　）状态。
15. 电力机车的通风方式有（　　　）、专用通风和混合通风3种。
16. 集成运放由输入级、中间级、（　　　）和偏置电路四部分组成。
17. 串联负反馈可以使输入电阻（　　　）。
18. 集成电路按其功能可分为：模拟集成电路和（　　　）集成电路。
19. 各绕组起端与起端之间的电压叫作（　　　），一般用 U_L 表示。
20. 弹簧垫圈上开口的倾斜方向应与螺母的旋向（　　　）。
21. 电路中功率因数的大小，由负载的（　　　）而定。
22. 变动磁场在导体中引起电动势的现象称为（　　　），也称为"动磁生电"。
23. 由流过线圈本身的电流发生变化而引起的电磁感应叫作（　　　）。
24. 由一个线圈中的电流发生变化而引起另一个线圈产生电磁感应的现象称为（　　　）。
25. 两线圈的绕向一致而感生电动势的极性始终保持一致的端点叫作（　　　）。
26. 若使普通晶闸管关断，可加反向电压或使其电流（　　　）。
27. 三相桥式整流电路的脉动系数比单项整流电路（　　　）。
28. 直流开尔文电桥是用来测量（　　　）的比较仪器。
29. 电动系电流表和电压表标度尺的有效工作

部件大约从量程的（　　）开始到100%为止。

30. 换相在同一桥臂左、右两管之间互相切换的逆变器称作（　　）（填"180°"或"120°"）导通型逆变器。

31. 在单相桥式整流路中，负载获得的直流电压为变压器二次电压有效值的（　　）。

32. 在单相桥式整流电路中，每只二极管所承受的最大反向电压是变压器二次电压的（　　）倍。

33. 在单相桥式整流电路中，流过每只二极管的平均电流为负载电流的（　　）。

34. 在三相桥式整流电路中，负载获得的直流电压为变压器二次电压有效值的（　　）倍。

35. 在三相桥式整流电路中，共用6只二极管，每只二极管所承受的最大反向电压为变压器二次电压的（　　）倍。

36. 有源逆变时晶闸管的触发延迟角一定大于（　　）。

37. 变流器的交流侧不与电网连接，而直接接到负载，即把直流电变为某一频率或可调频率的交流电供给负载，叫（　　）（填"有源"或"无源"）逆变。

38. 变流器工作在逆变状态时，如果把变流器的交流侧接到交流电源上，把直流电逆变为同频率的交流电反送到电网，叫（　　）（填"有源"或"无源"）逆变。

39. 晶闸管正极与负极间的电压和它的正极电流间的关系称为晶闸管的（　　）特性。

40. 机车再生制动属于（　　）（填"有源"或"无源"）逆变。

41. 使用绝缘电阻表时的摇动速度应为（　　），并使指针稳定1min，这时的读数即为被测对象的绝缘电阻值。

42. 变压器空载运行时，其损耗近似等于（　　）。

43. 测量（　　）的仪表叫作功率表或电力表、瓦特表，标有"W"或"kW"符号。

44. 电动式功率表在接线时，要特别注意电流线圈标有"※"号的首端必须与（　　）相接。

45. 绝缘等级是指绝缘材料的（　　）等级，通常分为7个等级。

46. 机车主电路是机车产生（　　）的主体电路或动力电路。

47. 蓄电池的充电方式有初充电、普通充电、补充充电、均衡充电、（　　）、快速充电等。

48. 晶闸管斩波器可以变换直流电压，常用的两种方法是定宽调频和（　　）。

49. 提高功率因数一般采用（　　）的方法。

50. 常用的灭弧装置有磁纵缝灭弧装置和（　　），以及这两种装置的结合而派生的灭弧装置等。

4.5.2　选择题

1. 电路中任意两点电位的差值称为（　　）。

A. 电动势　　　　B. 电压

C. 电位　　　　　D. 电势

2. 某正弦交流电压为 $u=311\sin(100\pi t-\pi/3)$ V，它的电压有效值为（　　）。

A. 311V　　　　B. 100V

C. 220V　　　　D. 380V

3. 求解复杂电路最常用的方法是（　　）。

A. 支路电流法　　B. 回路电流法

C. 戴维南定理　　D. 不能确定

4. 下列材料中，电阻率最大的材料是（　　）。

A. 铜　　　　　　B. 硅

C. 塑料　　　　　D. 铁

5. 当电源电压和负载的有功功率一定时，功率因数越低，电源提供的电流就（　　）。

A. 越大　　　　　B. 越小

C. 恒定不变　　　D. 不确定

6. 电感量一定的线圈，产生自感电动势大，说明该线圈中通过电流的（　　）。

A. 数值大　　　　B. 变比量大

C. 时间长　　　　D. 变化率大

7. 电气设备在额定状态下工作时，称为（　　）。

A. 轻载　　　　　B. 满载

C. 过载　　　　　　D. 超载

8. 交流电路中,无功功率的"无功"含义是（　　）。
   A. 无用　　　　　　B. 消耗
   C. 交换　　　　　　D. 损失

9. 用作变压器铁心的硅钢片,制成相互绝缘的薄片,然后压在一起,主要目的是为了降低（　　）。
   A. 铁损　　　　　　B. 铜损
   C. 涡流损耗　　　　D. 磁滞损耗

10. 在高频电路中,（　　）磁体所引起的磁滞损耗比金属磁性材料要低得多,且具有高电阻性。
    A. 硅钢片　　　　　B. 坡莫合金
    C. 铁淦氧　　　　　D. 碳钢

11. 单相半波整流时,二极管实际承受的反向电压的最大值,出现在二极管（　　）。
    A. 截止时
    B. 导通时
    C. 由截止转向导通时
    D. 不确定

12. HXD1型电力机车共有（　　）个牵引逆变器。
    A. 3　　　　　　　B. 4
    C. 2　　　　　　　D. 1

13. 不属于主电路设备的是（　　）。
    A. 牵引电动机　　　B. TCU
    C. ACU　　　　　　D. 避雷器

14. 逆变器是将直流电转化为（　　）的过程。
    A. 直流电　　　　　B. 电磁场
    C. 其他形式的能量　D. 交流电

15. 下列控制方案中不适于交流机车调速的是（　　）。
    A. 转差频率控制　　B. 矢量控制技术
    C. 变极调速控制　　D. 直接力矩控制

16. 多级电压放大器的电压放大倍数等于各级电压放大倍数的（　　）。
    A. 和　　　　　　　B. 乘积

C. 最大值　　　　　D. 不确定

17. 最常用的功率放大电路是推挽功放电路,它是由两个参数对称的（　　）交替工作来实现放大的。
    A. 二极管　　　　　B. 晶体管
    C. 晶闸管　　　　　D. 单结晶体管

18. 反馈信号与原输入信号的相位相反,对原输入信号有削弱作用的反馈称为（　　）。
    A. 正反馈　　　　　B. 负反馈
    C. 混合反馈　　　　D. 不确定

19. 反馈信号与输入信号的相位相同,能增强原输入信号的反馈称为（　　）。
    A. 正反馈　　　　　B. 负反馈
    C. 混合反馈　　　　D. 不确定

20. 功率放大器主要用作信号放大,为负载提供足够大的（　　）。
    A. 信号　　　　　　B. 功率
    C. 电压　　　　　　D. 不能确定

21. 线圈中产生的自感电动势总是（　　）。
    A. 与线圈内的原电流方向相同
    B. 与线圈内的原电流方向相反
    C. 阻碍线圈内原电流的变化
    D. 以上说法均不正确

22. 感生电流的磁场方向永远和（　　）相反。
    A. 原磁场方向
    B. 原电流方向
    C. 原磁通变化趋势
    D. 感生电流方向

23. 两个线圈的一对异名端相连,作为一个线圈使用时,可以提高电感量,这种连接方式称（　　）。
    A. 顺串　　　　　　B. 反串
    C. 正串　　　　　　D. 逆串

24. 两个线圈的一对同名端相连,作为一个线圈使用时,整个线圈无电感量,这种连接方式称（　　）。
    A. 顺串　　　　　　B. 反串
    C. 正串　　　　　　D. 逆串

25. 硅钢片、坡莫合金、铁淦氧均为（　　）材料。
   A. 软磁　　　　　　B. 硬磁
   C. 矩磁　　　　　　D. 反磁

26. 工频交流电的频率为 50Hz，其周期为（　　）。
   A. 50s　　　　　　B. 0.02s
   C. 50πs　　　　　D. 100πs

27. 阅读电气控制电路图，应由（　　）逐条分析控制电路，弄清它是如何控制动力电路的。
   A. 左至右　　　　　B. 右至左
   C. 上至下　　　　　D. 下至上

28. 绘制电气控制电路图时，控制电路应垂直于电源线，画在动力电路的（　　）侧。
   A. 左　　　　　　　B. 右
   C. 上　　　　　　　D. 下

29. 机车采用四象限变流器的最大优点是（　　）。
   A. 功率因数高　　　B. 易于控制
   C. 所用元件少　　　D. 功率较大

30. 绘制电气控制电路图时，因接触器线圈属耗能元件，通常画在控制电路的（　　）。
   A. 上部　　　　　　B. 下部
   C. 中部　　　　　　D. 任意位置

31. 晶体管的电流放大倍数随温度升高而（　　）。
   A. 增大　　　　　　B. 减小
   C. 不变　　　　　　D. 无规律变化

32. 晶体管工作在放大区时，集电结处于（　　）。
   A. 正向偏置　　　　B. 反向偏置
   C. 正偏或反偏　　　D. 不能确定

33. 晶体管工作在放大区时，发射结处于（　　）。
   A. 正向偏置　　　　B. 反向偏置
   C. 正偏或反偏　　　D. 不能确定

34. 单结晶体管的型号为 BT3X，若 X 的序号越大，则表示其耗散功率越（　　）。
   A. 大　　　　　　　B. 小
   C. 无关　　　　　　D. 以上均不对

35. 晶闸管一旦导通，若在门极加反压，该晶闸管将（　　）。
   A. 继续导通　　　　B. 马上关断
   C. 不能确定　　　　D. 缓慢关断

36. 一晶闸管型号为 3CT200/600，它的额定电压为（　　）。
   A. 200V　　　　　B. 2000V
   C. 600V　　　　　D. 6000V

37. 螺栓式晶闸管的螺栓是晶闸管的（　　）。
   A. 负极　　　　　　B. 正极
   C. 门极　　　　　　D. 任意

38. 硅整流二极管的额定电流是指（　　）。
   A. 额定正向平均电流
   B. 反向不重复平均电流
   C. 反向重复平均电流
   D. 维持电流

39. 硅整流二极管的额定电压是指（　　）。
   A. 正向平均电压
   B. 反向不重复峰值电压
   C. 反向重复峰值电压
   D. 以上答案均不对

40. 晶闸管的额定电流是指（　　）。
   A. 额定正向平均电流
   B. 反向不重复平均电流
   C. 反向重复平均电流
   D. 以上答案均不对

41. 在由二极管组成的单相桥式整流电路中，若一只二极管断路，则（　　）。
   A. 与之相邻的另一只二极管烧坏
   B. 电路仍能输出单相半波信号
   C. 其他三只二极管相继损坏
   D. 电路仍能输出全波信号

42. 主断路器属于高压断路器的一种，按其（　　）可分为油断路器、空气断路器、六氟化硫断路器和真空断路器。
   A. 灭弧介质　　　　B. 灭弧方式
   C. 导电介质　　　　D. 导电方式

43. 电力机车司机控制器通过控制机车（　　）

中的电器，间接控制机车主电路的电气设备。

  A. 控制电路   B. 主电路

  C. 辅助电路   D. 受电弓

44. 避雷器是一种限制（　　）的保护装置，通常由火花间隙和非线性电阻组成。

  A. 过电压   B. 过电流

  C. 过载   D. 过热

45. 避雷器的过电压越（　　），火花间隙击穿越快，从而限制了加于被保护物上的过电压。

  A. 高   B. 低

  C. 平稳   D. 以上都不对

46. 电动机运行过程中，存在输入功率、输出功率和各种耗损，它们之间应满足（　　）定律。

  A. 能量守恒   B. 欧姆定律

  C. 基尔霍夫定律   D. 以上都不对

47. 若三相异步电动机的转差率为 $s=0$，则它正处于（　　）区。

  A. 同步   B. 运行

  C. 起动   D. 发电制动

48. GB 2893—2008《安全色》中规定的 4 种安全色是（　　）。

  A. 红、蓝、黑、绿

  B. 红、青、黄、绿

  C. 红、青、黑、绿

  D. 红、蓝、黄、绿

49. 传感器是借助于（　　）元件接收一种形式的信息，并按一定的规律将它转换成另一种信息的装置。

  A. 检测   B. 电容

  C. 电阻   D. 电感

50. 交流传动电力机车采用交流异步电动机作为牵引电动机，它的优点是（　　）。

  A. 恒功调速范围宽

  B. 功率因数高

  C. 向前、向后转换方便

  D. 以上都对

4.5.3　判断题

1. 导体中的电流是自由电子定向移动形成的，故规定电子流的方向就是电流的方向。（　　）

2. 在外电路中，电流总是从高电位处流向低电位处。（　　）

3. 电源电动势的大小由电源本身性质决定，与外电路无关。（　　）

4. 导体的长度和截面积都增大一倍，其电阻值也增大一倍。（　　）

5. 电阻两端电压为 10V 时，电阻值为 10Ω，当电压升至 20V，电阻值将为 20Ω。（　　）

6. 电阻并联后的总电阻小于其中任一只电阻的阻值。（　　）

7. 在电阻分压电路中，电阻越大，其两端分得的电压也越大。（　　）

8. 正弦交流电的三要素是有效值、频率和角频率。（　　）

9. 用交流电压表测得交流电压为 220V，则此交流电压的最大值是 220V。（　　）

10. 在纯电阻交流电路中，电压和电流的相位差为零。（　　）

11. 星形联结和三角形联结的三相对称负载的功率可用同一公式计算。（　　）

12. 为了减小涡流，电动机和电器的铁心采用涂有绝缘漆的硅钢片叠装而成。（　　）

13. 感生电流的方向永远和感生电动势的方向一致。（　　）

14. 自感电流的方向总是与外电流的方向相反。（　　）

15. 产生感生电流的唯一条件是导体切割磁感线运动或线圈中的磁通发生变化。（　　）

16. 要测试低压回路是否有电，除用验电器测试外，也可用万用表放在欧姆挡上测量，看指针是否摆动，若摆动则说明有电。（　　）

17. 用万用表的欧姆挡可以直接测出电力机车用铅酸蓄电池内阻的大小。（　　）

18. 噪声的干扰会造成数字万用表测量不准确和显示不稳定。（　　）

19. 使用数字万用表测量电压、电流时，不必考虑连接的极性问题。（　　）

20. 准确度在 1.0~5.0 级的测量仪表适用于一

一般工业生产。( )

21. 电力机车各类配线以在相对湿度为最小时的绝缘电阻值作为最低标准。( )

22. 电力机车绝缘不良、接地报警,为不合格机车。( )

23. 变频调速系统属于无级调速,它没有因调速而带来的附加转差,效率高,是一种比较理想、合理、高精度、高性能的调速系统。( )

24. 使用500V绝缘电阻表测量电力机车配线,易损坏车电装置中的半导体元件。( )

25. 电力机车轴箱体温度允许比周围环境空气温度高50~55℃。( )

26. 单结晶体管是一种只有一个PN结的晶体管。( )

27. 轴温监测与报警装置的报警温度夏季为60℃,冬季为40℃。( )

28. 从空载到满载,变压器的磁滞损耗和涡流损耗基本不变。( )

29. 电工仪表可以用来测量各种电磁量和非电磁量。( )

30. 只要使晶闸管正极电流小于维持电流,就可关断晶闸管。( )

31. 在直流电路中,电感元件可视为短路。( )

32. 耐压300V的电容器能在有效值为220V的交流电压下安全工作。( )

33. 绘制电气控制电路图时,电源电路必须画成水平线。( )

34. 电气控制电路图中所有电器触点都表示通电时所处状态。( )

35. 在电气控制电路图中,同一电器的各个元件,因作用不同分散画在不同的电路中,但必须标以相同的文字符号。( )

36. 电流表在电路中要并联,电压表则要串联。( )

37. 在不断开导线的情况下测量电流的大小,应使用钳形电流表。( )

38. 用万用表欧姆挡测二极管极性时,应记住其"+"插孔是接自内附电池的负极,而"-"插孔是接自正极。( )

39. 使用万用表欧姆挡测量带电电阻,可能烧坏表头。( )

40. 检测车体配线绝缘阻值,应使用万用表的欧姆挡。( )

41. 使用绝缘电阻表测量绝缘电阻时,接线柱与被测设备间的连接导线应用双股绝缘线或绞线。( )

42. 三相半波可控整流电路的最大导通角是150°,最大触发延迟角是180°,最大移相范围为180°。( )

43. 使用万用表不同的欧姆挡测量二极管的正向电阻,所测得的电阻值是相同的。( )

44. 交流电流表和电压表所指示的都是有效值。( )

45. 绝缘柄钢丝钳的工作电压为500V,可将220V交流电的相线、中性线同时置于钳口内带电剪切。( )

46. 焊接电子电路时,为防止虚焊现象出现,应使用300W的电烙铁。( )

47. 一般的螺钉旋具不能用于带电作业。( )

48. 用钢管接长活扳手的手柄扳拧螺钉时可以省力。( )

49. 短路稳态电流包括周期分量和非周期分量的短路电流。( )

50. 电力机车通过接触网获取电流,经过转轴及车轮传输到铁轨,形成回路。( )

4.5.4 简答题

1. 机车主变压器按结构可分为几类?各是什么?
2. 自耦变压器的特点是什么?
3. 涡流是怎样产生的?有何利弊?
4. 什么是趋肤效应?有何利弊?
5. 什么是磁场和磁感线?如何判定磁场的方向?
6. 如何判断导体在磁场中切割磁感线时,导体中产生感生电动势的方向?

7. 什么是磁路欧姆定律？如何运用？

8. 什么是互感线圈的同名端和异名端？

9. 直流电动机有哪些突出的优点？

10. 直流稳压电源主要由哪几部分组成？

11. 简述晶闸管可控整流电路的功能及控制原理。

12. 简述脉宽调制控制方式的过程。

13. 笼型异步电动机的调速方式有哪几种？

14. 星形-三角形减压起动方法什么特点？

15. 晶体管饱和导通的条件是什么？

4.5.5 计算题

1. 某交流传动电力机车上采用一个由 RLC 串联支路构成的谐振电路，对四象限变流器输出的二次工频进行滤波，其中频率为 100Hz，L 为 0.5H，计算该电路要求 C 为多少？

2. 已知加在星形联结的三相异步电动机上的对称线电压为 380V，若电动机在额定功率下运行时，每相的电阻为 6Ω、感抗为 8Ω，求此时流入电动机每相绕组的电流及各线的电流。

3. 一台变压器额定容量 $S=400\text{kV}\cdot\text{A}$，一、二次绕组额定电压为 36000V、6000V，连接法为 Y/△。试求：(1) 一、二次额定电流；(2) 在额定工作情况下，一、二次绕组实际通过的电流；(3) 已知一次绕组每相绕 600 匝，问二次绕组每相应绕多少匝？

4. 一台三相电动机三角形联结，功率为 4.5kW，线电压 220V，功率因数 $\cos\varphi=0.85$，求线电流和相电流。

5. 有一台直流发电机，电枢导体总数 $N=192$，电枢转速 $n=750\text{r/min}$，气隙磁通为 0.05Wb，试求：(1) 直流发电机的电枢电动势若保持不变，转速减小为 500r/min，则 E 是多少？(2) 如果转速不变，调节励磁电流，使磁通减小 0.03Wb，求 E 为多少。

6. 一台四极异步电动机的额定转速为 1440r/min，电源频率 $f=50$Hz，求电动机转子磁场对定子的转速。

7. 某三相异步电动机，每相的等效电阻尺为 29Ω，等效感抗为 21.8Ω，绕组联结成星形，接于线电压为 380V 的三相电源上，试求电动机消耗的功率。

8. 轴温监测与报警装置的 8 个轴箱巡回检测时间为 30s，求自动显示轴位的脉冲发生器的振荡频率应为多少？

9. 某三相桥式整流电路，若输入线电压 $U=44$V，直流输出总电流为 120A，求：(1) 负载两端直流平均电压；(2) 每只二极管通过的电流；(3) 二极管承受的反向电压峰值。

10. 有一个电流表表头的内阻为 1000Ω，满偏电流 $I_g=0.001$A，若将其并联一个分流电阻，使它的量程变为 5A，求分流电阻的大小。

4.5.6 论述题

1. 单相桥式电路整流后直接并联一个电容滤波，为什么用万用表测电容器两端电压会比测量整流前的交流电源电压还高？

2. 晶闸管对触发电路有哪些要求？

3. 电压互感器的使用注意事项有哪些？

4. 简述电力机车的电路组成。

5. 三相交流牵引电动机与目前直流牵引电动机相比有何优点？

6. 机车运行中轮对发生空转对牵引电动机的工作有什么影响？

7. 双向晶闸管交流开关与传统的接触器-继电器相比，有哪些优点？

8. 简述高原双源动力集中动车组电力模式切换至内燃模式操作步骤。

4.5.7 画图题

1. 简述全波可控整流电路调压的原理（画出波形示意图）。

2. 绘制电动机正反转控制电路图，并说明控制原理。

试 题 答 案

4.1 初级工试题

4.1.1 选择题

1. C 2. A 3. A 4. A 5. D 6. D 7. A 8. C 9. A 10. D
11. A 12. A 13. B 14. B 15. C 16. B 17. B 18. C 19. B 20. A
21. A 22. B 23. A 24. B 25. B 26. C 27. B 28. A 29. B 30. A
31. A 32. A 33. A 34. A 35. B 36. A 37. B 38. A 39. A 40. B
41. B 42. C 43. A 44. B 45. A 46. B 47. B 48. C 49. C 50. A

4.1.2 判断题

1. × 2. × 3. × 4. √ 5. × 6. × 7. √ 8. × 9. √ 10. √
11. × 12. × 13. × 14. × 15. × 16. × 17. √ 18. √ 19. √ 20. √
21. √ 22. √ 23. √ 24. × 25. √ 26. √ 27. × 28. √ 29. √ 30. ×
31. √ 32. × 33. × 34. √ 35. √ 36. √ 37. × 38. √ 39. √ 40. ×
41. √ 42. × 43. × 44. × 45. √ 46. × 47. √ 48. √ 49. × 50. √

4.2 中级工试题

4.2.1 选择题

1. A 2. D 3. D 4. D 5. B 6. C 7. D 8. D 9. D 10. C
11. D 12. C 13. C 14. D 15. B 16. D 17. C 18. D 19. B 20. C
21. A 22. B 23. B 24. B 25. A 26. C 27. B 28. B 29. B 30. C
31. A 32. B 33. A 34. A 35. A 36. C 37. B 38. A 39. C 40. A
41. C 42. B 43. C 44. A 45. B 46. D 47. B 48. A 49. A 50. D

4.2.2 判断题

1. √ 2. √ 3. √ 4. √ 5. × 6. × 7. √ 8. √ 9. √ 10. √
11. √ 12. × 13. √ 14. √ 15. × 16. √ 17. × 18. √ 19. × 20. √

21. √ 22. × 23. √ 24. √ 25. × 26. × 27. √ 28. √ 29. √ 30. √
31. × 32. √ 33. × 34. × 35. × 36. √ 37. × 38. √ 39. √ 40. √
41. × 42. × 43. √ 44. × 45. × 46. × 47. √ 48. √ 49. √ 50. ×

4.3 高级工试题

4.3.1 选择题

1. B 2. D 3. B 4. A 5. D 6. B 7. A 8. A 9. C 10. B
11. A 12. A 13. B 14. C 15. B 16. A 17. C 18. A 19. C 20. B
21. D 22. A 23. C 24. A 25. A 26. B 27. A 28. C 29. A 30. B
31. C 32. B 33. B 34. C 35. B 36. A 37. C 38. A 39. D 40. A
41. B 42. A 43. A 44. A 45. A 46. A 47. A 48. D 49. A 50. A

4.3.2 判断题

1. × 2. × 3. × 4. √ 5. √ 6. × 7. × 8. √ 9. × 10. ×
11. × 12. √ 13. × 14. √ 15. × 16. √ 17. × 18. √ 19. × 20. √
21. × 22. × 23. × 24. × 25. × 26. × 27. × 28. × 29. × 30. ×
31. √ 32. × 33. √ 34. √ 35. × 36. √ 37. × 38. × 39. √ 40. ×
41. √ 42. √ 43. × 44. × 45. × 46. √ 47. √ 48. × 49. × 50. ×

4.4 技师试题

4.4.1 填空题

1. 反向击穿特性 2. C 3. 低通滤波 4. $\tau=RC$ 5. $\tau=L/R$ 6. 可变电阻
7. 辅助 8. 自动 9. 笼型 10. 减压起动 11. 增大 12. 再生制动
13. 励磁绕组 14. 1min 15. 1mm 16. 液体绝缘材料 17. 饱和区和截止区
18. 电的直接联系 19. 高压电路 20. 负阻区 21. 异步电动机
22. 绝缘栅双极晶体管 23. 放大区 24. 正 25. 门极有触发电流
26. 小于维持电流 27. 小 28. 小电阻 29. 77V 30. 改善换向
31. 压力释放阀 32. 17 kV 33. 减压起动 34. 星-三角起动 35. 软
36. 分裂式 37. 1700 38. 短路保护 39. 零位 40. 17.5~31kV 41. 40
42. 辅助变流柜 43. 定频 44. 2 45. 下降 46. 60 47. 浮充电
48. 功率因数 49. 自动制动 50. 灭弧栅

4.4.2 选择题

1. C	2. C	3. B	4. D	5. A	6. C	7. A	8. C	9. A	10. A
11. B	12. A	13. C	14. B	15. C	16. D	17. A	18. A	19. B	20. C
21. D	22. C	23. A	24. B	25. A	26. B	27. C	28. B	29. D	30. B
31. C	32. D	33. C	34. A	35. D	36. A	37. B	38. B	39. A	40. C
41. D	42. A	43. B	44. D	45. A	46. C	47. B	48. D	49. C	50. A

4.4.3 判断题

1. √	2. ×	3. √	4. √	5. ×	6. ×	7. √	8. √	9. ×	10. ×
11. √	12. √	13. √	14. ×	15. ×	16. ×	17. √	18. √	19. √	20. √
21. ×	22. ×	23. √	24. √	25. √	26. √	27. √	28. ×	29. ×	30. √
31. ×	32. √	33. ×	34. √	35. √	36. √	37. √	38. √	39. ×	40. √
41. √	42. √	43. √	44. √	45. ×	46. √	47. √	48. √	49. ×	50. √

4.4.4 简答题

1. 答：钳形电流表实质上由一个电流互感器和一个电磁电流表或整流器电流表组成。被测载流导线相当于电流互感器的一次绕组，通过磁感应二次绕组中就有感应电流流过，和二次绕组相连的电流表便发生偏转，从而指示出被测电流的数值。

2. 答：如果在发电机定子中放置 3 个完全相同而独立的绕组，并且使 3 个绕组的空间位置互差 120°，那么当电枢转动时，各绕组切割磁场而产生频率相同、振幅相同、仅相位互差 120° 的感应电动势，从而产生相应的电流，这就是三相交流电。

3. 答：电器是根据外界施加的信号和要求，能手动或自动断开或接通电路，断续或连续地改变电路参数，以实现对电或非电对象的切换、控制、检测、保护、变换和调节的电工器械。

低压电器通常指工作在交流电压 1200V 以下、直流电压 1500V 以下的电气设备。

4. 答：接触器的主要用途是控制电动机的起停、正反转、制动和调速等，具有低电压释放保护功能、比工作电流大数倍乃至十几倍的接通和分断能力，但不能分断短路电流，是一种执行电器。

5. 答：刀开关在安装时，手柄要向上，不得倒装或平装，避免由于重力自由下落而引起误动作或合闸；接线时应将电源线接在上端，负载线接在下端，从而使拉闸后刀片与电源隔离，防止可能发生的意外事故。

6. 答：插入式熔断器、螺旋式熔断器、封闭管式熔断器、自复式熔断器、快速熔断器。

7. 答：机车转换开关用来转换接通主电路，一是改变牵引电动机励磁绕组中电流的方向，二是实现机车由牵引工况转换为电阻制动工况。

8. 答：提高电路功率因数通常采用以下两种方法。

1）并联补偿法：在感性电路两端并联一个适当的电容器。

2）提高自然功率因数：合理选用电动机，不要用大容量的电动机带动小功率负载，尽量不让电动机、电焊机等感性负载空载运行。

9. 答：三相四线制中性线可保证三相负载成为3个互不影响的独立电路，各相负载电压等于电源相电压。一旦中性线断开，各相电压不再相等，相电压升高的相中的电器会被烧毁，所以在三相四线制的中性线上不允许安装熔断器和开关。

10. 答：三相对称负载无论是作星形联结还是三角形联结，其总有功功率均可由 $P = U_L I_L \cos\varphi$ 求出。

11. 答：1）在单相半控桥和三相半控桥中，触发脉冲的移相范围都是180°。2）单相半控桥中晶闸管的最大导通角是180°。3）三相半控桥中晶闸管的导通角是120°。

12. 答：不可以。因为电容器的耐压为电容器能承受的最高电压，而交流电压220V指有效值，它的最大值为311V，超过了电容器的耐压，会击穿电容器。

13. 答：1）电容滤波电路结构简单，小电流时滤波效果较好，输出电压较高，但整流二极管承受的反向电压并有电流冲击，带负载能力差，故只适用于输出电流小、负载稳定的场合。

2）电感滤波效果好，对整流二极管没有电流冲击，负载能力强，但体积大、笨重，输出电压低，故只适用于输出电流大、负载变化大的场合。

14. 答：1）在电子电路中，反馈是把放大器输出信号的一部分或全部反送到输入端的一种措施。

2）若反馈信号与原输入信号的相位相同，能增强原输入信号的反馈称为正反馈。

3）若反馈信号与原输入信号的相位相反，对原输入信号有削弱作用的反馈称为负反馈。

4.4.5 计算题

1. 解：（1）三相对称负载接成星形时

$$U_P = \frac{U_L}{\sqrt{3}} = \frac{380}{\sqrt{3}} \text{V} = 220\text{V}$$

$$I_L = I_P = \frac{U_P}{R} = \frac{220}{10} \text{A} = 22\text{A}$$

（2）三相对称负载接成三角形时

$$U_P = U_L = 380\text{V}$$

$$I_P = \frac{U_P}{R} = \frac{380}{10} \text{A} = 38\text{A}$$

$$I_L = \sqrt{3} I_P = \sqrt{3} \times 38 \text{A} = 66\text{A}$$

2. 解：（1）由 $P = \sqrt{3} U_L I_L \cos\varphi$ 得线电流为

$$I_L = \frac{P}{U_L\cos\varphi} = \frac{5.5\times1000}{\sqrt{3}\times380\times0.8}\text{A} = 10.44\text{A}$$

（2）在三角形联结中，由 $I_L = \sqrt{3}I_P$ 得相电流为

$$I_P = \frac{I_L}{\sqrt{3}} = \frac{10.44}{\sqrt{3}}\text{A} = 6.03\text{A}$$

3. 解：（1）单相半波整流电路：

负载直流电压 $\qquad U_{fz} = 0.45U_2 = 0.45\times100\text{V} = 45\text{V}$

二极管承受的最高反向电压 $\quad U_{fvm} = \sqrt{2}U_2 = \sqrt{2}\times100\text{V} = 141\text{V}$

（2）三相桥式整流电路：

负载直流电压 $\qquad U_{fz} = 2.34U_2 = 2.34\times100\text{V} = 234\text{V}$

二极管承受的最高反向电压 $\quad U_{fvm} = 2.45U_2 = 2.45\times100\text{V} = 245\text{V}$

4. 解：额定效率即额定功率与输入功率之比，即

$$\eta = \frac{P_e}{P_i} = \frac{P_e}{\sqrt{3}U_LI_L\cos\varphi} = \frac{17\times1000}{\sqrt{3}\times380\times32.5\times0.88} \approx 0.9$$

5. 解：晶体管电流入大倍数

$$\beta = \frac{\Delta I_c}{\Delta I_b} = \frac{I'_c - I_c}{I'_b - I_b} = \frac{2\times1000 - 1\times1000}{40-20} = 50$$

6. 解：（1）电烙铁的电阻

$$R = \frac{U^2}{P} = \frac{220\times220}{50}\Omega = 968\Omega$$

通过电烙铁的电流 $\qquad i = \frac{u}{R} = \frac{311\sin314t}{968}\text{A} \approx 0.32\sin314t\text{A}$

其电流有效值 $\qquad I = \frac{i}{\sqrt{2}} = \frac{0.32}{\sqrt{2}} \approx 0.226\text{A}$

（2）电烙铁加在110V交流电源上消耗的功率

$$P' = \frac{U'^2}{R} = \frac{110\times110}{968}\text{W} = 12.5\text{W}$$

7. 解：根据 $\dfrac{I_s}{I_e} \leq \dfrac{3}{4} + \dfrac{P_H}{4P_e}$ 得

$$P_H \geq 4P_e\left(\frac{I_s}{I_e} - \frac{3}{4}\right)$$

$$P_H \geq 4\times13\times\left(4 - \frac{3}{4}\right)$$

$$P_H \geq 169\text{kV}\cdot\text{A}$$

故直接起动时，电源容量至少为169kV·A。

8. 解：因 $n = (1-s)n_1$，而 $n_1 = 60f/p$，所以

$$n = (1-5\%) \times 60 \times 50/3 \text{ r/min} = 0.95 \times 1000 \text{ r/min} = 950 \text{ r/min}$$

9. 解：（1）因 $s = \dfrac{n-n'}{n}$，$n = \dfrac{60f}{p}$，$p = 1$，则

$$s = \dfrac{60 \times 50 - 2960}{60 \times 50} \approx 1.3\%$$

（2）$M_e = \dfrac{9550 P_e}{n_e} = \dfrac{9550 \times 55}{2960} \approx 177.5 \text{ N} \cdot \text{m}$。

10. 解：因 $P_e = \eta I_e U_e$，

$$I_e = \dfrac{P_e}{\eta U_e} = \dfrac{75 \times 1000}{0.9 \times 120} \text{A} \approx 694.4 \text{A}$$

4.4.6 论述题

1. 答：直流串励电动机的软特性是指当负载增加时，串励电动机的转速下降得很快，即特性较软。

串励电动机的软特性应用在电力机车上具有下列优点：

1) 串励电动机有较好的自调节性能。
2) 串励电动机的功率利用较好，可以合理地利用机车上各种电气设备的容量。
3) 串励牵引电动机有较大的起动牵引力。
4) 在电动机数台并联时各串联电动机的负载分配较均匀。

但是，机车上采用串励电动机作牵引电动机也有它的缺点，主要缺点有：当机车动轮因为黏着破坏而发生空转时，黏着不易恢复；在电气制动时，由于串励发电动机特性不稳定，需将串激改为他激，增加了机车设备。

2. 答：整流元件的额定电流都是以额定通态平均电流来定义的，而额定通态平均电流的大小又是根据晶闸管或其他整流元件的发热和冷却条件的不同而变化的。因此，要正确按整流元件的额定电流选取整流元件，必须首先保证整流元件所要求的额定冷却条件，然后具体选择电流值。在选择电流值时又必须注意，决定元件发热大小的电流值应为电流有效值。因此在选用元件时，要先经过换算，根据晶闸管或其他整流元件的额定通态平均电流值，即定义额定电流值、流过元件的电流波形情况，求出元件允许流过电流的最大有效值，该最大有效值称为额定有效值。

在实际使用时，无论整流电流波形如何或导通角如何变化，只要流过元件的实际电流的最大有效值小于或等于管子的额定有效值，管子的发热就能满足在额定范围内。也就是说，虽然整流元件的额定电流是以额定通态平均值定义的，但在选用时必须按额定有效值与实际电路中元件的最大电流有效值进行比较选用。

3. 答：磁放大器是利用直流小功率信号来控制较大的交流功率的常用电器。磁放大器（又称为饱和电抗器）实质上是一只可变的电感，它由绕在闭合铁心上的两组绕组组成。其中一组工作绕组通有交流电与负载相接，另一组绕组（控制绕组）通有直流电（或低频交流电）。

铁心上同时加有交流和直流两种励磁电流。因为铁磁材料 B~H 关系具有非线性的特点，当改变直流励磁电流的大小时，铁心的磁导率改变，从而使工作绕组的阻抗发生变化，负载电流相应发生变化。即用较小的控制电流（励磁电流）变化，来达到控制较大的负载电流的目的，这就是磁放大器的工作原理。

4. 答：使用绝缘电阻表测量绝缘电阻时，应先切断电源，而且被测设备一定要充分放电，保证设备及人身安全。在检查客车车体配线绝缘时，应摘开车体配线与控制箱间的连线，以免损坏箱内半导体元件。测量前，应先将绝缘电阻表进行一次开路和短路测试，检查绝缘电阻表是否良好。接地端钮和线路端钮与被测设备之间的连接导线不能用双股绝缘线或绞线，应用单股线分开连接。在大电流导体附近或强磁体上面不宜使用绝缘电阻表。摇动手柄的转速应为 2 r/s 左右。绝缘电阻表内没有游丝，不转动发电机手柄时，指针可以停留在标度尺的任意位置，这时的读数是没有意义的，因此必须在转动手柄时读取数据。

5. 答：整流电路中常常接有电感元件，由于电感元件中的电流不能突变，所以当整流电路导通、关断时，电感元件两端都会感应出一个很大的反电动势，在电路中引起过电压；此外，当熔断器熔断或者从电源侵入外界高压时，在电路中都会产生超过正常值的过电压。过电压保护的主要方法是在电路中并联阻容元件。当发生过电压时，先由电容吸收能量（给电容充电），且在电阻上消耗一部分能量，当过电压消失后，电容放电，将所充能量通过电阻释放。

6. 答：机车蓄电池组对地（即对蓄电池壳体）绝缘电阻 R_d 是个综合概念。绝缘电阻 R_d 通常用在蓄电池触刀处测得的正极对地电压 U_+、负极对地电压 U_- 经计算得出，称为蓄电池组对地的计算绝缘电阻，其计算公式为 $R_d = R_b [(U_z/U_+ + U_-) - 1]$

式中　U_z——蓄电池组总电压；

R_b——测量用万用表内阻，规定用内阻为 $3 \times 10^4 \Omega$ 的辅助发电机电压表测量。

7. 答：对于直流电动机，决定电动机转向的因素有电枢端电压的极性和主极磁通的极性；对于他励电动机，独立地改变外加电压或励磁电流的方向，即可改变转向；对于并励电动机，只要将励磁绕组反接，就可改变转向；对于串联电动机，可改变励磁绕组的接线方向，通过绕组的正、反接来改变转向。

8. 答：1) 进行电流测量时，被测载流导线的位置应放在钳口中央，以免产生误差。

2) 测量前应先估计被测电流的大小，选择合适的量程。

3) 被测电路的电压不可超过钳形电流表上标明的规定值。

4) 为使读数准确，钳口两个面应保证很好接合。

5) 测量后一定要把调节开关放在最大电流量程位置。

6) 测量小于 5A 以下电流时，为了得到较准确的读数，在条件许可时，可把导线多绕几圈放进钳口进行测量，但实际电流值应为读数除以进入钳口内导线根数。

9. 答：电磁力的大小与电磁继电器、接触器中电磁吸力与线圈的参数（W、S）、铁心材料和结构尺寸以及所加电压的大小有关。而当一个电磁系统的结构、线圈参数固定，外加电压一定时，对于直流电磁电器，电磁吸力 F 仅仅与气隙 δ 有关。

而对交流电磁电器，电磁吸力 F 除与气隙 δ 有关外，还随时间交变，其变化频率是电源频率的 2 倍。

10. 答：1）模式转换时动车组运行速度不得超过 70km/h。

2）将牵引手柄回零，方向手柄回到"0"位，操作"机控"扳键开关至"隔离"位。

3）操作"内-电模式转换"开关由"内燃"位快速转至"电力"位。

4）操作"受电弓"扳键开关至"升"位，确认受电弓升起。

5）确认微机显示屏上主断路器闭合允许（绿色），操作"主断路器"扳键开关置"合"位，确认主断路器闭合。

6）按下"柴油机停机"按钮，确认柴油机停机。

7）操作方向手柄至动车组运行方向（勿反向），操作牵引手柄进行牵引控制。

4.5 高级技师试题

4.5.1 填空题

1. 交流电路　2. 三相四线制　3. 防止螺母回转　4. 耳听　5. 相线与相线
6. 可变电阻　7. 辅助　8. 鸣笛　9. 笼型　10. 减压起动
11. 反向击穿　12. 最大正向电流　13. 电压　14. 放大　15. 独立通风
16. 输出级　17. 增加　18. 数字　19. 线电压　20. 相反
21. 性质　22. 电磁感应　23. 自感　24. 互感　25. 同名端
26. 小于维持电流　27. 小　28. 小电阻　29. 30%　30. 120°
31. 0.9　32. 1.41　33. 1/2　34. 2.34　35. 2.45
36. 90°　37. 无源　38. 有源　39. 伏安　40. 有源
41. 120r/min　42. 铁心损耗　43. 电功率　44. 电源端　45. 耐热
46. 牵引力和制动力　47. 浮充电　48. 定频调宽　49. 并联电容　50. 灭弧栅

4.5.2 选择题

1. B　2. C　3. A　4. C　5. A　6. D　7. B　8. C　9. C　10. C
11. A　12. C　13. C　14. D　15. C　16. B　17. B　18. B　19. A　20. B
21. C　22. C　23. A　24. B　25. A　26. B　27. A　28. B　29. A　30. B
31. A　32. B　33. A　34. A　35. A　36. C　37. B　38. A　39. C　40. A
41. B　42. A　43. A　44. A　45. A　46. A　47. A　48. A　49. A　50. D

4.5.3 判断题

1. ×　2. √　3. √　4. ×　5. ×　6. √　7. √　8. ×　9. ×　10. √
11. √　12. √　13. √　14. ×　15. ×　16. ×　17. ×　18. √　19. √　20. √

21. ×	22. √	23. √	24. √	25. ×	26. √	27. ×	28. √	29. ×	30. √
31. √	32. ×	33. √	34. ×	35. √	36. √	37. √	38. √	39. √	40. ×
41. ×	42. ×	43. ×	44. √	45. ×	46. ×	47. √	48. ×	49. ×	50. √

4.5.4 简答题

1. 答：可分为两类，即心式和壳式变压器。

2. 答：自耦变压器的特点是每相至少有两个绕组具有公共部分。

3. 答：(1) 在具有铁心的线圈中通以交流电时，铁心内就有交变磁通过，因而在铁心内部必然产生感生电流，且自成闭合回路，形成状如水中旋涡的涡流。

(2) 涡流的利用：产生高温熔炼金属，对金属进行热处理，电度表铝盘的转动及电磁测量仪表的制动。

(3) 涡流的危害：涡流消耗电能，使电机、电气设备效率降低；使铁心发热；涡流有去磁作用，会削弱原有磁场。

4. 答：(1) 交变电流在导线内趋于导线表面流动的现象叫趋肤效应。

(2) 有利一面：利用趋肤效应的影响，通常为增加钢制工件表面硬度，可采用高频淬火的加工方法。

(3) 不利方面：高频电流通过导线时，其中心几乎无电流，实际上就减少了导线的有效截面、使电阻增加，这对传输高频电流是不利的，所以在高频电路中常采用空心导线以节省有色金属，有时则用多股绞合导线以增大表面、减小电阻。

5. 答：(1) 磁体和电流周围存在磁力作用的空间称为磁场。磁场是一种特殊的物质，具有力和能的特性。

(2) 磁感线是为了形象地描述磁场强度和方向而引入的假想线。磁感线是互不相交的闭合曲线，在磁体外部由 N 极指向 S 极，在磁体内部由 S 极指向 N 极。

(3) 磁感线上任意一点的切线方向，就是该点的磁场方向。电流产生的磁场方向可用右手螺旋定则来判断。

6. 答：(1) 当导体相对于磁场运动而切割磁感线时，导体中产生感生电动势的方向可用右手定则来判断。

(2) 右手定则：平伸右手，拇指与其余四指垂直，让磁感线垂直穿入手心，拇指指向导体运动的方向，其余四指的指向就是感生电动势的方向。

7. 答：(1) 磁路中的磁通与磁通势成正比，与磁阻成反比，这和电路中的欧姆定律很相似，称为磁路欧姆定律。其数学式为 $\Phi = NI/R_m$。

(2) 磁路欧姆定律通常不能用来进行磁路计算，但在分析电机、电器的工作情况时常用到。

8. 答：当电流分别由两个互感线圈的某一线端同时流入或流出时，如果两线端感生电动势的极性始终保持一致，则这两个端点叫同名端，反之叫异名端，一般用符号"·"表示。

9. 答：调速范围广，易于平滑调速；起动、制动和过载转矩大；易于控制，可靠性较高。

10. 答：直流稳压电源主要由变压器、整流电路、滤波电路和稳压电路等部分组成。

11. 答：晶闸管可控整流电路可把交流电转换成大小可调的直流电。控制原理是通过触发电路的脉冲电压改变晶闸管触发延迟角 α 的大小。

12. 答：脉宽调制控制方式就是对逆变电路开关器件的通断进行控制，使输出端得到一系列幅值相等而宽度不同的脉冲，再用这些脉冲来代替正弦波或所需要的波形。

13. 答：笼型异步电动机调速的方式有变极调速、改变转差率调速和变频调速。

14. 答：笼型异步电动机起动时将电动机定子绕组接成星形，回到电动机的每相绕组上的电压为额定值的 1/3，实现减压起动，限制起动电流，从而减小起动电流对电网的影响；当转速接近额定转速时，定子绕组改接成三角形，使电动机在额定电压下正常运转。

15. 答：$I_b > \dfrac{I_{cs}}{\beta}$。

4.5.5 计算题

1. 解：该支路阻抗

$$Z = R + j\left(\omega L - \dfrac{1}{\omega C}\right)$$

当发生谐振时 Z 的虚部为零，即

$$\omega L - \dfrac{1}{\omega C} = 0$$

$$\omega L = \dfrac{1}{LC}, \omega = 2\pi f$$

$$C = \dfrac{1}{L(2\pi f)^2} = \dfrac{1}{0.5 \times (2\pi \times 100)^2} = 5.1 \mu F$$

答：电路要求的电容为 5.1μF。

2. 解：由于电源电压对称，各相负载对称，则各相电流相等，各线电流也应相等。

$$U_\varphi = \dfrac{U_L}{\sqrt{3}} = \dfrac{380}{\sqrt{3}} V = 220 V$$

$$Z_Y = \sqrt{R^2 + X_L^2} = \sqrt{6^2 \times 8^2} \Omega = 10\Omega$$

$$I_{Y\varphi} = \dfrac{U_{Y\varphi}}{Z_Y} = \dfrac{U_\varphi}{Z_Y} = \dfrac{220}{10} A = 22 A$$

$$I_{YL} = I_{Y\varphi} = 22 A$$

答：此时流入电动机每相绕组的电流为 22A，各线电流均为 22A。

3. 解：（1）一次额定电流：$I_1 = \dfrac{S}{\sqrt{3} U_1} = \dfrac{400 \times 10^3}{\sqrt{3} \times 36000} A = 6.41 A$。

二次额定电流：$I_2 = \dfrac{S}{\sqrt{3}\,U_2} = \dfrac{400 \times 10^3}{\sqrt{3} \times 6000}\text{A} = 38.5\text{A}$。

（2）因为额定工作时，一次绕组为Y联结，故

一次绕组实际通过的电流 $\quad I_1' = I_1 = 6.41\text{A}$

二次绕组为△联结，故二次绕组实际通过的电流为

$$I_2' = \dfrac{I_2}{\sqrt{3}} = \dfrac{38.5}{\sqrt{3}}\text{A} = 22.2\text{A}$$

（3）变压器每相电压：

一次侧 $\quad U_{1\varphi} = \dfrac{U_{1L}}{\sqrt{3}} = \dfrac{36000}{\sqrt{3}}\text{V} = 20785\text{V}$

二次侧 $\quad U_{2\varphi} = U_{2L} = 6000\text{V}$

根据 $\quad \dfrac{U_{1\varphi}}{U_{2\varphi}} = \dfrac{n_1}{n_2}$

所以 $\quad n_2 = \dfrac{U_{2\varphi}}{U_{1\varphi}} n_1 = \dfrac{6000}{20785} \times 600 = 173\text{ 匝}$

答：一次电流为 6.41A，二次电流为 38.5A。在工作情况下，一次绕组实际通过电流为 6.41A，二次绕组实际通过电流为 22.2A。如果一次绕组每相 600 匝，则二次绕组每相 173 匝。

4. 解：由于 $\cos\varphi = P/S$，则有

$$S = \dfrac{P}{\cos\varphi} = \dfrac{4.5 \times 10^3}{0.85}\text{W} = 5.30\text{kW}$$

又因为 $S = \sqrt{3}\,U_L I_L$，可得

$$I_L = \dfrac{S}{\sqrt{3}\,U_L} = \dfrac{5.30 \times 10^3}{\sqrt{3} \times 220}\text{A} = 13.89\text{A}$$

又因为是三角形联结，可得相电流为

$$I_\varphi = \dfrac{I_L}{\sqrt{3}} = \dfrac{13.89}{\sqrt{3}}\text{A} = 8.02\text{A}$$

答：线电流为 13.89A，相电流为 8.02A。

5. 解：$E = \dfrac{NP}{60a}\Phi n = \dfrac{192 \times 1}{60 \times 1} \times 0.05 \times 750\text{V} = 120\text{V}$

当 n 减小为 500r/min 时，$E = \dfrac{192 \times 1}{60 \times 1} \times 0.05 \times 500\text{V} = 80\text{V}$。

当 Φ 减小为 0.03Wb 时，$E = \dfrac{192 \times 1}{60 \times 1} \times 0.03 \times 750\text{V} = 72\text{V}$。

答：直流发电机的电枢电动势 E 为 120V，若 Φ 不变，转速减小为 500r/min，E 为 80V。若 n 不变，磁通减小为 0.03Wb，E 为 72V。

6. 解：定子磁场旋转的转速

$$n = \frac{60f}{P} = \frac{60 \times 50}{2} = 1500 \text{r/min}$$

转子电流频率　　$f' = P(n-n_N)/60 = 2 \times (1500-1440)/60 = 2\text{Hz}$

转子旋转磁场对转子的转速　　$n' = 60f'/P = 60 \times 2/2 = 60\text{r/min}$

转子旋转磁场对定子的转速　　$n' + n_N = 60 + 1440 = 1500\text{r/min}$

答：电动机转子磁场对定子的转速为 1500r/min。

7. 解：由于负载是星形联结，则有

$$U_\varphi = \frac{U_L}{\sqrt{3}} = \frac{380}{\sqrt{3}}\text{V} = 220\text{V}$$

每相负载阻抗　　$Z = \sqrt{R^2 + X_L^2} = \sqrt{29^2 + 21.8^2}\,\Omega = 36.3\,\Omega$

所以　　$I_\varphi = \dfrac{U_\varphi}{Z} = \dfrac{220}{36.3}\text{A} = 6.1\text{A}$，$\cos\varphi = \dfrac{R}{Z} = \dfrac{29}{36.3} = 0.8$

电动机耗电的功率 $P = 3U_\varphi I_\varphi \cos\varphi = 3 \times 220 \times 6.1 \times 0.8\text{W} = 3.22\text{kW}$

答：电动机消耗的功率为 3.22kW。

8. 解：每个轴箱测试时间：$T = 30/8\text{s} = 3.75\text{s}$。

振荡频率：$f = 1/T = 1/3.75\text{Hz} = 0.266\text{Hz}$。

答：脉冲发生器的振荡频率为 0.266Hz。

9. 解：（1）负载两端直流平均电压：$U_Z = 1.35 U_L = 1.35 \times 44\text{V} = 59.4\text{V}$。

（2）每只二极管流过的电流：$I_V = \dfrac{I_Z}{3} = 120/3\text{A} = 40\text{A}$。

（3）二极管承受的反向电压峰值：$U_{Vfm} = U_L = 1.42 \times 44\text{V} = 62.5\text{V}$。

答：负载平均电压 59.4V，流过二极管的电流为 40A，反向电压峰值 62.5V。

10. 解：改装前，电流表允许通过的最大电流为 $I_g = 0.001\text{A}$，而并联分流电阻后可测量 5A 的电流，那么分流电阻 R 上通过的电流是 $I_R = I - I_g = (5 - 0.001)\text{A} = 4.999\text{A}$。

由于并联电路中各支路的电流强度跟它的电阻成反比，即 $I_g/I_R = R/R_g$，即

$$R = \frac{I_g R_g}{I_R} = \frac{0.001 \times 1000}{4.999}\,\Omega = 0.2\,\Omega$$

答：在表头上并联一个电阻值是 0.2Ω 的电阻，电流表的量程就扩大为 5A。

4.5.6 论述题

1. 答：因为在用万用表直接测交流电源时，电压表的读数为交流电压的有效值，而在测电容两端的电压时，整流后交流电成为脉动直流电，它以峰值电流向电容器充电，而检测万用表因内阻很大又不能为电容提供及时的放电，使电容两端充电达到接近电源电压的峰值（充电状态），这时万用表的读数就为该接近电源电压的峰值（最大值）的读数，因此这时万用表的读数比测电源电压时的读数（有效值）大。

2. 答：晶闸管对触发电路的基本要求是：

1）触发电路发出的触发信号应具有足够大的功率。

2）不该触发时，触发电路因漏电流产生的电压应小于 0.15~0.2V。

3）触发脉冲要有足够的宽度，一般应保持在 20~50μs，对于电感性负载其宽度还应加大。

4）触发脉冲上升前沿要陡，特别是对于串并联使用的晶闸管，最好采用强触发措施，其脉冲前沿上升速度应大于 5A/μs。

5）触发脉冲应与主回路同步，且有足够宽的移相范围。

3. 答：1）要使用与被测电压和指示仪表相配合的互感器。

2）安装时注意不要将电压互感器的一、二次端子接反。

3）电压互感器的一、二次侧均不能短路。

4）电压互感器的一次绕组的一端和铁心都要有良好的接地。

5）注意互感器一、二次侧的极性。

4. 答：电力机车上各种电机、电气设备按其功能和作用、电路电压等级分别组成 3 个基本独立的电路系统，即主电路、辅助电路、控制电路（含电子电路）。3 个电路在电方面基本相互隔离，而通过电-磁、电-空、电-机械传动方式相互联系，以达到自动或间接控制协调工作的目的，保证司机能安全正常地操纵机车运行。

1）主电路：主电路是机车产生牵引力和制动力的主体电路。它主要由受电弓、主断路器、高压电流互感器、主变压器、调压整流装置、牵引电动机、平波电抗器、高压电器柜、制动电阻柜及主电路保护装置等组成。

2）辅助电路：专向辅助机械供电的电路。它是保证主电路发挥功率和实现性能必不可少的电路。它由牵引通风机、空气压缩机、制动风机、油泵、变压器风机、电热玻璃、脚炉等组成。

3）控制电路和电子电路：就其功能而言是主令电路，司机通过对主令电器的操作发出指令，间接控制机车主电路及辅助电路，以完成机车各种工况操作。它一般包括控制电源，机车牵引，制动、向前、向后、加速、减速及实现有关特性控制的控制电路，控制各辅助机械开停和控制各照明设备工作的控制电路等组成。

5. 答：三相交流牵引电动机与直流牵引电动机相比的优点如下：

1）功率大、体积小、质量轻。与带换向器的直流电动机相比，在相同的输出功率下，异步电动机、单相整流子电动机和脉（直）流电动机三者的质量比为 1∶2∶6。异步电动机可以以更高的转速度运转。一般说来，带换向器的电动机功率超过 1000kW 时在制造上已极困难，且在转向架的有限空间内难以容纳。而三相交流牵引电动机，在相近的质量、体积下，其功率可提高到 1400~2000kW，同时在高速范围内不受换向条件的限制，可输出较大的功率，再生制动时也能输出较大的功率，这对于发展高速运行是十分重要的。

2）结构简单、牢固，维修工作量大大减少。因为三相交流牵引电动机没有换向器和电刷装置，电机的故障率大大降低。特别是笼型异步电动机，转子无绝缘，除轴承的润滑之外，几乎不需作经常的维护。

3）有良好的牵引性能。通过合理的调速装置设计，可实现大范围的平滑调速，充分满足机车运行的需要。同时其硬的机械特性有自然防空转的性能，使黏着利用率提高。另外，三相交流牵引电动机对瞬时过电压和过电流很不敏感（不存在换向器的环火问题），它在起动时能在更长期的时间内发出大的起动力矩。

4）在机车上可以节省若干电器，并有利于实现自动控制。三相交流电动机转向的改变以及从牵引到再生制动状态的转换，不需要变换机车的主电路，而仅仅通过控制系统改变变频器任意两相晶闸管元件的触发顺序即可使电动机反转。当机车进入再生状态时，对同步电动机来说，转子磁场将超前于定子磁场，此时无需转换主回路，只需将变频器晶闸管元件的触发角与再生状态相适应，不要任何附加装置即可向电网反馈电功率。对于异步电动机，只是通过控制逆变器的频率、使电动机超同步状态即实现了再生。以上都是无接点转换，所以直流牵引电动机上的转换主电路的反向器和牵引制动转换开关就可以省掉，其他接触器、开关等也可用固体元件代替。

5）采用交-直-交传动的单相电力机车，可以在负载范围内使机车的功率因数接近于 1。这将远远超过一般的相控整流器机车且优于二极管整流器机车。

6. 答：运行中，某轮对发生空转时，会使该轮对电动机的转速急剧增加，整流子表面线速度增加，使电刷和整流子表面产生火花，严重时将烧坏整流子表面，甚至引起环火接地。如果长时间这样高速运转，该电动机即丧失牵引力，增加其他电动机的负载，造成过载，甚至发生多轴空转，因此必须及时制止空转。

7. 答：双向晶闸管交流开关与传统的接触器-继电器系统相比，其主回路及控制回路都没有触头及可动的机械结构，因而不存在电弧、触头磨损和熔焊等问题。由于双向晶闸管总是在电流过零时关断，所以不会因负载或电路中电感或电容储存能量而出现暂态电压的现象。使用双向晶闸管交流开关可以用很小功率控制相当大的电流，适用于操作频繁、可逆运行及有易燃气体的场合，且其体积小、操作可靠性高。

8. 答：1）按下"柴油机起机"按钮，将"主发励磁"开关置于"投入"位。

2）在微机显示屏上确认内燃动力车 A 节、B 节柴油机已起动、励磁图标为点亮状态。

3）将牵引手柄回到"0"位，方向手柄回到"0"位，断主断路器、降受电弓。

4）操作"内-电模式转换"开关由"电力"位快速转至"内燃"位（不在"0"位停留）。

5）操作"机控"扳键开关至"投入"位。

6）操作方向手柄至动车组运行方向（勿反向），操作牵引手柄进行牵引控制。

4.5.7 画图题

1. 答：由于晶闸管的导通不但要承受正向电压，而且有触发电流流过控制极。因此，只要控制住触发电流在 VT_1、VT_2 上相对于电源周波的给定时刻，即改变 VT_1、VT_2 的触发脉冲的电角度（触发角 α），就可以改变晶闸管 VT_1、VT_2 导通的时刻，即改变了输出电压的大小。因此，在主电路的每一周波中，改变晶闸管触发信号的输入时刻（α）就改变了全波可控电路的输出电压,达到了调压的目的。全波可控整流电路的原理图及波形图如下。

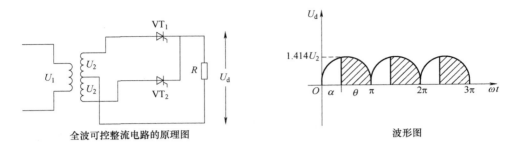

全波可控整流电路的原理图　　　　波形图

2. 答：电动机正反转控制电路图如下。

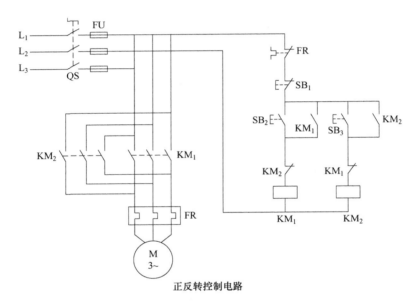

正反转控制电路

三相异步电动机正反转控制原理说明：在笼型电动机正反转控制电路中,通过相序的更换来改变电动机的旋转方向。电路特点是：电气互锁,为了避免接触器 KM_1（正转）、KM_2（反转）同时得电吸合造成三相电源短路,在 KM_1（KM_2）线圈支路中串接有 KM_1（KM_2）常闭触点,它们保证了电路工作时 KM_1、KM_2 不会同时得电,以达到电气互锁目的。电路具有短路、过载保护等功能。

1）开启控制屏电源总开关 QS,按起动按钮,测量其输出线电压为 380V。

2）正转起动：按下 SB_2,继电器 KM_1 得电自锁,KM_1 常开触点闭合,电动机 M 正转,KM_1 常闭触点断开,SB_3 失效。

3）反转起动：按下 SB_3,继电器 KM_2 得电自锁,KM_2 常开触点闭合,电动机 M 反转,KM_2 常闭触点断开,SB_2 失效。

4）停止过程：按下 SB_1,继电器 KM_1、KM_2 都失电,无论电动机处于正转还是反转状况,电动机都停止运转。

参 考 文 献

[1] 刘华伟，王飞宽. 电力机车电工 [M]. 成都：西南交通大学出版社，2016.
[2] 铁路职工岗位培训教材编审委员会. 机车电工 [M]. 北京：中国铁道出版社，2011.
[3] 铁路职工岗位培训教材编审委员会. 车辆电工 [M]. 北京：中国铁道出版社，2010.
[4] 铁道部人才服务中心. 机车电工：内燃 [M]. 北京：中国铁道出版社，2009.
[5] 铁道部人才服务中心. 机车电工：电力 [M]. 北京：中国铁道出版社，2009.